2030을 위한

NEW LABOR
일자리 개혁

김태기 김원식 이 정
이승길 이지만 이윤진

"더 좋은 일자리를 원하는 욕구가
결국 경제성장을 견인한다."

(주)중앙경제

2030을 위한

NEW LABOR 일/자/리/개/혁

초판인쇄 2021년 10월 25일
초판발행 2021년 10월 31일

지 은 이 김태기 · 김원식 · 이 정 · 이승길 · 이지만 · 이윤진
펴 낸 이 김 남 진
펴 낸 곳 (주) 중앙경제
디 자 인 이 지 훈

주 소 서울시 중구 다산로 11길 19(신당2동 355-8) 백석빌딩 신관 4층
전 화 02)2231-7293
팩 스 02)2235-5344
홈페이지 www.elabor.co.kr
출판등록 80.6.21 제 2-66호

ISBN 978-89-7017-477-8 (93330)
정 가 20,000원

2030을 위한 NEW LABOR 일/자/리/개/혁

김태기 · 김원식 · 이 정 · 이승길 · 이지만 · 이윤진

(주)중앙경제

발간사

청년들에게 희망과 행복을 주는 NEW LABOR 시대를 꿈꾸며

우리나라는 과거에 정부의 경쟁력을 국제적으로 인정받았던 저력 있는 국가다. 그러나 그것도 잠시 1987년 민주화 이후 정부의 리더십은 강성 노동조합 등 이익단체의 힘의 논리에 휘둘리면서 평가절하가 계속되고 있다. 또한 정부는 평등을 강조하며 교육과 복지 등에 대한 투자를 늘렸지만, 양극화를 해결하는 데에는 역부족이었다.

그 결과 청년들이 이 시대의 가장 큰 피해자가 되고 있다. 대학을 졸업해도 고용절벽에 부딪혀 좌절하거나 요행히 취업에 성공하더라도 저임금 일자리를 전전하는 게 현실이다. 정부는 일자리 사업에 천문학적 규모의 재정을 투입했으나 변죽만 울릴 뿐, 청년 일자리를 악화시키는 근본적 원인은 외면했다. 이에 불만은 품은 '2030-MZ세대'는 기성체제에 반기를 들기 시작했다. 합리성과 공정성을 상실한 비정규직의 정규직 전환, 연공서열의 호봉제 임금 등은 그들에게 합리적이지도 공정하지도 않았다.

어떻게 하면 이 시대 청년들에게 꿈과 희망을 줄 수 있을까? 이 시대적 과제에 대한 해결책을 모색하고자 뜻을 같이하는 교수 6명이 이 책을 집필하게 되었다. 더 이상 강단에서 지켜보지만 말고 시대에 역행하는 모순을 바로잡아야만 한다는 사명감에서 출발하였다. 흔히 우리는 기술혁신이 일자리를 빼앗고 소득 양극화를 심화시킬 수 있다고 오해하기 쉽다. 그러나 이는 편견에 지나지 않으며, 불평등 사회를 조장하는 것은 기술혁신이 아니라 그 혁신을 가로막는 제도다. 그 제도 때문에 일자리가 줄어드는 것이다.

그러면 고차 방정식처럼 뒤엉켜 있는 노동 현안을 어떻게 풀어 갈 것인가? 새로운 해법은 없는 것일까? 이러한 문제의식에서 던진 화두가 이른바 New Labor이다. 'NEW LABOR'는 디지털 기술 시대뿐 아니라 고령화 및 저출산 시대의 새로운 노동질서를 의미한다. 알다시피 영국의 노동당은 1990년대에 'NEW LABOR', 즉 '노동개혁'을 필두로 복지, 정부구조의 개혁을 단행하여 영국 'Old Labor'의 노동조합주의를 탈피하고, 대처 보수정부에서 추진한 노동유연화 정책을 보완하여 영국 국민에게 '일할 기회'를 확대한 바가 있다. 그러한 결단으로 영국은 저성장-고실업에서 벗어났고, 토니 블레어는 노동당 출신의 최장수 총리가 되었다. 이러한 현실에 대한 고민은 고스란히 이 책에 담겨있다.

일자리 문제의 해결을 바라는 사람들은 많지만, 일자리 개혁의 장애요인에 대한 인식은 여전히 부족하다. 이 책은 노동운동과 노동법은 물론 복지, 여성, 교육, 공공부문 등 일자리와 관련된 정책의 전반적인 개혁 방안을 두루 다루고 있다. 대중에게 가독성을 높이기 위해 가급적 현학적 표현은 삼가려 했다. 하지만 저자들의 열정이 넘치다보니 다소 전문적이고 난해한 내용도 있다. 독자들의 양해를 바란다. 아무쪼록 이 책이 새로운 변화를 갈망하는 대중에게 널리 읽히고, 'NEW LABOR'의 시대정신으로 2030-MZ세대가 더욱 행복하고 활기차게 일할 수 있는 사회개혁에 조금이나마 도움이 되길 소망한다.

2021년 10월 31일

김태기 · 김원식 · 이 정 · 이승길 · 이지만 · 이윤진

차 례

제1장 노동시장의 이중구조와 노동조합의 사회적 책임

제4장 공공부문 고용확대가 실패할 수밖에 없는 이유

제5장 노사자치 회복을 위한 노동형벌 개혁

제6장 노동기반 복지개혁

제1장

노동시장의 이중구조와 노동조합의 사회적 책임

"2030을 위한 NEW LABOR 일자리 개혁"

1. 노동조합이 노동시장 양극화를 만든 모순
2. 노동시장은 왜 단절되었는가
3. 노동조합의 사회적 책임은 우리나라만의 문제인가
4. 디지털 시대의 노동, 무엇을 어떻게 할 것인가

1
노동조합이 노동시장 양극화를 만든 모순

기형적인 한국의 노동조합

노동조합은 사회적 약자 또는 저임금 근로자의 권익을 향상시키기 위해 만들어진 제도다. 자본주의의 단점을 보완하기 위한 보편적인 제도로, 단결권과 단체교섭권 그리고 단체행동권의 보장은 여기에서 비롯된다. 근로자들이 노동조합을 만들고 임금과 근로조건을 개선하도록 파업이라는 무기를 가지고 사업주와 협상을 할 수 있도록 한다. 하지만 우리나라는 노동조합이 사회적 강자와 고임금 근로자의 기득권을 강화하는 역설을 만드는 비정상적인 제도로 변질했다. 여기에는 다른 나라에서 찾기 어려운 노동조합의 이상한 관행이 있다. 왜 이렇게 되었을까? 어떻게 해야 모순을 바로잡을 수 있을까?

어떤 나라든 노동조합을 만드는 일이 쉬운 일은 아니다. 법으로 노동조합의 설립을 보장해도, 노동조합을 설립하고 관리하는 데 비용이 들어갈 뿐 아니라 사업주가 협상에 응해서 성과를 거두어야 작동한다. 이런 이유로 우리나라 노동조합은 기업의 규모가 크고 조직화가 쉬운 대기업 및 공공부문의 정규직에 집중되고 반면, 임금을 인상하기 어렵고 노동력의 이동이 많은 중소기업과 비정규직은 노동조합이 설립되지 못했다. 따라서 같은 일을 한다고 하더라도 조합원과 비조합원 여부에 따라 임금과 근로조건의 격차가 커져서 오히려 노동조합이 불평등을 악화시키는 결과를 야기했다.

우리나라는 노동조합의 분포가 다른 나라에서 유례를 찾기 힘들 정도로 한쪽으로 쏠려있다. 근로자의 10명 중 1명 정도가 조합원인데, 비정규직은 100명 중에서 3명 정도에 지나지 않는다. 이뿐만 아니라 노동조합은 공무원과 공기업 등 공공부문과 대기업에 심하게 편중되어 있다. 이러한 경향은 한국노총보다 제1 노총으로 급성장한 민주노총이 뚜렷하다. 민주노총 사업장은 조합원 수가 평균 1,800여 명으로 한국노총보다 5배 많다. 게다가 노동조합의 조직률은 공공부문이 70%, 민간부문이 10%에 가까워 7배 정도 차이가 난다. 하지만 다른 나라는 공공과 민간의 노동조합 조직률 격차가 미국(5배), 프랑스(3배), 노르웨이(2배) 정도다.

불평등을 키우는 노동조합

민간 기업은 규모에 따라 조직률의 격차가 매우 크다. 1,000인 이상이면 조직률이 70% 넘고 300인 이상이면 57%이지만, 100~299인 기업은 15%로 뚝 떨어지고, 30인 미만은 0.2%로 사실상 제로다. 그러나 근로자의 분포를 보면 고용 비중이 300인 이상 대기업은 9.7%에 지나지 않고, 30인 미만 기업에 우리나라 근로자의 무려 67%가 종사한다. 경제개발협력기구(OECD) 국가의 기업 규모별 노동조합의 조합원 분포를 보면 대기업의 비중은 60%로 한국(90%)보다 훨씬 낮다.

어떤 나라든 노동조합이 임금과 근로조건을 개선하는 힘은 파업을 무기로 한 협상력에 좌우된다. 파업권을 휘두르기 좋으면 노동조합 설립 여부에 따라 그 격차가 커진다. 한국경제연구원의 보고서(2020)를 보면 우리나라는 대기업·정규직·조합원의 근속연수는 13.7년으로 중소기업·비정규직·비조합원(2.3년)보다 약 6배 길다. 고용뿐 아니라 임금수준도 격차가 커서 대기업·정규직·조합원(424만 원)은 중소기업·비정규직·비조합원(152만 원)보다 2.8배 많다. 근속연수에 따라 임금이 자동으로 올라가는 호봉제가 중요한 이유다. 호봉제 운용기업은 100인 미만이 15.8%지만, 300인 이상 대기업은 60.9%로 4배 많다.

호봉에 따라 임금이 결정되는 나라는 거의 없다. 한국은 근속기간이 1년 미만 근로자 대비 1~5년의 임금이 1.59배, 덴마크는 1.18배다. 하지만 근속 1년 미만과 근속 30년 이상 근로자의 임금 격치는 한국이 4.39배, 덴마크는 1.44배로 커진다. 여기에다 단체교섭에 따라 결정되는 성과급은 격차를 더 키운다. 한국은행의 분석(2018년)을 보면 기업 규모에 의한 임금 프리미엄은 호봉에 따라 결정되는 고정적인 임금 기준으로는 29.35%, 성과급까지 고려하면 44.03%로 벌어진다. 기업 규모에 의한 임금 프리미엄이 덴마크는 0.6%로 거의 없고, 유럽에서도 가장 높은 스페인도 4% 정도에 지나지 않는다.

모순에 빠진 한국의 노동운동

노동운동은 차별 폐지는 물론 임금과 근로조건의 격차를 해소하려 한다. 노동과 자본의 힘의 불균형에 따른 저임금 문제를 해소하는 것은 물론이지만 노동

내부의 힘의 불균형도 해소하는 것을 목표로 삼는다. 다른 나라 노동운동이 대기업이나 공공부문처럼 고임금 근로자는 임금인상을 자제하고, 중소기업이나 비정규직처럼 저임금 근로자를 배려하는 연대임금정책(solidarity wage policy)을 추구하는 것은 이러한 노력의 일환이다. 여기에는 고임금 근로자의 양보가 요구된다. 한 걸음 더 나아가 사회개혁 차원에서 동일노동 동일임금(equal pay for equal work)을 요구한다. 정부의 차별금지법 제정 등이 노동운동의 결실이다.

우리나라 노동운동은 임금과 고용안정의 격차를 줄이기보다 키우는 모순에 빠졌다. 노동계는 격차를 줄인다며 사회개혁을 내세우고 총파업까지 벌였지만 노동조합의 양보는 없었다. 게다가 노동계의 요구는 현실과 동떨어지고 무리해 오히려 노동조합의 특권만 키우는 결과를 낳았다. 기업을 넘어 근로자들이 쉽게 노동조합에 가입할 수 있도록 노동조합 조직을 산업별로 전환했지만 실패했다. 개별 노동조합이 기득권을 포기하지 않는 현실 때문에 무늬만 산업별로 바꾸고 실제로는 기업별 노조를 유지한 것이다. 결과적으로 기업별 노조의 이점과 산업별 노조의 이점은 대기업 노동조합의 협상력만 키웠을 뿐이다.

비정규직 철폐와 최저임금 인상도 비슷한 문제를 일으켰다. 비정규직은 정규직의 고임금과 과보호에 따라 남용되기에 정규직 노동조합의 양보가 필요하지만, 오히려 비정규직 철폐를 요구하면서 책임을 피하고 이익만 챙기려고 했을 뿐이다. 결국 정규직과 비정규직의 격차만 벌어졌고, 중소기업의 정규직보다 임금이 높은 대기업의 비정규직 일자리만 줄었으며, 중소기업에 비정규직이 늘었다. 최저임금 인상도 저임금 중소기업 근로자보다 대기업 근로자 우선이었다. 최저임금이 인상되면 자영업과 중소기업 저임금 근로자의 근로시간과 일자리는 줄 수밖에 없고, 급여는 많지만 기본급이 작은 대기업 근로자는 임금이 저절로 올라가게 된다.

2 노동시장은 왜 단절되었는가

노동법과 노동시장의 괴리

노동시장이 수요와 공급의 원리가 정상적으로 작동하면 임금·근로소선의 격차는 시간이 걸리지만 자연히 해소된다. 노동력의 이동이 자유로워 고임금 일자리에 노동력의 공급이 확대되고, 저임금 일자리는 공급이 부족해져서 일하고 싶지만 취업을 못하는 실업자가 줄어든다. 그러나 현실 세계에서는 그렇지 못하다. 최저임금, 노동조합의 단체교섭, 해고금지와 같은 고용보호 등 근로자를 위해 만든 각종 법제도가 노동시장의 수요와 공급을 통제하기 때문이다. 하지만 이러한 제도가 과도하면 소수 근로자의 이익으로 돌아가, 노동시장은 기득권을 가진 인사이더와 그렇지 못한 아웃사이더로 쪼개어져 이중구조화되고 노동력의 이동이 단절된다.

노동법이 취지와 달리 역작용이 커지면 근로자 보호에도 실패한다. 노동시장의 현실과 괴리되면 약자적 위치에 있는 근로자만 늘어나고, 노동법의 혜택은 강자적 위치의 근로자에게 돌아간다. 저임금과 고용불안에 시달리거나 노동시장에 진입하는 사람은 아웃사이더로 약자적 위치에서 벗어나기 어렵다. 청년은 물론, 노동시장을 떠났다가 복귀하는 여성 등이 그렇다. 이들의 실업률이 높아지는 것은 물론이고, 일하고 싶은 만큼 일하지 못하거나 자기 기량을 발휘하지 못하는 저고용의 문제도 커진다. 청년층은 4명 중 1명 꼴로 다른 연령 계층보다 실업률이 훨씬 높고, 여성의 비정규직 비율(42%)이 남성(26%)보다 높은 이유도 여기에 기인한다.

최저임금과 해고금지 등의 고용보호가 아웃사이더를 위한 제도라면, 단체교섭은 인사이더를 위한 제도에 가깝다. 하지만 최저임금이 너무 높거나 고용보호가 너무 강화되면 근로시간과 일자리가 줄어 아웃사이어가 타격을 받는다. 경기가 나빠지면 더욱 그렇고 정부의 재정을 투입한다해도 효과가 작다. 최저임금을 올리거나 해고가 어려워지면 사업주는 채용을 그만큼 더 줄여, 고용을 유지하는 사람은 이익이지만 그렇지 못한 사람의 실업은 많아진다. 단체교섭에서 노동조합의 협상력을 높이면 임금인상과 고용보호는 그만큼 강화되어 인사이더는 좋지만, 아웃사이더의 인사이더로의 전환은 그만큼 어려워진다. 이래서 노동시장의 법제도는 양면성을 가진다.

빈익빈부익부 만드는 노동정치

노동시장의 이중구조는 정치 문제다. 노동시장이 쪼개어지면 고용률(일할 수 있는 생산가능인구 대비 취업자의 비율)과 생산성이 낮아 경제가 성장하기 어렵고 고용은 악화된다. 또 저소득층의 비중이 늘면서 불평등도 커진다. 소득만 아니라 일할 기회의 불평등도 악화된다. 비정규직은 계속 비정규직으로 맴돌게 되고, 정규직으로의 진입은 학연·지연·혈연 등 운이 크게 작용한다. 하지만 정치가 인사이더에 쏠리면 노동시장의 이중구조 문제가 방치된다. 결국 자본주의가 위험해지고 이틈을 노려 포퓰리즘이 기승을 부려 민주주의도 위험에 빠진다. 이런 이유 때문에 선진국은 정치이념에 관계 없이 노동시장 이중구조를 깨기 위해 법제도 개혁을 추진한다.

민주주의가 제대로 작동하면 기득권을 가진 소수와 그렇지 못한 다수 사이에 균형을 유지하도록 법제도와 정책을 바꾸려는 동력이 작용한다. 시간이 걸려도 노동시장의 이중구조를 야기하는 법제도의 장애물이 해소된다. 하지만 법제도와 정책 결정의 무대가 소수에 장악되고 소수의 선전에 의해서 정보가 왜곡되면 그렇지 못하다. 정치가 노동조합에 장악되고, 노동조합이 기득권을 지키는 데 혈안이 되면 노동조합의 조직과 힘은 악용된다. 불평등을 이용해 편을 나누고 선거에 이기려는 포퓰리즘이 노동조합과 손을 잡기 때문이다. 이러한 나쁜 노동정치는 포퓰리즘의 뿌리가 깊은 남미는 물론 남부 유럽 등의 경험에서 알 수 있다.

노동조합의 힘이 정치경제적으로 강하다고 노동시장이 이중구조화되는 것은 아니다. 노동조합의 힘이 견제받지 않고 기득권을 강화하는 데 이용되면 아웃사이더의 노동시장 진입이 가로막히고 노동력의 이동이 어려워지지만, 반대로 노동조합이 힘을 절제하고 나라 경제 전체를 고려하면 노동시장의 이중구조는 해소된다. 남미는 노동조합이 정치권력과 결탁해 소수이지만 경제정책뿐 아니라 선거에서 영향력을 키움으로써 다수를 희생시킨다. 결국 남미의 노동시장은 정규직과 비정규직으로 나누어지는 정도를 넘어, 노동법의 보호를 받는 공식부문과 그렇지 못한 비공식부문으로 나누어지는 최악의 이중구조에 빠져있다.

남미는 대체로 비공식부문의 고용비중이 50%가 된다. 이태리 등 남부 유럽도 남미처럼 노동시장의 이중구조가 악화되어 비공식부문의 고용비중이 2000년대 초반에 이미 10%를 넘었다. 반면, 노동조합의 힘이 강한 만큼 견제와 균형으로 사회적 책임을 강화해 힘을 절제하는 나라는 노동시장의 진입장벽과 실업률이 낮다. 공정성을 중시하는 사회 분위기로 노동조합 스스로 규범을 강화하거나 또는 정부가 법으로 노동조합에 사회적 책임을 부과한다. 경제가 지속적으로 성장한 미국과 영국, 독일과 스웨덴 등 북부 유럽국가가 그렇다. 자본주의와 민주주의의 성격과 수준에 따라 각 나라의 노동시장 이중구조 문제가 달라진 것이다.

민주화와 노동운동

우리나라는 1987년 민주화운동 덕분에 노동운동이 폭발적으로 성장했다. 노동운동은 反자본주의 구호를 내걸었지만 노동조합 인정과 임금인상 요구가 핵심이었다. 빠른 속도로 독과점적 대기업과 공공기관에 거의 모두 노동조합이 설립되었고, 노동조합의 정치사회적 영향력도 커졌다. 노동시장은 대격변을 맞아 조합원 여부에 따라 쪼개어졌다. 대기업과 중소기업 그리고 정규직과 비정규직으로 노동시장이 나누어져, 대기업의 고용비중은 40%에서 10%로 줄고 반면, 임금은 대기업과 중소기업과의 격차가 20%에서 50%로 벌어졌다. 실업률은 2%대에서 4%대로 증가했고, 비정규직이라는 용어가 등장했고 그 비율은 근로자 3명 중 1명을 넘었다.

민주화운동 이전에 노동시장 이중구조문제는 없었다. 일자리가 늘고, 중소기업에서 대기업으로 노동이동도 활발했다. 하지만 수출이 증가하고 제조업과 대기업이 빠르게 성장함에 따라 성장의 과실을 분배하는 데 근로자의 불만이 커졌다. 이 갈등을 자본과 노동의 대립 그리고 자본과 정치의 유착으로 보는 운동권 출신들이 뛰어들었다. 노동운동은 민주화를 넘어 평등을 내세웠지만 실제로는 대기업 조합원의 경제적 이익 추구에 매달렸다. 그 결과 대기업과 제조업의 임금은 올라가면서 고용 비중이 줄었고 반면, 중소기업과 서비스업 일자리는 늘었지만 저임금화되어, 노동의 몫은 늘지 않고, 자본 대 노동의 갈등은 노동 대 노동의 갈등으로 악화했다.

노동운동을 이끌어왔던 한국노총도 민주화운동을 계기로 설립된 민주노총의 공격을 받았다. 한국노총은 임금과 근로조건 개선을 중시하는 경제적 조합주의와 협력적 노사관계를 추구해왔다. 반면, 민주노총은 노동자의 정치세력화를 표방하고 투쟁적 노동운동과 대립적 노사관계를 추구하고, 한국노총을 어용으로 격하했다. 이러자 한국노총도 정치적 조합주의로 기울어졌다. 민주화 이후 노동운동은 정치화되었지만, 단위 노동조합은 노동자의 연대성 등 정치 이념보다 경제적 이익에 치중해 다른 근로자의 이익을 배려하는 데는 관심이 적었다. 결국 민주화 이후의 노동운동은 정치적 조합주의와 경제적 조합주의가 뒤섞여 혼란스러웠다.

민주노총과 전투적 노동운동의 모순

민주노총은 1995년에 설립되었지만, 기존 노동조합과의 조직 대상 중복을 허용하지 않는 복수노조금지조항을 폐지하는 노동법 개정으로 1999년에 합법적 지위를 얻었다. 하지만 민주노총의 투쟁적 노동운동은 멈추지 않았고 노동계가 한국노총과 민주노총으로 분열되면서 임금인상과 고용보호의 요구는 경쟁적으로 강화되었다. 대부분의 나라는 노동계의 분열을 피하고 노동조합의 책무성을 의식해 단일 노총을 지향하는데 한국은 쪼개어졌다. 조직과 경제적 이익뿐 아니라 정치적 영향력을 확대하려는 갈등은 노동조합의 책무성을 높이는 데 장애가 되었다. 정부의 정책 결정에 대한 참여는 물론 노사정의 사회적 대화에서도 약자에 대한 배려보다 소속 노동조합의 이익을 챙기는 데 치우쳐 노동시장의 이중구조가 더 악화됐다.

정부와 자본에 대한 민주노총의 투쟁성과 폐쇄성은 조직 내부의 갈등과 지도력의 취약 때문에 커졌다. 1997년 말 외환위기로 대기업에 고용조정의 회오리가 불고 실업자와 비정규직이 급증한 이후 대기업 노동조합은 임금인상과 고용보호에 더 매달리고 민주노총 지도부의 입지는 좁아졌다. 근로자 전체의 이익을 대변하고 강자의 탐욕을 억제하며 약자의 권익을 강화하기 어려워져 노동시장의 이중구조는 악화됐다. 차별 금지와 '동일 노동, 동일 임금' 등의 투쟁구호를 내세우지만 대기업의 임금인상 부담은 중소기업과 비정규직에 전가되었고, 한 기업에서 일하는데도 불구하고 비정규직에게 정규직 노동조합의 문호를 개방하지 않았다.

계파 갈등이 민주노총의 지도력과 규범을 확립하기 어렵게 만든다. 민주노총은 투쟁노선을 고집하는 소수의 급진파(PD현장파)와 대화와 협상의 병행을 주장하는 다수의 온건파(NL국민파)가 갈등을 벌인다. 하지만 꼬리가 몸통을 흔든다는 이야기가 나올 정도로 소수의 급진파가 다수의 온건파를 누르고 있다. 민주노총의 노선은 강령에 규정되어 있듯이 급진적이고 반면, 의사결정 구조는 폐쇄적이다. 소속 노동조합과 조합원의 책임을 묻기가 어렵고 반면, 자기 생각을 100% 강요하는 비민주적 문화가 민주노총 집행부뿐 아니라 단위 노동조합에

퍼져있다. 결과적으로 선명성만 강하게 내세울 뿐 책무성은 떨어지는 노동운동의 모순이 지속된다.

노사정의 사회적 대화의 실패

민주화 이후 노동운동이 투쟁적이고 노사관계가 불안하자 정부는 노사정의 사회적 대화를 통해 문제를 해결하려고 했다. 기술혁신의 속도가 빨라지고 고용불안이 커지면서 노사정 협력의 필요성은 커졌다. 한국노총은 사회적 대화에 적극적이지만, 민주노총은 그렇지 않고 경영계를 배제하고 정부와의 대화를 요구했다. 사회적 대화를 통해 노사정이 합의에 도달하기 위해서는 각 주체의 양보가 불가피하다. 정부는 사회적 대화에 노동계의 참여가 필요했고, 노동계는 사회적 대화를 이용해 정부와 경영계의 양보를 얻어내고자 했다. 그 결과 노동정책은 물론 사회복지 등으로 사회적 대화의 범위가 확대되면서 노동계의 영향력은 더 커졌다.

노사정의 사회적 대화의 필요성에도 불구하고 성과를 내는 데 실패했다. 사회적 대화가 성공하려면 노사정 당사자들의 책임 있는 자세가 요구되지만 노동계 특히 민주노총은 내부적으로 균열되어 그럴 수 없었다. 사회적 대화를 통해 문제를 해결한다고 시간을 소비하고 결과는 모순적이었다. 비정규직을 줄인다면서 만든 보호법이 오히려 비정규직을 늘리는 결과를 야기했다. 노동조합의 과도한 임금인상과 고용보호 요구 때문에 대기업에 비정규직이 증가했기 때문에 노동계의 양보가 필요했지만, 노동계가 오히려 비정규직의 폐지나 용도 제한을 요구함에 따라 어쩔 수 없이 사용기간을 제한하는 내용을 골자로 보호법이 만들어졌다.

사회적 대화의 무대가 노동계에 기울어져 노사관계를 안정시키는 효과는 작았고, 노동시장의 이중구조가 고착화되면서 청년층의 취업은 더 어려워졌다. 비정규직보호법의 제정으로 대기업과 공공부문은 정규직뿐 아니라 비정규직도 채용을 줄임에 따라 한편으로 중소기업으로 몰려 비정규직이 늘었고, 다른 한편으로 대기업 취업의 기회가 막힌 청년들은 중소기업의 일자리가 저임금화됨에 따라 중소기업 취업을 더 기피하게 되어, 공무원과 공기업의 취업준비에 매달리는 청년이 늘었다. 공공부문은 법으로 고용보호가 보장되어 있고 노동조합 덕분에 임금도 빨리 올라, '신이 내린 직장'이 되면서 청년들은 합격률이 2%도 안 되는 채용시험에 몰리게 되었다.

노동의 경제민주화와 기울어진 정책무대

중소기업 근로자의 고용비중이 80%를 훌쩍 넘을 정도로 높지만, 이들의 정치적 영향력은 작다. 그러나 대기업과 공공부문 근로자들은 노동조합으로 조직화되어 고용비중은 작은데도 불구하고 정치적 영향력과 시장 지배력이 크다. 대기업은 제조업은 물론 금융, 의료, 언론, IT, 건설 등 전 산업에 그리고 정부기관과 공기업, 학교와 병원 등 전 공공서비스업에 노동조합이 있다. 게다가 노동조합이 파업권을 남용하고 시장 지배력을 이용해 임금을 과도하게 높여도 견제할 장치는 미흡하다. 불법 파업까지 벌여도 정치권은 노동조합의 눈치를 보고 정부는 공권력을 정상적으로 행사하지 못했다. 결국 노동조합은 경제적 강자의 이익추구 도구가 되었다.

노동계의 경제사회정책에 대한 발언권이 강화되면서 정책의 결정 무대도 노동계로 기울어졌다. 정부의 각종 정책은 노동계에 휘둘렸고, 그 결과 절대 다수를 차지하는 비조합원 근로자의 이익은 정책의 선택과 결정에서 외면당했다. 법제도와 정책이 경제사회적 강자에게 유리하고 약자에게 불리한 구조가 되면서 노동의 불평등은 커졌다. 기울어진 정책무대가 노동시장 이중구조를 악화하고 노동의 불평등을 구조화시킨 것이다. 정부가 정책무대를 평평하게 만들려고 노동개혁을 시도하지 않았던 것은 아니지만 노동권력이 정치권력을 능가할 정도로 노동계의 힘이 커졌다. 노동개혁을 하면 정치권의 노동조합 편들기로 흐지부지되거나 좌절되었다.

민주화 이후 노동계가 정치경제적 힘을 키우는 데에는 나름대로 논리가 있었다. 헌법에 규정된 경제민주화가 대기업의 사회적 책임과 공공성 강화의 논리로 확장되고, 이는 노동조합의 이익 추구 논리로 이용되었다. 경제민주화는 정부가 개인과 기업의 자유로운 경제활동에 간섭하고, 이익집단의 기득권 유지와 확대에 이용되었다. 진보성향의 시민단체와 노동조합이 서로 돕고 밀어주는 관계로 이익집단화되면서 더 왜곡되었다. 경제민주화는 시장지배력에 의한 불평등을 해소하는 데 취지가 있기 때문에 대기업뿐 아니라 노동조합도 사회적 책임을 다하고 공공의 이익을 배려해야 하지만 노동조합은 이를 피하고 임금인상과 고용보호의 부담을 중소기업에 전가했다.

기업의 사회적 책임 및 공공성 강화와 고용의 왜곡

기업의 사회적 책임은 사업주뿐 아니라 해당 노동조합에도 요구되는데, 노동조합의 단체교섭에서 협상력을 강화하는 데 이용되었다. 그 결과 고임금과 고용보호로 정규직 일자리는 줄고 비정규직은 늘었다. 또 공공성의 강화는 집단이기주의의 자제를 요구하는데, 오히려 공익을 앞세운 사익 추구의 논리로 이용되었다. 특히 서비스업이 그랬다. 서비스기업의 이윤추구를 부도덕한 행동으로 비판하고 서비스의 공공화를 요구해, 정부가 직접 공공 서비스를 제공하거나 민간기업의 서비스 제공을 규제 강화로 억제했다. 그 결과 서비스업의 고용비중은 늘어도 서비스의 혁신과 생산성 향상은 지체되어 서비스업은 영세화되고 저임금 일자리로 채워졌다.

경제민주화, 기업의 사회적 책임 그리고 공공성의 강화와 이를 위한 규제 강화는 노동계가 내세우는 사회 개혁의 골자다. 핵심은 노동의 수요와 직결되는 생산물시장에다 노동의 공급과 임금 및 고용이 결정되는 노동시장에 대한 규제를 강화하는 것이다. 하지만 규제가 대체로 대기업과 제조업을 염두에 두기에 중소기업과 서비스업은 따르기 힘들어 영세화되게 만든다. 규제의 과잉이 대기업과 중소기업 그리고 제조업과 서비스업의 경쟁력 격차를 벌인다. 따라서 대기업과 제조업은 고용 비중이 감소하고 반면, 중소기업과 서비스업의 고용 비중은 73%로 늘어 주요 선진국 수준에 근접해도 임금은 대기업과 제조업의 절반 정도에 머물렀다.

디지털 기술혁신에 따라 지식정보화시대로 들어갔지만 우리나라 중소기업과 서비스업은 혁신이 뒤처져 저임금의 덫에서 벗어나기 어렵다. 주요 선진국은 디지털기술혁신과 중소기업의 세계화 덕분에 서비스업의 생산성이 올라가 제조업의 80%를 넘었지만, 우리나라는 45% 수준에 머물러 저임금 일자리화 되었다. 또 우리나라는 서비스업의 연구개발투자가 산업 전체의 8%에 지나지 않을 정도로 미미하지만, 주요 선진국은 40% 정도로 증가해 우리나라보다 5배 정도 많다.

또 서비스업이 낙후되어 고임금을 받는 전문가와 기술자의 고용 비중과 서비스 산업의 수출 비중은 작아 각각 22%와 15%로 주요 선진국의 절반에 지나지 않는다.

노동조합의 비정상적 운영 관행

우리나라는 노동조합이 겉으로는 외국처럼 산업별로 조직되어 있지만 실제는 기업별이다. 노동조합이 소속 기업의 근로자를 대변하는 데 치우칠 수밖에 없는 폐쇄성을 구조적으로 안고 있다. 한 기업에서 일하는 비정규직 근로자들은 정규직이 만든 해당 노동조합에 가입하지 못한다. 협력 중소기업에서 일하는 근로자의 임금과 근로조건의 향상은 해당 노동조합에게는 관심 밖의 일이다. 노동계가 노동조합 조직을 산업별로 전환해 동일 노동 · 동일 임금과 연대임금 등으로 임금 격차를 줄이려는 노력이 없었던 것은 아니다. 하지만 동일 임금 · 동일 노동을 실현하려면 호봉제를 폐지하고, 노동조합을 산업별로 전환하려면 기득권을 내려놓아야 하기에 실패했다.

노동조합은 근로자의 자주적 결사체이기 때문에 운영에 들어가는 비용은 조합원이 부담한다. 우리나라를 포함, 미국 등의 일부 국가는 노동조합에 대한 회사의 지원을 노동법에 사용자의 부당노동행위로 규정하고 금지한다. 이뿐 아니라 미국의 경우 노동조합의 금품지급요구는 노동조합에 의한 부당노동행위로 금지된다. 하지만 우리나라는 노동조합의 사무실과 노동조합 간부의 급여를 회사가 준다. 노동조합 사무실이 회사 안에 있기 때문에 일반 근로자가 그 노동조합을 방문하기 어려울 수밖에 없다. 반면, 노동조합이 회사로부터 지원을 받기 때문에 기업별 노조를 유지함으로써 얻는 이익이 그만큼 크다. 하지만 이러한 지원은 공개되지 않는다.

문제는 여기에서 끝나지 않는다. 노동조합이 근로자의 자주적 결사체임에도 불구하고 노동조합 간부의 급여를 회사가 지급하기 때문에 어용이라는 꼬리표가 따라다니기 쉽다. 게다가 노동조합의 운영은 투명성이 낮고 폐쇄적이라 노사는 물론 노동조합 내부에 불신이 생길 수밖에 없다. 기업의 규모와 재정능력이 노동조합 설립의 핵심 변수가 됨에 따라 노동조합은 형편이 좋은 대기업과 공공부문에 쏠린다. 반면, 중소기업 등 노동조합의 도움이 필요한 근로자들은 노동조합의 혜택을 보기가 그만큼 어려워진다. 결국 노동조합의 비정상적인 운영 관행은 노동조합 조직률이 민간과 공공 그리고 민간 기업도 규모에 따라 크게 달라져 양극화되도록 만든다.

낙후된 노동법

일자리(고용)와 소득(임금)은 사람의 행복을 좌우하는 가장 중요한 경제적 요인이다. 그 기회가 공정한 나라일수록 일하는 사람의 비율과 생산성이 높다. 생산의 3요소인 돈(자본), 숙련(인적자본), 근로시간(노동)의 투입이 효율적이어야 일자리와 소득이 증가한다. 기술혁신은 사람들의 아이디어의 산물로, 생산의 지속적인 증가(성장)을 가능하게 한다. 이러한 활동들이 선순환할지 즉 일자리와 소득이 계속 증가할지 여부는 경제활동을 규율하는 법과 정책, 즉 법제도에 따라 달라진다. 법제도는 환경변화에 따라 바뀌고, 이에 맞추어 일자리와 소득을 늘리도록 만드는 좋은 법제도를 가진 나라는 국민의 행복지수가 높다.

노동법은 일자리와 소득에 직접 영향을 미친다. 우리나라의 노동법은 환경변화에 낙후되어 있다. 일단 회사에 취업하면 해고를 사실상 금지하는 노동법에다 대기업과 공공부문의 근로자들은 노동조합 덕분에 열심히 일하지 않아도 급여가 자동으로 올라가고 고용을 유지할 수 있다. 또 노동조합은 회사의 지원을 받으면서 강경한 투쟁을 벌인다. 노동법이 인사이더의 보호에 치중해 일자리와 소득의 공정성을 저해한다. 또 개별 근로자보다 노동조합을 우위에 두고 있어 환경변화에 유연하게 대응하기 어렵게 한다. 기술이 바뀌면 일하는 방식이 달라지고 근로조건을 변경해야 하지만 노동법은 노동조합의 동의까지 요구한다.

우리나라는 좋은 노동법을 만드는 일이 멈추었다. 특히 민주노총은 노동자의 정치세력화, 권력과 자본의 탄압과 통제의 분쇄를 내세우며 반대해왔다. 외국과 달리 노동조합의 강경 투쟁에 사업주가 방어할 수 있는 수단은 별로 없고 반면, 사업주가 노조활동을 방해하지 못하게 하는 장치는 매우 엄격하다. 노사의 게임의 룰을 규정하는 부당노동행위는 사업주에게만 있고, 이를 위반하면 형사처벌까지 한다. 또 외국과 달리 우리나라는 파업 중에 시위나 농성을 회사 안에서 할 수 있지만, 대체근로는 금지된다. 노사가 힘의 균형을 잃다보니 우리나라는 다른 나라에 비해 파업의 빈도가 훨씬 높고, 지속기간이 훨씬 길고 또 민주노총 사업장일수록 훨씬 극렬하다.

3
노동조합의 사회적 책임은 우리나라만의 문제인가

노동조합의 사회적 책임

자본주의와 민주주의의 역사를 보면 힘이 센 사람이나 집단이 이에 상응하는 만큼 도덕적 책임을 다해야 발전한다. 노동조합도 예외가 아니다. 선진국은 노동운동을 할 때 노동조합이 스스로 사회적 책임을 다하도록 규범을 만들거나, 국가는 노동기본권을 존중하는 만큼 노동조합에 사회적 책임을 요구한다. 학문적으로 보면 노동조합의 사회적 책임은 거시적인 관점에서 노동조합의 활동으로 영향을 미치거나 영향을 받는 개인이나 집단에 대한 책임을 의미한다. 구체적으로 보면 노동조합의 사회적 책임은 노동조합의 행동이 경제적 형평성, 사업장 민주주의, 사회정의, 이해관계 당사자(조합원, 소비자, 경영자, 주주 등) 배려에 부합해야 한다는 것을 의미한다.

고용이 악화되고 불평등이 커지면서 기업과 노동조합을 포함한 주요 집단의 사회적 책임을 강화하는 노력이 글로벌 차원에서 이루어져왔다. EU(2001)의 지속발전전략, UN(2004)의 사회적 책임에 관한 UN 글로벌 협약(UN Global Compact), 국제표준화기구(International Organization for Standardization : ISO)의 ISO26000 등이 그렇다. ISO26000은 영리와 비영리에 관계없이 모든 조직이 지켜야 할 사회적 책임을 '투명하고 윤리적인 행동을 통하여 사회와 환경에 영향을 미칠 수 있는 조직의 결정과 활동에 대한 책임'이라고 정의하고, 책무성, 투명성, 윤리적 행동, 이해관계자 존중, 법률 존중, 국제행동규범 존중, 인권 존중의 7가지를 제시한다.

노동조합의 사회적 책임은 정치경제사회 환경 특히 노동시장과 노사관계체제와 깊은 관계를 가지기 때문에 나라마다 다르다. 각국의 정치경제사회 환경과 법제도의 특징을 비교하는 자본주의 다양성(Variety of Capitalism : VOC)이론에 따라 노동조합의 사회적 책임과 이를 실현하는 방식을 살펴보는 것은 우리나라의 노동조합의 사회적 책임을 확립하는 데 유용하다. 각국의 자본주의는 미국과 영국 등의 자유시장경제(Liberal Market Economy), 독일과 북부 유럽의 스웨덴 등의 조율시장경제(Coordinated Market Economy), 프랑스와 남부 유럽의 이태리 등의 혼합시장경제(Mixed Market Economy)로 분류된다.

자본주의와 노동조합의 사회적 책임

자유시장경제는 경제주체의 이해관계를 시장기능에 의해 조정하고, 개별 노동조합을 사회적 책임의 주체로 본다. 노동조합의 사회적 책임도 노동시장에 대한 지배력의 관점에서 접근하고, 노동조합이 개별 근로자의 권리를 침해하지 않도록 하며, 입법을 통해 확립한다. 반면, 조율시장경제는 이해관계 집단의 대표자들에 의한 자율조정을 중시하고, 노동연합단체(노총)를 노동조합의 사회적 책임의 주체로 본다. 노동조합의 사회적 책임을 이해집단의 도덕적 의무로 보고, 노동단체가 내부 규범을 통해 사회적 책임을 실현한다. 하지만 혼합시장경제는 이해관계 조정의 기능이 혼재되고, 노동조합의 사회적 책임도 개별 노동조합과 노동 단체로 분산된다.

미국은 노동조합의 조직이 산업별이지만 단체교섭은 사업장 단위로 하기 때문에 노동조합의 사회적 책임은 단체교섭과 관계가 깊다. 정부는 단체교섭에서 지켜할 룰(rule)을 정하고, 룰은 노사의 힘의 균형을 중시하며, 노사의 힘의 행사가 공공의 이익을 침해하지 않도록 한다. 독일은 노동조합의 조직과 단체교섭이 모두 산업별이고 노동조합의 조직률도 높아 힘이 세지만, 노동조합의 사회적 책임도 그만큼 강하게 의식해 파업이 발생하기 어렵도록 내부적으로 규율한다. 또 수출 비중이 큰 개방경제이기 때문에 경제와 고용 상황을 고려해 생산성 증가를 넘지 않도록 임금인상을 절제하고, 복지국가를 지향하기 때문에 임금격차를 줄이고자 한다.

이태리 등 남부 유럽 국가는 우리나라처럼 노동조합이 분열되어 있고 노사관계는 대립적이며 노동시장이 경직적이고 숙련인력은 작으며 이중구조화되어 있다. 경제와 시장에 대한 정부의 개입이 많아 노동조합의 사회적 책임에 대한 의식은 희박하고 반면, 정부의 역할과 기업의 사회적 책임에 대한 노동조합의 요구는 강하다. ISO 26000의 조직의 사회적 책임도 남부 유럽 국가는 기업의 사회적 책임으로 간주하고 이를 조합원 교육과 단체교섭에 이용해 협상력을 높이는 데 이용한다. 하지만 남부 유럽 국가는 우리나라와 달리 제조업과 수출 비중은 작고 재정운용은 방만한데다 유럽통합 이후 경제기반이 더 취약해지면서 고용불안이 가중된다.

정부와 노동조합의 사회적 책임 : 미국

미국은 1945년 제2차 세계대전이 끝나고 파업이 급증했으며 그 양상도 과격했다. 이러자 1920년대 말 세계대공황을 수습하고 미국의 사회주의자들의 위협에 맞서기 위해 제정되었던 전국노동관계법(와그너법, 1934)을 노사관계법(Taft Hartley Act 1947)으로 개정했다. 골자는 노동조합과 사용자의 힘의 균형을 회복하고 이를 위해 정부가 적극적인 역할을 하는 것이었다. 노동조합의 부당노동행위를 신설하고, 정치파업과 동조 파업 등을 금지하며, 공산주의자가 아니라는 맹세까지 요구했다. 또 노동조합의 강제 가입을 막기 위해 지방분권 차원에서 개별 주(state)가 근로자가 노동조합 가입 여부를 결정하도록 일할 권리 법(right-to-work)을 도입했다.

하지만 노동법 개정에도 불구하고 운수노조 등에서 조합 간부의 부패와 비리가 연이어 터지자 노사관계법은 12년 만에 노사 보고 및 공개법(Labor Management Reporting and Disclosure Act, 랜드럼그리핀법 1959)으로 개정되었다. 핵심은 노동조합의 대내외 책무성뿐 아니라 투명성도 높이는 것이었다. 노동조합 선거와 회계의 투명성 확보에 필요한 정보의 보고와 그 공개를 요구하고, 노동부가 확인하도록 하는 것이었다. 노동조합의 전투적 노동운동은 1980년대 공화당의 로날드 레이건 대통령의 법치주의 확립으로 완전히 꺾인데다, 독일과 일본의 경쟁력에 밀려 경제성장과 고용이 악화되자 노동운동은 협력적 노사관계로 나아갔다.

레이건 대통령은 1981년 항공관제사 파업에 대해 '공공의 안전을 보호하는 것이 정부의 존재 이유'라고 연설하면서 13천 명의 공공노조 소속의 항공관제사를 해고했다. 이러한 법치주의 확립 노동개혁은 공공개혁과 교육개혁 등으로 확대되었고, 이어서 1990년대 들어와 민주당의 빌 클린톤 대통령은 복지개혁을 단행했다. "지금까지 알고 있던 복지는 끝내자."는 클린톤의 공약이었다(end welfare as we have come to know it). 그의 공약은 의회와 줄다리기하면서 1996년에 복지개혁법으로, 즉 개인의 책무와 일할 기회의 조화법(The Personal Responsibility and Work Opportunity Reconciliation Act)이 다수당인 공화당의 찬성 속에 통과되었다.

복지개혁법의 핵심은 정부의 지원에 의존한 한시적 복지를 지속 가능한 일자리 복지로 전환하는 것이었다. 이것은 1935년 대공황 극복의 뉴딜 시대에 도입된 사회보장법을 50년 만에 전면 수정하는 것이었고, 정부에 의존한 복지는 줄이고 일을 통한 복지를 강화한 것이었다. 또 디지털 기술혁신으로 일자리와 소득이 근로자의 숙련에 좌우됨에 따라 복지에 대한 개인의 책무성을 강화하도록 개혁하는 것이기도 했다. 노동시장과 교육의 연계성을 강화해 취업기회를 확대하도록 취업 기회와 기본숙련훈련(Job Opportunities and Basic Skills Training), 긴급지원(Emergency Aid) 등을 새로운 복지제도의 핵심축으로 삼았다.

정치와 노동조합의 사회적 책임 : 영국

"누가 영국을 지배하나?(Who governs Britain?)"라는 말이 나올 정도로 1970년대 초반 영국의 노동조합은 힘이 막강했다. 석유위기의 와중에도 노동조합이 파업권을 남발해 임금을 과도하게 인상하면서 영국은 인플레이션과 고실업(스태그플레이션)에 직면했다. 영국 정부는 공공부문에 임금인상 상한제를 도입했고, 이러자 탄광노조가 반발해 준법투쟁을 벌였다. 전기 공급이 어려워지자 정부는 산업체를 일주일에 3일만 가동하게 했다. 파업의 빈발과 장기화 등 노동운동이 전투적인 이유가 노동당의 친노조 정책에 있다는 인식이 커지고, 노동당이 노동조합을 비호하기 때문에 노동시장이 경직적이고 고실업 문제가 발생했다는 데 공감대가 쌓였다.

노동조합에 대한 여론이 악화되면서 1970년대 말 노동당은 총선에서 참패했다. 보수당은 친노동조합 정책이 나라를 망쳤다면서 당의 제1 강령으로 '노동조합의 권리와 의무의 균형'을 내걸었고, 노동개혁을 국정의 첫 번째 과제로 삼았다. 선거에서 "노동이 작동하지 않는다"(Labor Is Not Working!)는 슬로건으로 노동계와 손잡고 있는 노동당을 공격했고, 결과는 '추운 겨울'이라고 말이 나올 정도로 보수당의 대승으로 끝났다. 마가렛 대처 수상은 공약대로 노동개혁에 나섰지만 노동조합은 강력 저항했고, 대처는 '대안이 없다(TINA : There is no alternative)'면서 고실업의 고통을 감수하고 노동개혁을 밀어붙였다.

대처 수상은 영국 경제를 마비시킨 1984~1985년 탄광노조 파업에 대해 "프클랜드에서 아르헨티나와의 전쟁보다 노동조합과의 전쟁이 영국을 더 괴롭히고 자유를 위협한다"고 맞섰다. 영국의 노동개혁은 영국뿐 아니라 유럽의 정치경제 이념 지도까지 바꾸었다. 영국은 노동조합의 권리와 의무의 균형이라는 보수당의 강령 하에 1980년 고용법 개정에서 시작해 1993년 노조법과 고용법의 개정에 이르기까지 6차례 노동법을 꾸준히 개정했다. 법 개정의 내용은 미국의 노사관계법과 비슷해 노동조합의 파업권 남용을 막고, 노동조합의 내부 민주주의를 확립하며, 노동조합이 공공의 이익을 훼손하지 못하도록 하는 것이었다.

영국의 노동당도 뉴 레이버(New Labor)를 표방하면서 제3의 길로 전향했다. 1918년 이래 노동당 정책의 대명사인 노동당 강령 4호인 국유화 조항을 폐지했다. 노동당 출신으로 최장수 총리가 된 토니 블레어 수상은 "더 큰 정부가 주도하는 더 많은 평등이 곧 정의이며 진보라는 주장은 착각일 뿐이고, 케인즈-베버리지 합의는 타인에 의존하는 도덕적 해이를 키운다"고 비판했다. 그러면서 정부 중심 성장·복지모형 대신 모든 사람들이 주식을 소유하고 이익을 향유하는 대중 자본주의를 지향했다. 대처에서 블레어로 이어지는 개혁 덕분에 영국은 파업의 손실은 1970년대에 비해 5%로 감소했고, 노동시장이 유연해지며 실업률은 대폭 감소했다.

복지와 노동조합의 사회적 책임 : 스웨덴

노동조합 조직률이 가장 높은 나라에 속하고 복지국가의 전형으로 불리는 스웨덴은 "복지정책이 복지를 망친다."며 1992년 복지와 노동개혁에 나서면서 다시 주목을 받았다. 스웨덴은 산업화와 수출로 빈곤국에서 탈출해 최선진국으로 경제가 성장했으나 전면적 무상복지로 성장이 후퇴했다. 공공부문의 확대에도 불구하고 공식 실업률이 9%로 증가했고, 노동시장은 기득권을 가진 인사이더와 그렇지 못한 아웃사이더로 나뉘어 이중구조화되었다. 경제 침체를 막는다고 늘린 정부지출이 국민소득의 70%로 늘었고 재정적자는 GDP의 12%로 치솟았다. 이에 스웨덴은 정부를 성과 중심으로 바꾸는 공공개혁을, 정부 중심을 시장 중심으로 바꾸는 복지개혁을 했다.

복지와 노동개혁의 핵심은 서비스의 공공성 강화와 복지 서비스 제공의 국가 독점을 깨뜨리는 데 두었다. 공공서비스의 제공에 민간 기업이 참여하도록 함으로써 복지의 효율성을 높이고, 개인이 복지서비스를 선택할 수 있도록 함으로써 복지의 형평성도 높였다. 공공 의료와 교육에 영리 목적의 기업이 참여할 수 있도록 하고, 퇴직 연금의 운영 기업도 개인이 선택할 수 있도록 허용했다. 이와 함께 실업급여 중심의 전통적인 노동정책도 전면 개혁했다. 직업교육·훈련 및 고용안정서비스 중심의 적극적 노동시장정책으로 바꿈으로써 아웃사이더의 취업 기회와 능력을 제고했고 노동시장의 이중구조를 해소해 실업률도 대폭 떨어뜨렸다.

자본주의와 사회주의 가운데에 있던 스웨덴이 사회주의 색채를 지우고 자본주의식 경제사회발전모형으로 바꾸자 미국은 물론 유럽 전체가 놀랐고, 이는 복지와 노동개혁의 글로벌 확산으로 이어졌다. 더구나 스웨덴의 이러한 혁명적 개혁이 큰 정치적 갈등 없이 순조롭게 진행되었기에 더했다. 스웨덴의 노동조합은 지속가능한 복지를 위해 개혁이 불가피하다며 협력했고, 정치와 거리를 둠으로써 사회적 책임을 실현했다. 복지와 노동개혁은 스웨덴의 정치권이 주도했다. 스웨덴을 오래 지배했던 중도좌파 사회민주당과 중도우파 정당들은 합의를 통해 개혁을 추진했고, 구체적인 개혁안은 전문적인 지식을 가진 공무원의 도움을 받아 만들었다.

기술혁신과 노동조합의 사회적 책임 : 독일

동서독 통일에다 디지털 전환으로 실업률이 치솟은 독일도 복지노동개혁에 나섰다. 사회민주당의 게르하르트 슈뢰더 수상은 2003년 "현대화할 것인가 죽을 것인가?", "시대를 앞서가지 못하면 시대에 잡아먹힌다."며 '어젠다 2010' 사회개혁을 추진했다. 핵심은 복지와 노동의 패키지 개혁을 통한 일을 통한 복지(workfare)의 구축이었다. 노동과 복지 개혁이 인기가 없고 노동계도 반대했지만 수용하도록 설득했다. 슈뢰더는 국회의원들에게 "세계화는 선택이 아니라 현실의 문제이고 사회민주당이 만든 독일식 복지와 노동 모형을 새롭게 만들지 못하면 140년 전통의 사회민주당에 미래가 없다. 개혁에 나서지 않으면 당신들은 재선되어서 안 된다"고 경고했다.

일을 통한 복지는 모든 사람에게 똑같이 분배하는 보편적 복지 대신에 노동시장 참여와 복지를 연계하는 선택적 복지로의 전환을 의미했다. 복지 개혁과 함께 독일은 노동시장 유연화 개혁에 나섰다. 노동시장의 경직성 해소가 취약계층의 일할 기회를 늘리고 동시에 노동생산성도 높여 성장 잠재력을 키우는 데 필수적이라 보았다. 또 노동시장 유연화가 복지 지출은 줄이고 복지를 위한 재원은 확충해 지속가능한 복지국가를 만든다고 보았기 때문이다. 복지와 노동개혁의 성공으로 독일은 2008년 글로블 금융위기를 극복하고, 10% 넘는 실업률로 '유럽의 병자'로 취급받다가 2010년대 후반에는 3%대로 떨어지면서 '유럽의 슈퍼스타'로 회자되었다.

슈뢰더의 개혁은 중도우파인 기독교민주연합의 앙겔라 메르켈 수상의 산업 4.0과 노동 4.0을 위한 개혁으로 이어졌다. 디지털 기술혁신에 뒤져있던 독일은 미국과의 경쟁력에 밀리고 기업이 중국 등으로 이동하면서 제조업 강국의 지위를 잃는다고 위기감을 느끼고 있었다. 메르켈은 우리나라에서 4차 산업혁명으로 불리는 제조업을 비롯한 산업의 디지털화와 이에 따른 노동의 혁신을 대안으로 보았다. 각각 산업 4.0과 노동 4.0으로 부르면서 직업교육의 수준을 제고하고 평생교육을 강화하는 개혁을 추진했다. 이러한 개혁이 성공하면 해외로 유출된 일자리가 독일에 돌아오고 고용불안에도 적극적으로 대처할 수 있기에 독일의 노동조합은 협력했다.

고용과 노동조합의 사회적 책임 : 프랑스와 남부 유럽

스웨덴과 독일이 개혁에 성공하자 프랑스와 남부 유럽 국가들도 개혁에 나섰다. 이들 국가는 2008년 글로블 금융위기를 겪으면서 제조업의 공동화와 노동시장의 경직화로 인한 저성장·고실업·재정악화의 문제를 뼈저리게 느꼈다. 개혁이 늦었던 만큼 한꺼번에 몰아치듯이 추진했고, 반발은 그만큼 커짐에 따라 좌절하거나 실패했다. 노사정의 사회적 대화를 통한 개혁은 노동계의 반대에 부딪쳤고, 정부 주도에 의한 개혁은 다당제로 인한 정치불안이 걸림돌이었다. 섣부른 개혁은 좌파 포퓰리즘을 자극해 정책이 일관성을 잃고 국민의 지지가 부족하게 만들었다. 노동시장은 혼란에 빠졌고, 실업률은 조금 떨어졌지만 비정규직이 늘고 불평등은 악화됐다.

프랑스와 이태리 등 남부 유럽은 노동시장에 대한 정부의 통제가 강하고 사회보험료 부담이 과중하다. 이태리는 노동시장의 이중구조가 심각해 남미 국가처럼 노동시장이 정규직과 비정규직의 단절을 넘어, 노동법이 작동하는 공식 부문과 노동법의 밖에 있는 비공식부문으로 단절되어 있다. 과도한 정부의 통제와 사회보험료는 사업주는 물론 근로자도 노동법의 적용을 받지 않는 것이 오히려 이익이기 때문이다. 이러한 상황이다보니 이들 국가는 점진적인 개혁보다 '혁명적인' 개혁으로 침몰하는 경제와 붕괴하는 노동시장을 살리려고 했다. 하지만 그만큼 노동조합의 저항은 컸고 포퓰리즘이 극성을 부려 개혁의 성과는 낮았다.

마크 롱 프랑스 대통령은 '해고는 쉽게, 고용은 더 쉽게'로 노동개혁을 밀어붙였다. "노동법이 청년 일자리를 막고 정규직의 배만 불린다"면서, "기업을 키우지 않고 근로자를 보호할 수 있다는 착각, 부를 창출하지 않고 부를 재분배할 수 있다는 착각에서 깨어나라"고 요구했다. 이탈리아의 마테오 렌치 총리는 정규직 채용 후 3년 동안 해고 금지 조항의 적용을 배제하였다. 남부 유럽 4개국 중에서 개혁이 가장 성공적이라는 스페인의 마리아노 라호이 총리는 공무원의 축소 및 임금 삭감 등 공공부문을 개혁하고, 매출이 감소하는 기업은 노동조합과 합의가 없어도 근로조건을 변경할 수 있도록 노동법을 개정하는 등 광범위한 개혁을 추진했다.

4
디지털 시대의 노동, 무엇을 어떻게 할 것인가

디지털 시대의 노동시장과 노동조합

디지털 기술혁신은 세계경제와 노동시장의 질서를 바꾸고 있다. 새로운 제품과 서비스의 개발을 촉진하는 획기적 기술혁신이 강한 미국과 기존 제품과 서비스를 개선하는 점진적 기술혁신에 주력하는 유럽은 격차가 벌어졌다. 국가발전계획에 따라 자원을 투입하는 중국은 미국과 유럽의 기술을 도입·모방함으로써 추격 성장을 해왔다. 하지만 공통적으로 기술혁신이 새로운 일자리를 만들지만 기존의 일자리는 사라지게 했다. 또한 일을 하는 데 필요한 숙련을 가진 노동력에 대한 수요는 올라갔지만 그렇지 못하면 수요가 감소했다. 이러한 충격을 법제도 혁신으로 적극 대응한 나라는 일자리가 늘었고 노동시장 이중구조의 압력을 줄였다.

각국의 노동조합은 변화를 수용하고 있다. 디지털 기술혁신으로 공장이나 사무실에 집단으로 모여 일하는 노동은 감소하고, 플랫폼을 이용해 개별적으로 일하는 노동은 늘고, 복수의 직장에서 일하는 근로자와 근로자이면서 사업주인 특수 근로자가 많아진다. 숙련은 물론 네트워크가 좋은 사람은 소득이 증가하고, 그렇지 못한 사람은 소득이 감소한다. 유럽노총연구소(ETUI)는 최근 「디지털시대의 노동기본권」을 제시하면서 "노동조합이 디지털경제를 적극 수용하지 못하면 노동시장을 양극화시킨다."고 했고, 미국의 노총(AFL-CIO)도 「디지털시대의 노동조합」을 통해 "과거의 승리에 매달리려는 유혹은 미래를 만들어나가는 능력만 약화시킨다."고 변화를 촉구했다.

독일 등 북부 유럽의 노동조합은 디지털 시대 이전에도 직업교육훈련에 관심을 기울여왔지만 더 강화하고 있다. 근로자들이 기술혁신을 따라 잡는 데 필요한 교육훈련의 기회를 확대하고, 노동의 장소와 방식의 다양화를 그 기회로 활용하는 데 쓰도록 근로시간제도를 유연하게 만들고 있다. 임금과 고용 결정의 관행이 디지털 시대 이전에도 유연한 미국의 경우 유럽에 비해 약점인 직업교육훈련을 강화하고 있다. 취약 계층의 능력 개발과 이동성을 높이기 위해 정부는 직업교육훈련에 대한 투자를 늘리고, 노동조합은 근로자의 능력개발을 위한 교육훈련과 경영상의 이유로 실업에 처한 근로자의 구직활동 지원을 단체교섭의 중요한 과제로 삼고 있다.

손 놓고 있는 한국

우리나라는 정부나 노동조합 모두 디지털 기술혁신에 따른 노동시장의 변화에 관심을 두지 않고 있다. 정부가 디지털 기술혁신에 대비한다고 독일을 벤치마킹해 4차 산업혁명위원회를 만들었지만 그 활동은 미미했다. 위원회에 인재양성과 이를 위한 교육을 관장하는 교육부가 빠지고 근로자의 능력개발과 직업훈련을 담당하는 노동부도 적극적이지 않았다. 노동조합도 디지털 기술혁신에 따른 노동시장의 충격을 강건너 불보듯이 했다. 새로운 일자리를 만들고 소득을 높이는 기회로 디지털 기술혁신을 이용하는 적극적인 정책보다 고용보조금 확대, 공공부문 고용확대, 최저임금 인상 등으로 부작용을 막는 데 급급했다.

한국이 가진 최대의 장점인 교육열이 낭비되고, 디지털 기술혁신의 대응능력은 학교가 아니라 학원 등 사교육을 통해 길러져, 디지털 기술혁신에 따른 취약계층은 많아졌다. GDP대비 교육예산과 교사들의 급여는 OECD국가 중에서 상위권으로 올라갔지만 학생들의 학업과 취업 성과는 후퇴했다. 교사 노동조합인 전교조가 초중등 교육현장과 교육행정까지 장악하면서 학교는 시험 없고, 평가 없고, 감독 없는 상태가 되어버렸다. 직업교육예산의 비중은 하위권으로 떨어졌고 대학조차 학교와 기업의 관계가 멀어져 산학협력을 통한 인재양성은 기대하기조차 어렵다. 취업의 기회는 인맥이나 운에 맡겨져 교육과 노동의 공정성에 대한 불만이 커졌다.

디지털 기술혁신은 대기업과 중소기업 그리고 정규직과 비정규직의 격차를 더 벌리고 있다. 대기업은 디지털 기술의 활용이 많은 반면, 중소기업은 뒤처진다. 또 정규직은 디지털 기술 활용에 필요한 교육훈련을 받을 기회가 많은 반면, 비정규직은 적다. 경제민주화의 논리가 중소기업과 비정규직에 대한 보호로 왜곡되어 중소기업의 경쟁력 제고와 비정규직 근로자의 숙련 향상은 정책의 관심사가 되지 못한다. 게다가 정책 결정의 무대가 소수의 대기업·정규직 노동조합에 기울어져 있어 디지털 기술혁신에 따른 노동시장 이중구조의 문제는 방치되고, 이러한 모순을 해결하고 또 노동조합의 사회적 책임을 강화하는 개혁은 멀어지고 있다.

노동개혁의 방향

노동개혁에 성공한 나라는 개혁의 방향성이 분명했고 공공, 교육, 복지 등의 개혁과 연계되었다. 미국과 영국은 노동조합의 사회적 책임 강화에, 독일과 스웨덴은 일자리복지로의 전환에 집중했다. 개혁의 성공능력은 정치적 리더십에서 나왔다. 단호한 개혁 의지와 초당적 협력 그리고 국민의 지지가 개혁의 성공 요인이었다. 반면, 포퓰리즘이 강한 나라는 노동개혁에 실패했다. 노동조합을 위시한 기득권자의 개혁에 대한 반발에다 개혁에 따르는 고통을 선거에 이용하는 포퓰리즘이 개혁을 저지했다. 이태리와 그리스 등이 그랬다. 포퓰리즘이 강해도 정부와 정치권부터 고통을 감수하는 모범을 보이면 성공할 수 있다. 스페인이 여기에 속한다.

우리나라는 노동개혁의 필요성은 크지만 추진의 동력은 작다. 노동개혁에 노동조합이 반발하고 사회주의 성향의 정치세력이 반대하며 국민은 개혁에 대한 이해가 낮다. 이런 상황을 돌파하려면 개혁에 성공한 나라들이 그랬던 것처럼 문제의 본질을 명확하게 알려 개혁에 대한 국민의 지지를 확보해야 한다. 개혁을 위한 사회적 대화는 필요하지만 여야의 협력이 훨씬 더 중요하다. 지금처럼 사회적 대화를 만병통치약처럼 여기는 한 노동개혁은 불가능하다. 개혁에 대한 반대를 극복하고 동참과 협력을 이끌어 내도록 대통령과 집권 정당은 자신들의 정치적 운명을 걸고 설득해야 한다. 영국의 대처 수상과 독일의 슈뢰더 수상이 그랬다.

노동개혁에 대한 국민의 지지를 얻기 위해서는 1987년 민주화운동으로 형성된 '87 노동체제'의 모순에 대한 인식을 제고해야 한다. 그 핵심은 공정성의 결여다. 중산층의 전폭적인 지지로 민주화가 성공했지만 이후에는 노동시장 이중구조로 중산층이 무너졌고, 민주주의와 자본주의가 후퇴하고 기득권을 가진 이해관계 집단이 많아져 미래세대인 청년은 중산층의 꿈을 잃었다. 청년은 기성세대보다 고학력임에도 불구하고 실업과 저고용은 더 심각해 최대 피해자가 되었다. 이 때문에 경제성장과 국민소득 향상은 둔화되고 결국 국민연금 등 사회보장제도도 흔들려 기성세대까지 손해를 보고, 노동조합도 조합원의 감소로 위기에 빠질 수밖에 없다.

일자리문제의 시각부터 바로잡자

경제민주화라는 단어는 우리나라 국민에게 인기를 끈다. 하지만 경제민주화가 고용의 양과 질을 높이는 데 장애가 되었다. 정부가 이해관계 조정을 한다면서 규제를 강화했고 이는 기업의 일자리 창출은 둔화시키면서 저임금 일자리만 늘게 했다. 최근에는 이런 문제를 해결한다며 공공부문의 고용을 늘렸지만 숙련을 키우는 일자리가 아니고 재정지원이 중단되면 사라질 일자리였다. 코로나19 이전에 미국이나 독일 등은 일자리 붐이 일면서 제2차 세계대전 이후 최저 실업률을 기록했다. 디지털 기술혁신이 일자리를 사라지게 만든다는 통념을 깬 것이다. 비결은 디지털 전환을 위한 탈 규제와 이에 따른 기업의 창업이 많아진 데 있다.

디지털 시대가 되면서 기업은 일자리를 만드는 주역이 되지만 근로자에게 돌아가는 기회는 숙련에 따라 달라진다. 또 저숙련 근로자와 고숙련 근로자의 임금과 소득 격차가 커진다. 소득불평등을 해소한다고 최저임금을 올리면 저숙련 근로자는 일자리와 근로시간이 줄고, 재정지원으로 소득을 높인다고 해도 한계가 있다. 숙련은 근로자 자신의 재산 즉 인적자본이기 때문에 스스로 키우려고 노력해야 한다. 국민 누구나 숙련을 키우도록 노력해야 하고, 정부는 숙련을 익힐 수 있는 환경을 만들도록 교육을 바꾸고, 학교와 노동조합이 협력하도록 개혁해야 한다. 이러한 숙련 형성의 사회적 권리와 책무는 디지털 시대의 사회 계약으로 나아가야 한다.

중소기업을 고임금 일자리로 만들자

고용의 80% 이상을 차지하는 중소기업과 75% 정도인 서비스기업의 경쟁력을 높여야 저임금 일자리를 줄일 수 있다. 중소기업과 서비스기업이 대기업으로 성장하고 수출기업이 될 수 있도록 정부는 규제를 완화하고, 노동조합은 여기에 협력해야 한다. 경제민주화를 이유로 규제를 통한 보호와 자금 지원 일변도의 정책이 중소기업과 서비스기업을 오히려 영세화시킨 모순에서 벗어나야 한다. 공정한 경쟁과 숙련 인력의 풍부한 공급이 중소기업과 서비스업기업의 경쟁력을 높이고 일자리의 질을 제고하는 길이다. 규제를 줄여 중소기업과 서비스기업의 일자리의 질을 제고하는 데 미국은 성공했고, 유럽연합(EU)도 이를 뒤따르고 있다.

EU는 디지털기술의 혁신을 중소기업의 일자리 창출 능력을 제고하는 기회로 살리기 위해 규제를 대폭 완화하고 있다. 중소기업우선법(Think Small First)을 제정해 중소기업에 대한 규제 면제 정책을 추구하고 있다. EU 노조도 일자리의 해외 유출을 막고, 중소기업의 수출을 촉진하기 위해 규제 완화 정책에 협력하고 있다. 우리나라는 산업과 노동시장의 구조 상 대기업 노동조합의 협력이 중소기업의 경쟁력 제고에 더욱 중요하다. 동일 노동·동일 임금과 연대임금의 철학에 따라 협력 중소기업의 일자리 질이 올라가도록 과도한 임금인상과 고용보호를 자제해야 한다. 독일과 스웨덴 그리고 미국 등 선진국의 노동조합의 임금정책이 그랬다.

교육훈련을 사회적 권리로 만들자

정부와 노동조합은 학생과 근로자의 숙련 향상에 힘을 쏟아야 한다. 임금과 고용을 결정하는 핵심 변수가 숙련이고, 이는 디지털 기술혁신으로 더 뚜렷해지고 있다. 신기술의 등장으로 새로운 상품과 서비스가 만들어지고 노동수요의 변화가 커지지만 고숙련자의 취업기회와 소득은 올라간다. 하지만 숙련은 교육과 훈련을 통해서 대부분 습득되는데, 학교는 기술과 노동시장의 변화에 담을 쌓고 기업은 숙련 형성 투자를 기피한다. 이러다보니 청년 실업은 악화되고 취약계층이 많아졌다. 노동조합과 사업주는 근로자의 숙련 향상을 위해 협력해야 한다. 기술이 빠르게 변함에 따라 근로자들이 숙련을 지속적으로 습득해야 고용안정을 유지하고 생산성도 높일 수 있다.

디지털 기술혁신에 적극 대응하려면 교육훈련을 국민의 사회적 권리로 만들고 숙련인력을 대폭 늘려야 한다. 우리나라는 고등학교 단계에서 직업교육을 받는 비율은 20%도 되지 않아 OECD 평균(44%)의 절반에 미치지 못하고, 대학도 산학협력이 거의 이루어지지 않아 저숙련 상태로 노동시장에 진출하고, 정부의 직업훈련에 대한 투자도 작다. 이러다보니 기업은 경력사원을 선호하고 숙련 형성의 기회가 없는 근로자가 늘어난다. 디지털 기술혁신이 고숙련을 원하는 만큼 직업교육의 수준을 고등학교에서 전문대학으로 높이고, 기존의 교육예산과 일자리예산을 대거 직업교육훈련에 투입하도록 정책을 대전환해야 한다.

후진적인 임금고용관행을 바꾸자

임금이 근속연수에 따라 자동으로 결정되는 호봉제를 폐지하고 근로자의 동의가 있으면 근로조건을 변경하도록 법제도를 바꾸어야 한다. 생산성과 임금이 괴리되어 근속연수가 올라가면서 퇴직의 압력이 커지고, 조기퇴직은 고령화가 빈곤화로 되도록 만든다. 우리나라는 세계에서 고령화 속도가 가장 빠르고 고령층의 상대적 빈곤율이 가장 높다. OECD와 비교하면 직장생활을 시작하는 시기는 대략 30세로 가장 늦고, 퇴직은 대략 50세로 가장 빠르며, 노동시장에서 은퇴는 70세 정도로 OECD 평균보다 5년 정도 늦다. 또 OECD 평균과 정반대로 6개월 이하 근무하는 사람의 비율은 연령이 올라갈수록 많아지고 반면, 10년 이상 근무하는 비율은 줄어든다.

디지털 기술혁신은 기업의 조직 혁신을 그리고 조직 혁신은 업무와 배치의 조정을 요구한다. 근로자들의 숙련과 숙련 형성을 위한 인센티브가 이를 뒷받침하지 못하면 하기 어렵다. 호봉제와 근로조건의 변경을 어렵게 만드는 법제도는 비정규직이 늘어나게 만들고, 노동이동이 많은 여성과 청년일수록 비정규직화되게 한다. 호봉제를 유지하는 나라는 거의 없고, 우리나라의 임금제도에 영향을 크게 미친 일본도 직무성과급제로 전환했다. 호봉제를 폐지하려면 스웨덴이 그랬던 것처럼 민간의 임금제도에 영향을 크게 미치는 정부와 공공부문이 앞장서야 한다. 미국이 그랬던 것처럼 근로조건 변경의 권한은 노동조합보다 근로자 개인의 권리를 우선하도록 해야 한다.

노동조합은 사회적 책임 강화에 나서라

노동조합 사회적 책임을 내재화하도록 거버넌스를 바꾸어야 한다. 우리나라 노동조합은 헌법에서 지위를 보장받고 정치사회적으로 특권화되었지만 이에 걸맞는 역할은 제대로 하지 않았다. 오히려 자유민주주의를 추구하는 헌법 정신과 반대로 자본과 정부를 투쟁의 대상으로 삼았고 법치주의를 흔들었다. 단위 노동조합은 파업권을 남용해 경제적 이익을 극대화하고, 노동조합 단체는 정치적 이익을 극대화하면서 혼란을 가중시켰다. 노동조합은 분열되어 경쟁을 벌이고 무리하게 임금을 인상하고 고용보호를 강화하고 조직 확대 경쟁을 벌였고, 전체 국민의 이익을 외면하는 노동운동은 경제성장을 저해하고 불평등을 키우는 결과를 초래했다.

임금인상요구와 정보공개 등 노동조합의 운영을 합리화해야 한다. 노동조합의 운영에 대한 정보는 공개되지 않음으로써 내부에서부터 불신을 받았고, 이는 무리한 임금인상과 고용보호 요구로 나타나, 결국 그 부담이 경제사회적 약자에게 전가되고, 노동의 부익부빈익빈을 야기했다. 이런 모순을 해결하려면 노동조합의 리더십을 강화하고 노동조합 단체 간의 통합과 정규직과 비정규직 노동조합의 통합이 필요하다. 또 집행부와 조합원의 윤리강령과 행동강령을 제정하는 등 규범을 확립해야 한다. 미국과 일본은 단일 노총체제로 전환해 노동조합의 사회적 책임을 강화했고, 독일과 스웨덴은 노총의 강력한 리더십으로 기업규모에 따른 임금격차를 줄였다.

노동법을 바꾸자

디지털 시대의 노동 환경과 글로블 기준에 맞도록 노동법을 바꾸어야 한다. 시대에 뒤떨어지고 노동조합에 기울어진 노동법이 노동시장의 이중구조를 만들었다. 대기업 노사의 교섭력의 불균형으로 임금인상과 고용보호의 부담이 협력중소기업과 비정규직에 전가된다. 노동조합의 교섭력 우위는 노동법이 사용자에게 일방적으로 불리하기 때문이다. 사용자가 해서는 안 될 일을 부당노동행위로 금지하는 것처럼 노동조합에 대해서도 부당노동행위제도를 도입해야 한다. 미국이 그랬던 것처럼 노동조합의 자주성 및 자립성과 조합 민주주의를 해치거나 공공의 이익을 훼손하는 일을 노동조합의 부당노동행위로 규정하고 금지시켜야 한다.

노동조합 집행부의 조합원에 대한 책무성을 높이고 노동조합 운영이 투명하도록 조합의 재정 등에 대한 정보공개가 필요하다. 파업의 사회적 비용을 줄이고 파업권을 남용하지 않도록 회사의 재산권인 사업장 내에서 농성과 시위를 금지하고, 파업에 대한 사업주의 방어권을 존중하도록 노사의 교섭력이 균형을 유지하도록 대체근로를 허용해야 한다. 최저임금의 결정방식도 바꾸어야 한다. 최저임금결정에 참여하는 노동계가 고임금 근로자로 구성되어 있으면서 저임금 근로자의 이익을 대변하기 어렵다. 최저임금이 업종이나 규모 등의 특수성을 고려해 결정되도록 만들고, 결정과정에 노사 단체는 의견을 제시하는 역할로 바꾸어야 한다.

정치적 결단이 요구된다

일자리정책 결정의 무대를 평평하게 만들려면 정치적 결단이 필요하다. 정치권이 노사정이 사회적 대화를 통해 개혁을 하라고 떠밀어왔던 사이에 노동시장 이중구조는 악화되어 왔다. 공공의 이익보다 노동조합의 요구에 기울어진 정책 결정의 무대는 인사이더의 기득권을 강화하고 아웃사이더를 소외시켰다. 노사정의 사회적 대화가 필요하지만 정부는 공공과 아웃사이더의 이익을 대변해 이해관계 균형을 확보해야 한다. 사용자는 물론 노동조합도 노사정 대화에서 창구를 단일화하는 등 실효성을 제고해야 한다. 민주화 이후 노사정의 사회적 대화를 중시해왔지만 성과는 작았던 이유가 한국노총과 민주노총의 경쟁과 노총 내부의 갈등에도 있었다.

정부는 법과 예산으로 운영되는 공공부문의 노동개혁을 추진해 민간부문으로 확산시켜야 한다. 공공부문 노동조합이 사회적 책임을 느끼고 개혁에 협력하도록 설득하려면 정부가 개혁의 철학을 분명히 확립해야 한다. 미국의 유명한 노동운동가 월트 로이트 자동차노조(UAW)위원장은 "노동운동은 노동의 파이를 키우는 투쟁이 아니라 나라의 파이를 키우는 투쟁이다.", "자유경영이 없다면 자유노동도 없고, 자유사회를 위해 자유노동과 자유경영이 함께 가야 한다."고 했다. 네덜란드 노총위원장이었고 노사정대타협(바세나르협약)을 이끈 빔 콕 총리는 개혁에 반발하는 노동계에게 "의견이 달라도 대화할 가치가 있다."며 설득의 리더십을 발휘했다.

제2장

최저임금제도의 역설 :
2018년~2019년 2년간 최저임금 29.1% 인상의 부작용

1. 최저임금제도, 왜 사회경제적 논란이 되었나
2. 최저임금과 관련된 지표와 통계 자료
3. 2018년~2019년 2년간 최저임금 29.1% 인상의 영향
4. 2018년~2019년 과도한 최저임금 인상의 원인
5. 실효한 최저임금제도 부활을 위한 개선 방향

1
최저임금제도,
왜 사회경제적 논란이 되었나

임금은 근로자의 활기찬 생활과 건강한 노동력 재생산에 필요한 주요 금원이라는 점에서 근로자들에게 최소한의 임금을 보장하는 것이 최저임금법의 기본 취지이다. 1986년 12월에 제정되어 1988년부터 시행된 최저임금제도는 지금까지 근로자들의 생활안정과 노동력의 질적 향상을 추구하면서 국민경제의 건전한 발전에 기여한 바는 명확하다. 그런데 2018년~2019년 최저임금의 29.1%라는 과도한 인상 이후, 최저임금을 둘러싼 논란이 사회경제적 이슈화됨과 동시에 사회 갈등의 원인으로 작용하고 있다. 현재 진행 중인 최저임금과 관련된 논란은 ① 최저임금의 지나친 인상이 저임금·저숙련 근로자의 일자리를 잃게 하였다. ② 최저임금의 지나친 인상이 영세 자영업자와 중소기업의 영업을 어렵게 하여 도산과 폐업의 위기에 처하게 하였다. ③ 근로소득 격차를 심화시켰다. 종합하면, 최저임금의 지나친 인상에 따라 저임금·저숙련 근로자의 일자리는 감소했다. 지불 능력이 열악한 영세 자영업과 중소기업을 경영난에 처하게 하였다. 나아가 근로소득의 격차를 심화시킨 현상은 최저임금제도의 기본 취지에 반하는 결과가 나타났다.

최저임금제도가 원래 목적과는 정반대의 결과가 나타난 이유는 무엇이고, 사회경제적 갈등의 원인이 되었을까? 이번 장에서는 문제제기에 따라 ① 최저임금제도의 목적, ② 최저임금제도의 실행 현황, ③ 2018년~2019년 29.1% 최저임금 인상의 영향 분석, ④ 최저임금제도의 본질적인 취지를 구현하기 위하여 최저임금제도의 효과적인 실행방안을 살펴본다.

최저임금제도의 목적

최저임금법의 목적은 「헌법」 제32조 제1항에서는 "모든 국민은 근로의 권리를 가진다. 국가는 사회적·경제적 방법으로 근로자의 고용의 증진과 적정임금의 보장에 노력하여야 하며, 법률이 정하는 바에 의하여 최저임금제를 시행하여야 한다." 또한 「최저임금법」 제1조(목적)에서 "이 법은 근로자에 대하여 임금의 최저수준을 보장하여 근로자의 생활안정과 노동력의 질적 향상을 꾀함으로써 국민경제의 건전한 발전에 이바지하는 것을 목적으로 한다."

근로자의 임금은 본질적으로 노동시장에서 노동력의 수요와 공급의 법칙에 따라 사용자와 근로자가 서로 합의하여 결정된다. 하지만 수요와 공급 법칙에 의존하여 사용자와 근로자 간의 자유로운 협상을 통해 임금이 결정될 경우, 특히 노동력의 과잉 공급현상이 발생할 경우에는 사용자가 근로자에게 생활을 유지할 수 없을 정도로 낮은 임금을 제시하는 문제가 발생할 수 있다. 위와 같은 부작용을 해소하기 위하여 근로자에 대하여 임금의 최저수준을 보장함으로써 근로자의 생활안정과 노동력의 질적 향상을 추구하는 법이 바로 최저임금법이다. 우리나라의 최저임금법은 1986년 12월 31일에 제정되었다(1988년 1월 1일 시행).

최저임금 결정 과정

최저임금의 결정은 최저임금법과 최저임금법 시행령에 따라 현재 27명으로 구성된 최저임금위원들이 최저임금안을 심의·의결하며, 의결된 최저임금안은 고용노동부장관에게 전달되어 고용노동부장관이 최종 결정하는 '최저임금심의회' 방식을 채택하고 있다. 최저임금위원회 위원(사용자위원 9명, 근로자위원 9명, 공익위원 9명)은 고용노동부장관의 제청으로 대통령이 임명한다.

고용노동부장관은 최저임금법시행령 제7조에 따라 최저임금위원회에 최저임금 심의를 요청하며, 고용노동부장관으로부터 최저임금의 심의를 요청받은 최저임금위원회는 다음 해의 최저임금을 심의·의결한다. 최저임금위원회의 심의기간은 고용노동부장관으로부터 심의요청을 받은 매년 3월 31일부터 90일 이내이다(법정 심의기한). 다만, 상황에 따라 심의가 지연될 수 있으며, 이 경우 고시에 필요한 행정절차 기간을 감안해 고용노동부장관의 법정 고시기한(매년 8월 5일)의 통상 20여일 전(심의가 마무리되는 것이 일반적)이다. 위 기간 동안 최저임금위원회는 심의회의를 거쳐 다음해 적용될 최저임금안을 의결한다.

최저임금법시행령 제8조에서는 고용노동부장관은 최저임금위원회로부터 최저임금안을 제출받았을 때에는 지체 없이 최저임금안을 고시해야 하며, 최저임금법 시행령 제9조에 따라 사용자대표와 근로자대표는 고용노동부장관이 고시한 최저임금안에 대하여 이의를 고용노동부 장관에게 제기할 수 있다. 최근 2018년 최저임금 16.4% 인상안, 2019년 10.9% 인상안, 2022년 5.1% 인상안에 대하여 사용자대표는 고용노동부장관에게 고시한 최저임금안에 대하여 이의를 제기한 바 있다.

고용노동부장관은 최저임금안에 대한 이의 제기를 받아들여 최저임금위원회에 최저임금의 재심의를 요청할 수 있다. 그러나 지금까지 재심의를 요청한 적은 없다. 최종적으로 고용노동부장관은 이의제기 기간을 거쳐서 최저임금을 최종 고시한다.

2018년~2019년 2년간 29.1% 최저임금 인상안의 문제점

최저임금제도는 근로자들의 생활안정과 노동력의 질적 향상, 그리고 이를 통한 국민경제의 건전한 발전을 위하여 실행되는 제도이다. 특히 저임금 근로자의 생활안정 측면에서 매우 중요한 제도임에 틀림없다. 그러나 위와 같은 최저임금법의 목적 및 취지와 달리, 최저임금을 둘러싼 사회경제적 논란과 갈등은 지속되고 있다. 최저임금과 관련해 제기된 문제점의 핵심은 바로 2018년~2019년 2년간 최저임금 29.1% 인상안에서 비롯됨을 우선 명확히 하고자 한다.

위 문제점을 명확화하면서 향후 최저임금정책과 관련한 여러 가지 문제점이 반복되지 않도록 하기 위한 제도개선 방향을 제시하고자 한다. 첫째, 최저임금과 관련된 자료 분석을 통하여 2018년~2019년 최저임금 인상의 문제점을 살펴본다. 둘째, 2018년~2019년 최저임금 29.1% 인상안의 발생 배경에 대하여 살펴본다. 셋째, 근로자들의 생활안정과 노동력의 질적 향상, 그리고 이를 통한 국민경제의 건전한 발전을 지향하는 최저임금법의 목적을 달성할 수 있는 정책방향과 제도개선 방안을 제시하고자 한다.

2
최저임금과 관련된 지표와 통계 자료

최저임금의 인상률 추이 : 2018년~2019년을 중심으로

임금인상률은 일반적으로 경제성장률과 물가상승률 등 경제 여건과 기업의 재무구조 및 지불능력을 고려하여 결정된다. [표 1]은 최저임금과 관련된 주요 통계 자료인 경제성장률, 물가상승률, 최저임금 인상률의 추이를 보여주고 있다. 그리고 최저임금 인상결과인 최저임금 시급과 월급(주 40시간, 주휴수당 포함 209시간), 그리고 임금근로자 중위임금 대비 최저임금의 비중 추이 역시 보여주고 있다.

[표 1] 경제성장률, 최저임금 인상률, 최저임금, 중위값 대비 최저임금의 비중 추이 (2014년~2022년)

연도	경제 성장률	물가 상승률	최저임금 인상률	최저임금 (시급)	최저임금(주 40시간, 월 209시간 기준)	최저임금/ 중위값 비중
2014년	3.2%	1.3%	7.2%	5,210원	1,088,890원	45.8%
2015년	2.8%	0.7%	7.1%	5,580원	1,166,220원	48.5%

2016년	2.9%	1.0%	8.1%	6,030원	1,260,270원	50.4%
2017년	3.2%	1.9%	7.3%	6,470원	1,352,230원	52.8%
2018년	2.9%	1.5%	16.4%	7,530원	1,573,770원	58.5%
2019년	2.2%	0.4%	10.9%	8,350원	1,745,150원	62.6%
2020년	−0.9%	0.5%	2.9%	8,590원	1,795,310원	
2021년			1.5%	8,720원	1,822,480원	
2022년			5.1%	9,160원	1,914,440원	

※ 자료 : 최저임금위원회, OECD, 한국은행, 고용노동부.

2014년~2017년 최저임금 인상률과 인상요인

2014년~2017년의 평균 최저임금 인상률은 7.4%이다. 이러한 인상률은 평균 경제성장률 3.025%와 평균 물가상승률 1.225% 합인 4.25%를 상회하는 증가율임을 알 수 있다. 위 기간 동안의 최저임금 인상률은 경제성장률과 물가상승률의 합보다 3.15%더 높은 수치이다. 최저임금위원회는 위 기간 동안 가파른 최저임금인상 사유에 대하여 그 당시 중위값 대비 최저임금의 비중이 OECD국가의 평균 비중(그 당시 약 52.2%)보다 낮은 관계로 OECD 국가의 평균수준에 도달하기 위하여 '소득분배 개선분' 명목으로 추가로 최저임금 인상에 포함한 결과라고 설명하고 있다.

최저임금위원회의 자료에 의하면, 2014년 적용 최저임금 인상률 7.2%는 유사근로자의 임금상승률(4.7%)과 소득분배 개선분(2.5%)을 합한 값으로 결정된 것이다. 그리고 소득분배개선분의 경우, 1인 이상 사업장 정액임금 중위값의 50%에 빠른 시일 내 도달하는 것을 목표로 해당 년도의 고려 분을 설정한 2.5%를 감안한 값이라 설명하고 있다. 2015년 적용 최저임금 인상률 7.1%는 유사근로자의 임금인상률(5.3%)과 소득분배 개선분(1.8%)을 합한 값에 의하여 결정되었다.

2016년 적용 최저임금 인상률 8.1%는 협약임금 인상률(4.3%)과 임금인상 전망치(4.5%)의 중간값 4.4%, 그리고 소득분배 개선분 2.1%와 협상 조정분 1.6%의 합한 값에 의하여 결정되었다. 2016년도 최저임금 인상의 한 요인으로 고려된 협상 조정분은 소득격차 해소, 소득주도성장, 소득분배 개선, 임금의 양극화 해소, 생계비 충족 등 임금과 관련된 다양한 요구를 암묵적으로 모두 포함한 요인으로 설명하고 있다. 2017년 적용 최저임금 인상률 7.3%는 협약임금 인상률(4.1%)과 임금인상 전망치(3.3%)의 중간값 3.7%, 그리고 소득분배 개선분 2.4%와 협상 조정분 1.2%를 고려하여 결정된 값이다.

2018년~2019년 최저임금 인상률과 그 결정요인

경제성장률과 물가상승률이 확정되지 않은 2021년과 2022년을 제외한 2018년~2020년 3년간의 최저임금 평균인상률은 10.07%이며, 위 3년간의 평균 경제성장률은 1.4%이고 평균 물가상승률은 0.8%이다. 결과적으로 2018년~2020년 3년간의 최저임금 인상률은 평균 경제성장률과 물가상승률 합인 2.2% 보다 7.87%를 상회한다. 특히, 2018년~2019년 2년간 평균 13.65% 최저임금 인상률은 2년간 평균 경제성장률과 물가상승률의 합인 3.5%보다 무려 10.05%나 높은 수치이다.

2014년~2017년 최저임금평균 인상률이 7.4%인 점을 지적하면서 2018년~2022년 최저임금 인상률은 7.34%이기에 이 기간 동안의 인상률에 문제가 없다는 주장도 있다. 그러나 위의 같은 평균 인상률의 단순 비교는 최저임금 인상 직전의 임금수준을 고려하지 않은 오류에서 비롯된 주장일 뿐이다.

먼저, 2014년 최저임금은 시급 5,210원 그리고 주 40시간, 월 209시간 기준 월급 1,088,890원이었다. 소득분배의 수준을 가늠하는 지표인 '중위값 대비 최저임금 비중'이 2014년 45.8%이었으며, 위 비중은 당시 OECD(경제개발협력기구) 국가의 평균인 52%에 미치지 못하였기에 근로자의 소득분배를 개선하기 위하여 최저임금을 경제성장률과 물가상승률의 합보다 더 높게 인상한 것이었다. 위와 같은 '중위값 대비 최저임금 비중'을 개선하기 위한 노력의 결과, 2016년(8.1% 인상, 6,030원)과 2017년(7.3% 인상, 6,470원) 최저임금은 중위값 대비 최저임금 비중이 각각 50.4%와 52.8%로 OECD 국가의 평균 비중(2021년 추정 55.2%)과 G7 국가의 평균 비중(법정 최저임금제도가 없는 이태리를 제외한 2021년 추정 48.4%)과 유사한 수준에 도달하게 되었다.

그리고 2018년 최저임금 시급 7,530원 기준으로 1인당 국민소득(GNI) 대비 최저임금 수준은 최저임금을 도입하고 있는 OECD 22개국 중 4위에 해당할 정도로 높다. 근로기준법 제55조(휴일)에 근거하여 1주일에 평균 1회 이상의 유급휴일에 지급하여야 하는 주휴수당(기본임금의 약 20%에 해당)을 최저임금 시급에 포함하게 된다면, 우리나라 최저임금 시급은 OECD 국가 중 최고수준인 것이다. 2017년 당시 우리나라 최저임금 수준은 최저임금 절대 액수뿐만 아니라 중위값 대비 최저임금의 비중으로 나타나는 소득분배율 역시 OECD 국가와 비교할 때 적정 수준에 도달한 상태였다. 2017년 우리나라 최저임금 액수와 소득분배율이 이미 적정 수준을 넘어서 최고수준에 도달하였음에도 불구하고, 2018년 최저임금을 16.4%를 인상하였다.

최저임금위원회는 2018년 최저임금을 16.4% 인상하게 된 원인에 대한 설명을 전혀 하지 않았다. 최저임금법 제4조(최저임금의 결정기준과 구분)에 의하면, 최저임금은 ① 근로자의 생계비, ② 유사 근로자의 임금, ③ 노동생산성 및 ④ 소득분배율 등을 고려하여 결정하게 되어있다. 그런데 2018년 최저임금 16.4%의 인상은 「최저임금법」에 적시된 4가지 결정기준을 고려하지 않고서 결정된 것으로 해석된다. 만약 2018년 최저임금이 2017년과 같은 방식(협약임금 인상률과 임금인상 전망치의 중간값+소득분배 개선분+협상조정분)으로 결정되었다면, 7.0% 이상의 인상은 불가능하다는 것은 당시 경제・사회적 지표를 고려하면 명확해 진다. 2018년도의 경제성장률 2.9%, 물가상승률 1.5%의 합 4.4%이었다. 소득분배 개선분은 2017년 당시 52.8%로서 이미 OECD 평균에 도달한 상태이었기에 소득분배 개선을 위한 추가 인상은 필요하지 않은 상황이었으며, 소득격차 해소, 소득분배개선, 임금의 양극화 해소, 생계비 충족 등 임금과 관련된 다양한 요구를 암묵적으로 모두 포함한 협상조정분 1.6% 역시 포함할 필요가 없는 상황이었다. 이 협상조정분을 포함하여도 6.0% 인상이 적절하였다.

2019년 적용 최저임금 인상률 10.9%를 결정할 때 역시 결정기준의 합리적 적용이 논란의 대상이 되었다. 최저임금위원회는 2019년 적용 최저임금 인상률 10.9%는 유사근로자 임금상승률(3.8%), 소득분배 개선분(4.9%), 협상배려분(1.2%), 그리고 산입범위확대 보존분(1.0%)에 의하여 결정되었다고 설명하였다. 위와 같은 최저임금인상의 4가지 근거 중 소득분배 개선분 4.9% 추가 인상은 논란을 야기시켰다. 논란의 핵심은 소득분배 개선분 산정 시 기존 방식(중위값 대비 최저임금 비중)을 새로운 방식(평균값 대비 최저임금 비중)으로 변경하여 4.9%를 포함한 것이었다.

결론적으로 2018년~2019년 2년간 최저임금은 2017년 전년도 대비 29.1% 상승은 ① 최저임금 결정기준을 따르지 않고, ② 2019년 소득분배 개선분 산정 시 '중위값 대비 최저임금 비중'을 '평균값 대비 최저임금 비중'으로 계산 방식을 변경한 것에서 비롯되었다. 2018년~2019년 2년간 '경제성장률과 물가상승률의 합'(2018년 4.4%, 2019년 2.6%)보다 훨씬 높은 2018년 16.4%, 그리고 2019년 10.9%를 볼 수 있다. 이는 2년간의 최저임금 인상률 29.1%는 일반적인 임금인상률 7.2%보다 21.9%가 높은 수치이다.

3
2018년~2019년 2년간 최저임금 29.1% 인상의 영향

최저임금을 지불할 수 없는 사업장 증가 : 최저임금 미만율 증가

최저임금 미만율은 최저임금보다 낮은 수준의 임금을 받고 있는 근로자 비율을 의미한다. 그러나 최저임금 미만율 산정에는 전체 근로시간 등이 포함되어 있지 않기에 최저임금 미만 임금을 지불하는 사업장이 모두 최저임금 위반 사업장인 것은 아니지만, 최저임금을 지불할 수 있는 여력이 없는 사업장의 수를 판단할 수 있는 중요한 지표로 활용된다.

'경제활동부가조사' 결과에 의하면, 최저임금 미만율은 2014년 12.0%, 2015년 11.4%, 2016년 13.5%, 2017년 13.3%, 그리고 2018년 15.5%와 2019년 16.5%로 크게 상승하였다. 위의 경제활동부가조사의 최저임금 미만율에는 "근로기준법 제55조(휴일) 사용자는 근로자에게 1주일에 평균 1회 이상의 유급 휴일을 주어야 한다"에 의하여 지불되는 주휴수당이 포함되지 않은 비중이다. 만약 주휴수당(기본임금의 약 20%)의 주휴수당이 추가로 포함된 최저임금 액수로 미만율을 계산하면 그 비중은 훨씬 높아질 것이다. 2018년 시급 최저임금 7,530원에 주휴수당이 포함되면 시급 9,036원으로 향상되어, 최저임금 미만율 15.5%(해당 근로자 총 331만 명)이 25.6%(513만 명)로 증가하게 된다.

2020년 기준으로 최저임금 미만율 근로자의 약 95%가 300인 미만 사업장에 종사하고 있다. 근로자 1~4인 사업장의 최저임금 미만율은 36.3%, 5~9인 사업장의 미만율은 20.1%로 소규모 사업장에서 최저임금 미만율이 높게 나타나고 있다. 그리고 숙박음식업 업종의 최저임금 미만율 42.6%이며 농림어업 업종의 경우 51.3%로서 저임금 근로자들이 밀집해 있는 특정 업종의 경우 약 절반의 사업장이 최저임금을 지불할 수 없는 상황임을 알 수 있다. 따라서 최저임금의 급격한 인상은 10인 미만의 소규모 사업장과 저임금 근로자가 집중된 특정 업종의 경우 최저임금을 지불할 수 있는 여력이 없음을 알 수 있다.

근로자 임금결정 시 정부의 과도한 영향 : 최저임금 영향률 증가

최저임금 영향률은 최저임금에 의하여 직접적으로 영향을 받는 근로자 비율을 의미한다. 우리나라의 영향률은 2014년 14.5%, 2015년 14.6%, 2016년 18.2%, 2017년 17.4%, 그리고 최저임금 16.4%와 10.9% 인상된 2018년과 2019년에는 23.6%와 25%(약 500만 명)로 증가하였다. 만약 2019년 최저임금 시급 8,350원에 주휴수당이 포함된 10,020원의 경우라면, 이 금액에 영향을 받는 근로자는 약 40%까지 달하게 된다. 이것은 전체 근로자 중 40%가 자신의 임금이 사용자와 근로자 간의 자율교섭에 의하여 결정되는 것이 아니라 정부의 최저임금 결정의 영향을 받게 됨을 의미한다. 최저임금의 과도한 영향률은 정부가 노동시장에 과도하게 개입하여 근로자 40%의 임금 결정에 영향을 미치고 있음을 의미한다.

선진국의 경우 최저임금 영향률이 10%를 상회하는 국가는 프랑스(2017년 10.6%)와 일본(2017년 11.8%) 정도에 불과하며 미국 2.7%(2016년), 영국 8.2%(2016년), 그리고 네덜란드 6.6%(2016년)로 우리나라의 최저임금 영향률과 비교할 때 매우 낮은 편이다. 이것은 근로자의 임금 결정에 정부의 개입을 최소화하려는 노력의 결과로 해석된다.

과도한 최저임금 인상에 의한 소득분배 개선 악화

최저임금제도는 근로자들의 생활안정과 노동력의 질적 향상, 그리고 이를 통한 국민경제의 건전한 발전을 위하여 실행하는 제도임에 틀림없다. 최저임금 인상은 일자리를 유지하는 근로자에게는 소득을 증가시키는 긍정적인 효과가 있지만, 높은 인건비 부담으로 일자리를 상실하는 근로자가 발생할 수 있다. 이로 인하여 최저임금 인상은 다양한 경제적 요인과 상황을 고려하여야 한다. 결국 과도한 최저임금 인상은 '노동시장 내에서 일자리를 유지하는 근로자에게는 혜택을, 일자리를 상실하는 근로자에게는 피해를 발생'시키는 양면적 효과가 있는 제도이다.

고용노동부는 2018년~2019년 2년간 29.1% 최저임금 인상의 성과로서 저임금 근로자 비중이 감소하였으며, 임금격차 역시 감소하였다고 주장하고 있다. 저임금 근로자(중위임금의 2/3 미만자) 비중이 2017년 22.3%, 2018년 19.0%, 그리고 2019년 17.%로 감소하였으며, 임금 5분위 배율(상위 20% 평균임금/하위 20% 평균임금)의 경우 역시 2017년 5.06, 2018년 4.67, 그리고 2019년 4.50으로 감소하였다(근로형태별 근로실태조사). 그러나 위와 같은 저임금 근로자 비중과 임금 5분위 배율 감소 통계에는 급격한 최저임금 인상으로 일자리를 상실한 저임금 근로자가 분석에 포함되지 않은 점, 최저임금 인상의 급격한 상승에 따른 임금인상률의 '하후상박' 현상을 고려하면 당연한 결과인 것이다.

위 통계는 최저임금 인상으로 인하여 일자리를 상실한 저임금 저숙련 근로자의 소득 감소를 반영하지 않은 한계가 있으며, 저임금·저숙련 근로자의 일자리 상실은 해당 근로자의 소득 감소를 유발하게 되어 시장소득 기준 소득분배를 악화시키는 결과를 초래하게 된다.

한국경영자총협회(2021)는 소득 하위 20% 가구의 2018년~2019년 분기별 근로소득은 2017년 대비 급격히 감소하였음을 통계청 자료를 인용하면서 보여주고 있다. 분기별 근로소득 증감률 추이는 2017년 3분기 10.2%, 4분기 20.7%, 2018년 1분기 -13.3%, 2분기 -15.9%, 3분기 -22.6%, 4분기 -36.8%, 그리고 2019년 1분기 -14.5%, 2분기 -15.3%, 3분기 -6.5%, 4분기 6.5%로 나타났다. 그리고 2018년~2019년 2년간 최저임금은 급격한 인상은 소득분배를 개선하기보다 악화시킨 결과를 초래하였다. 시장소득기준 소득 5분위 배율은 2016년 10.88, 2017년 11.27, 2018년 11.15, 그리고 2019년 11.56으로 악화되었다.

∷ 과도한 최저임금 인상에 의한 일자리 감소

최저임금과 일자리간의 관계를 조사한 기존 연구자(Lordan & Newmark, 2018 : 강창희, 2020)들은 과도한 최저임금 인상은 저임금·저숙련 근로자들의 일자리

상실을 촉진한다는 연구결과를 지속적으로 제시하였다. 우리나라의 경우 2018년~2019년 2년 간 급격하게 최저임금을 인상한 이후, 15시간 이상의 일자리는 감소한 반면에, 15시간 미만의 초단시간 일자리는 증가한 것으로 나타났다.

통계청의 경제활동인구조사에 의하면, 주 15시간 이상 취업자는 전년도 대비 2015년~2017년 평균 25만 명 증가한 반면, 2018년 5.8만 명 감소, 그리고 2019년 9만 명 증가하였다. 그러나 주 15시간 미만 취업자는 전년도 대비 2015년~2017년 평균 3만 명에서 2018년 13.5만 명, 그리고 2019년 20.7만 명으로 증가하였다. 종합하면, 최저임금의 급격한 인상은 15시간 이상의 안정된 일자리는 감소시킨 반면에, 15시간 미만 초단시간 일자리를 증가시켰다.

이와 같은 15시간 미만의 단시간 일자리의 증가는 근로기준법 제55조(휴일)에 따라 주 15시간 이상 근무한 근로자에게 시급의 20%에 해당하는 주휴수당을 지급하여야 하는 부담으로 인하여 소위 '15시간 미만의 쪼개기 일자리'가 확대된 결과이다. 그리고 무엇보다 최저임금을 적용하는 근로자가 많은 도소매업·음식숙박업의 신규 취업자 수가 2016년 3.3만 명 증가, 2017년 3.8만 명 증가, 그러나 2018년 11만 명 감소, 이후 2019년 0.1만 명 증가 추이를 볼 때, 2018년~2019년 최저임금의 급격한 인상으로 인하여 일자리가 큰 폭으로 감소하였음을 알 수 있다.

4
2018년~2019년 과도한 최저임금 인상의 원인

경제원론에 반하는 최저임금 인상 : 소득주도 성장론의 부작용

임금인상과 일자리와의 관계는 긍정적인 측면과 부정적인 측면이 동시에 나타난다. 우선, 근로자의 임금상승은 근로자들의 소득상승과 직결되며 이는 더욱 나은 생활의 근원으로 작용한다. 근로자의 소득증가는 근로자들의 소비를 촉진하는 계기가 된다. 근로자의 소비증가는 소비자들이 물건을 더 많이 구매하기 때문에 시장에서의 제품에 대한 수요가 증가하게 되어 기업들의 제품생산을 확대하여 공급량이 증가하게 된다. 이것은 기업의 수익증가로 이어진다. 수익이 증가된 기업들은 제품의 양과 질을 향상시키기 위하여 새로운 생산투자 및 신규인력을 채용하여 일자리 창출에 기여하는 긍정적인 측면이 있다.

그러나 과도한 임금상승은 일자리를 감소시키는 부작용이 발생한다. 근로자의 임금상승이 기업의 인건비 부담을 가중할 수준 이상으로 인상된다면 기업은 비용상승을 상쇄시키기 위하여 제품가격을 증가시킬 것이다. 제품가격상승은 물가상승을 초래하게 된다. 이것은 소비자들의 소비감소 원인으로 작용하여 기업의 제품 판매와 수익을 악화시킨다. 수익 악화에 직면한 기업들은 투자 및 고용을 줄이게 된다. 따라서 과도한 임금인상은 일자리 감소의 원인으로 작용하게 된다.

임금은 근로자들의 생활안정과 삶의 질 향상에 중요한 요인임과 동시에 기업의 중요한 비용요인이다. 기업의 인건비 총액(Cost)은 인력 수×임금으로 결정되어진다. 기업의 성장보다 임금인상이 더 높은 상황에 직면했을 경우에 기업은 비용관리 차원에서 인력 총량을 줄여서 인건비 총액 인상을 억제하려 할 수 있다. 결국 기업은 노동공급과 노동수요의 관계 속에서 그 균형점을 찾아서 임금을 결정한다. 위와 같이 임금인상이 일자리에 미치는 영향은 인상 수준에 따라 그 효과가 긍정적일 수도 있는 반면에, 부정적일 수 있기 때문에 임금인상은 지불 주체인 기업의 지불능력을 고려하는 것이 매우 중요하다.

최저임금의 경우, 노동시장에서 기업의 수익 증가와 근로자 요구에 따라 임금 수준이 결정되는 것이 아니라, 정부 결정에 따라 임금 수준이 정하여 진다. 최저임금 인상이 기업의 수익률을 상회하게 되면 기업은 인력을 줄일 수밖에 없다. 이로 인하여 전체 일자리 수는 감소하게 된다. 국가경제 차원에서 역시 경제성장률을 상회하는 최저임금 인상은 노동 공급의 초과 현상이 발생하게 되어 결과적으로 일자리가 감소하는 현상이 발생하게 된다.

위와 같은 이론적 근거뿐만 아니라 최저임금과 고용 간의 관계를 조사한 국내외 실증연구에서도 급격한 최저임금 인상은 일자리 창출에 부정적인 영향을 미치고 있음을 보여주고 있다. Lordan & Newmark(2018)는 1980년~2015년의 35년 동안 미국노동시장의 데이터 분석에 근거하여, 최저임금의 인상이 기계화되기 쉬운 일자리(Automatable jobs)를 감소시켰다. 특히 청년층과 고령층, 그리고 여성의 일자리의 감소를 더 촉진시켰다는 결과를 제시하고 있다. 강창희(2020)는 2009~2019년 기간 동안 연도별 최저임금의 인상은 고용에 부정적 영향을 미쳤는데, 최저임금 10% 인상 시 전체 근로자의 고용규모는 약 1.42~1.74% 감소한다고 주장한다.

이론적으로나 실증연구의 결과가 모두 과도한 최저임금 인상은 저임금・저숙련 근로자들의 일자리가 기계에 의하여 대체되거나, 피고용자 없는 영세 자영업이 증가하게 되어 일자리가 감소하는 부작용이 있음을 보여주고 있다. 그러나 소득주도 성장론자들과 같이 경제현상을 한 면만으로 바라 볼 때, 과도한 최저임금 인상의 부작용을 외면할 뿐만 아니라, 나아가 2018년~2019년 최저임금 29.1% 인상을 옹호하게 되어 저임금・저숙련 근로자들의 일자리를 감소시키는 오류를 범하게 된다.

2018년~2019년 최저임금 결정과정의 문제점

2018년 최저임금 결정과정에서 다음의 두 가지 문제점이 발견된다. 첫째, 2018년 최저임금 16.4% 인상 시 최저임금위원회는 기존 연도와는 달리 최저임금법에서 제시된 최저임금의 4가지 결정요인, ① 근로자의 생계비, ② 유사 근로자의 임금, ③ 노동생산성 및 ④ 소득분배율 등을 고려하지 않고 결정되었다. 둘째, 2018년 적용 최저임금 인상 16.4%의 문제점을 정부부처는 인식하고 있었음에도 불구하고, 사용자대표가 제출한 이의 신청을 받아들이지 않고 고용노동부 장관은 16.4%를 그대로 확정 고시하였다. 2017년 7월 28일 사용자대표가 고용노동부장관에게 제출한 '2018년 적용 최저임금안에 대한 이의제기서'에 "최저임금법 제4조에 규정하고 있는 '최저임금 결정기준'에 위반하여 위법한 결정"이라고 주장하였다.

2018년 적용 최저임금이 16.4%로 결정될 때, 정부는 모순적 입장을 보였다. 2018년 적용 최저임금이 최저임금위원회에서 16.4% 인상안으로 2017년 7월 15일(토)에 심의・의결되었다. 최저임금이 결정된 바로 그 다음 날 7월 16일 정부는 일요일임에도 불구하고, 관련 부처 합동으로 '소상공인・영세중소기업 지원 대책'(소위 일자리 안정기금)을 서둘러 내놓았다. 최저임금이 결정된 바로 다음날 이례적으로 정부 부처 합동으로 최저임금 대책 방안을 제시한 점을 고려할 때 정부 역시 16.4%의 인상이 과도하며, 이는 소상공인과 영세중소기업의 경영에 부담을 줄 것이라고 판단한 것이 틀림없다. 그리고 정부는 최저임금인상의 부작용 최소화를 위해 특히 소상공인의 부담이 최소화되도록 공정한 경쟁질서 조성, 비용부담 완화, 경쟁력 제고를 위한 종합대책을 마련하겠다고 발표하였다. 정부는 과도한 최저임금 인상의 부작용을 사전적으로 인식하고 있었음에도 2018년 적용 최저임금안에 대한 이의신청을 받아들이지 않고 2017년 8월 5일 최저임금 인상안을 확정 고지하였다.

최저임금위원회가 '최저임금 결정기준'을 고려하지 않은 채 최저임금 16.4% 인상을 결정한 점과 과도한 최저임금인상이 초래할 부작용을 사전에 인식하고 있었다는 점을 감안할 때, 최저임금법시행령에 근거하여 제기한 이의신청서를 받아들여 최저임금 재심의를 요청하지 않는 매우 모순적인 결정을 한 것이다. 그리고 16.4%라는 과도한 최저임금 인상을 결정한 후, 그 부작용을 해소하기 위한 일자리 안정자금과 같은 대안을 마련하는 '사후약방문'식의 해결 방안 역시 이해하기 힘든 부분이다. 사용자대표는 위와 같은 과도한 최저임금 인상은 '2020년 최저임금 1만 원'이라는 정부 공약이 최저임금 결정기준이 되어버렸기 때문이라 주장하였다.

사용지대표는 2018년 7월 23일 2019년 적용 최저임금이 10.9%으로 공시된 이후 '2019년 적용 최저임금안에 대한 이의제기 사유서'에 최저임금 인상률 10.9%를 산출한 근거의 문제점을 지적하고 있다. 최저임금 인상의 산출 근거로 제시된 ① 협상 배려분 1.2%는 어려운 경제 여건을 고려하지 않은 수치이며, ② 산입범위 확대에 따른 보전분 1.0%은 산입범위 관련 최저임금법의 개정 취지를 무색하게 하고 있다. 무엇보다 ③ 소득분배 개선분 4.9%의 인상을 위한 소득분배 개선기준을 '중위임금을 기준'으로 산출하는 방식을 '평균임금을 기준'으로 변경한 것은 납득하기 힘들다는 점을 명확히 하고 있다. 국제적으로 통용되는 방식이 아닐 뿐만 아니라 일방적인 기준변경이라는 납득하기 어려운 방법으로 최저임금을 인상하기 위한 수단이라는 것이다.

실제 지불액수를 고려하지 않은 최저임금 인상안 : ① 주휴수당

근로기준법 제55조(휴일)에 의하면, "사용자는 근로자에게 1주일에 평균 1회 이상의 유급휴일을 주어야 한다." 위의 유급휴일에 받는 임금을 '주휴수당'이라 한다. 모든 사업장에서 모든 근로자에게 유급휴일을 지급하는 것은 아니다. 근로기준법 제18조(단시간근로자의 근로조건)에 의하면 1주일 동안의 소정근로시간이 15시간 미만인 근로자의 경우는 유급휴일 적용의 예외로 명시하고 있다.

주휴수당은 1953년 근로기준법이 제정될 때 입법화된 법 조항이다. 당시 장시간 열악한 근로환경에서 근로자들이 충분한 유급휴식을 가질 수 있는 권리를 보장하기 위하여 제정된 조항이다. 근로자들의 장시간 근로의 개선과 근로환경의 향상에도 불구하고, 이 주휴수당에 해당되는 조항은 변화하지 않아 시대의 흐름에 맞추어 주휴수당제도의 개정에 대한 요구가 지속적으로 야기되고 있다. 특히 영세 자영업자의 경우 과도한 최저임금 인상과 함께 주휴수당 지급에 대한 경제적 부담이 점점 강화되고 있는 것이 현실이다.

우리나라의 주 5일의 근무환경을 고려하면 1주일 급여의 20% 정도를 추가로 주휴수당으로 지급하여야 한다. 이에 2018년 고시 최저임금은 시급 7,530원에 주휴수당이 포함되면 지불하여야 하는 최저임금은 시급 9,036원이다. 2019년 고시 최저임금은 8,350원의 경우 주휴수당이 포함된 지불임금은 시급 10.020원이다. 근로기준법을 준수하는 범위에서 시급 임금의 부담을 줄이기 위하여 영세자영업자의 사업장의 경우 1주일 15시간 미만의 '쪼개기(알바) 근로계약'을 작성하는 초단시간 근로자가 양성하게 된 원인으로 작용하고 있다.

영세 소상공인의 영업이익이 근로자의 평균급여보다 낮은 현실을 감안하며 최저임금의 과도한 인상에 대한 영세 소상공인의 '저항'과 주휴수당을 '폐지'해야 한다는 주장은 상당한 설득력을 가진다고 보여진다. 우리나라의 10명 미만 영세 중소기업의 비중은 43.4%로 매우 높으며, 중소기업연구원의 조사결과(2018)에 의하면, 소상공인 영업이익 209만 원이 근로자 평균급여 329만 원보다 낮은 것으로 나타났다. 이러한 상황에서 과도한 최저임금 인상이 소위 '을(저임금 근로자)과 을(영세 소상공인)'의 갈등 원인으로 작용하고 있다.

⁘ 실제 지불액수를 고려하지 않은 최저임금 인상안 : ② 산입범위

최저임금법 제2조에 따라 최저임금에 산입되지 않은 금품이 나열되어 있다. 매월 1회 이상 지급하는 임금 이외의 금품(예를 들어 격월 또는 분기별로 지급하는 상여금)과 정근수당, 연차수당, 가족수당, 연장근로수당, 통근수당 등 다양한 종류의 수당 등은 최저임금 산입되지 않는다. 위와 같이 실제 지급되는 많은 금품들이 최저임금에 포함되지 않기 때문에 연봉 3,700만 원의 신입사원이 최저임금 미만 근로자가 되는 사례가 발생하고 있다(서울신문, 2019). 근로자의 생활안정과 노동력의 질적 향상이라는 최저임금법의 기본 취지를 감안할 때, 사용자로부터 지불되는 금품(임금)의 형태에 따라 최저임금에 포함되는 경우도 있는 반면, 최저임금에 포함되지 않는 경우가 발생하는 혼란은 해소되어야 할 것이다.

5
실효한 최저임금제도 부활을 위한 개선 방향

최저임금법은 헌법 제32조에 따라 근로자들의 생활안정과 노동력의 향상을 추구하면서 국민경제의 건전한 발전에 기여하기 위하여 1986년에 제정된 법이다. 1988년 최저임금제도도 처음 실시된 이후 최저임금법의 취지에 부합되게 효과적으로 실행되어 저임금 근로자들의 생활안정과 노동력의 질적 향상, 그리고 소득분배 개선을 통한 경제양극화와 사회갈등 해소 등에 기여해 왔음은 명확하다. 그러나 2018년~2019년 2년간 29.1% 최저임금 인상으로 인하여 최저임금 관련 사회경제적 논란과 갈등은 끊임없이 지속되고 있다. 무엇보다 위와 같은 논란의 배경에는 최저임금제도의 취지에 반하는 최저임금제도 운영과 최저임금제도가 추구하는 목적과 정반대의 결과가 발생하고 있는 현실이 자리하고 있다.

이상과 같이 과도한 최저임금 인상의 부작용으로 근로자의 생활안정과 소득양극화에의 부정적인 영향, 최저임금 근로자만큼 어려운 경제활동을 수행하는 자영업자와 영세중소 기업가들의 도산과 폐업의 위기, 저임금·저숙련 근로자들의 일자리 감소, 그리고 정부의 과도한 임금결정에의 영향 등을 지적하였다. 위와 같은 부작용은 2018년~2019년 2년간 매년 경제성장률과 물가상승률의 합을 10.05% 이상 초과하는 최저임금의 과도한 인상에서 비롯된 것이다.

그리고 위와 같은 과도한 최저임금 인상의 배경에는 적정수준의 임금 인상은 근로자의 안정된 생활과 일자리 증가에 기여하지만, 과도한 임금인상은 기업의 인건비 부담 과중으로 인하여 근로자의 일자리를 감소시키며, 나아가 근로자의 생활 안정과 소득 양극화를 초래하는 원인으로 작용할 수 있다는 경제원론에 충실하지 않은 결과이다.

특히 2년간 29.1% 최저임금 인상의 단행은 '임금과 일자리와의 관계'에서 과도한 임금인상이 초래하는 부작용을 살펴보지 않은 채 긍정적인 관계만을 고려하는 경제원론의 일면으로 사회경제 현상을 이해하는 소득주도 성장론에 근거해 실행한 정책의 대표적인 실패 사례로 들 수가 있다.

위에서 지적한 과도한 최저임금 인상의 부작용을 해소하면서, 향후 최저임금의 법적 취지를 되살리며, 저임금 · 저숙련 근로자들의 생활안정과 지속적인 일자리 유지, 그리고 자영업자와 영세 중소기업의 지속적인 영업 운영과 성장을 통한 국민경제의 지속적인 발전에 기여할 수 있는 최저임금제도의 운영방안을 다음과 같이 제시하고자 한다.

첫째, 최저임금은 저임금 · 저숙련 근로자와 사회적 취약계층의 경제적 문제를 모두 해결할 수 있는 만병통치약이 아니며, 최저임금제도로서 '해결할 수 있는 영역'과 '해결할 수 없는 영역'을 명확히 할 필요가 있다. 최저임금제도는 근로자들의 일자리가 유지되는 상황에서 저임금 근로자들의 임금 향상을 통하여 근로자들의 생활안정과 노동력의 질적 향상을 추구하면서 국민경제의 건전한 발전에 기여하는 역할에 충실할 수 있다. 만약 최저임금의 과도한 인상으로 지불할 여력이 부족한 자영업자와 영세중소기업이 고용을 축소한다면 저임금·저숙련 근로자들은 자신들의 일자리를 상실하게 되며, 국가 수준에서의 일자리 감소로 이어져 국민경제의 건전한 발전에도 걸림돌로 작용하게 된다.

최저임금의 경우 대부분의 지불주체가 자영업과 영세중소기업이라는 점을 고려하여, 정부는 최저임금 인상뿐만 아니라, 다른 사회복지제도와 연계한 정책을 실행하여 저임금 근로자들의 생활안정 방안을 강구할 필요가 있다. 최저임금으로 생활비 충당이 힘든 근로자의 경우, 우선적으로 저소득 근로자 보호를 위해 시행되는 '근로장려세제'(EITC : Earned Income Tax Credit)의 혜택을 받을 수 있도록 최저임금과 근로장려세제와의 연동형 제도를 실행하는 것이 바람직하다.

근로장려세제는 일자리를 가진 임금근로자의 임금 및 소득이 작아 생계 유지가 어려운 계층을 위하여 부양 지녀수와 총소득액 등을 고려하여 산정된 근로장려금을 제공하는 제도이다. 근로장려세제는 일을 하지 않아도 현금이 지원되는 '사회보장'과는 달리 근로를 장려하면서 근로자의 실질소득 향상에 기여한다. 따라서 근로장려세제는 근로연계형 소득지원제도로서 근로의 가치를 중요시 여기는 '적극적 노동시장정책'(Active labour market policy)의 한 방안이다. 위와 같은 최저임금제도와 사회복지제도의 연동 정책을 통하여 자영업과 영세 중소기업의 인건비 부담을 경감함과 동시에 저소득 근로자들의 생활안정의 상호이익(Mutual gains, Win-win) 방안을 마련할 수가 있다.

둘째, 최저임금법 제4조(최저임금의 결정기준과 구분)에 의하면, 최저임금은 ① 근로자의 생계비, ② 유사 근로자의 임금, ③ 노동생산성 및 ④ 소득분배율 등을 고려하여 결정하게끔 하는 제도를 개선할 필요가 있다. 그리고 위의 4가지 결정기준에 필요한 통계자료를 참조할 경우에 전문가 집단들이 공감하는 방법으로 운영되어야 한다. 위와 같이 최저임금법 제4조에 적시된 결정기준을 객관적이며 공정하게 반영하기 위해서는 현재 근로자 위원, 사용자 위원, 그리고 공익위원으로 구성된 최저임금위원회에서 심의·의결하는 방식의 변화가 필요하다. 예를 들어, 전문가로 구성된 '최저임금 심의위원회'와 이해관계자로 구성된 '최저임금 의결위원회'로 이원화된 최저임금심의·의결 구조로 변경할 필요가 있다.

'최저임금 심의위원회'는 이자율을 결정하는 한국은행 산하의 '금융통화위원회'와 같은 전문가들로 구성되어 다양한 경제지표 분석을 통하여 최저임금의 인상범위를 우선적으로 의결하는 역할을 수행한다. 그리고 현재의 최저임금위원회와 같은 이해관계자로 구성된 '최저임금 의결위원회'에서 의결한 최저임금의 인상범위 내에서 최종적으로 최저임금 인상안을 의결하는 것이다. 위와 같은 전문가 집단으로 구성된 '최저임금 심의위원회'와 이해관계자로 구성된 '최저임금 의결위원회'와 같은 이원화된 최저임금 심의·의결 구조에서는 2018년 발생한 최저임금법에 명시된 결정기준을 따르지 않는 의결과 2019년 통계기준을 자의적으로 변경하는 사태는 발생하지 않을 것이다.

셋째, 근로자들의 생활안정과 노동력 재생산, 그리고 건전한 국가 경제발전에 기여할 수 있는 최저임금제도의 역할을 명확히 함과 동시에 최저임금위원회의 심의·의결 구조 개혁을 통하여 현재 사회경제적 쟁점인 ① 최저임금에서 주휴수당 포함 여부와 나아가 근로기준법 제55조(휴일)의 개정을 통한 주휴수당제도의 폐지 여부, ② 최저임금법 제2조의 최저임금 산입범위 확대 여부, ③ 최저임금법 제4조(최저임금의 결정기준과 구분) 제2항의 최저임금의 '사업의 종류별(업종별)'의 차등 적용 여부와 함께, 최저임금법 개정을 통하여 최저임금의 '연령별', '기업 규모별'의 차등 적용 여부, ④ 과도한 최저임금 미만율 및 영향률의 조정 여부, 그리고 ⑤ 자영업자와 영세 중소기업의 최저임금 지불 능력 등을 고려하여 '최저임금제도'와 '근로장려세제' 등과 같은 사회복지제도를 병행적으로 실행하는 정책을 실행할 필요가 있다.

궁극적으로 최저임금제도 개선과 최저임금제도의 실효적 실행을 통하여 최저임금법의 기본 목적인 저임금·저숙련 근로자들의 생활안정과 노동력의 질적 향상을 추구하면서 국민경제의 건전한 발전에 기여하는 방향으로 최저임금제도가 운영되기를 기대해 본다.

제3장

합리적 근로계약관계의 설정 및 지속성장을 위한 노동법제 개편

"2030을 위한 NEW LABOR 일자리 개혁"

1. 해고금지의 역설
2. 비정규직의 정규직화
3. 근로시간 단축, 주52시간제의 전면시행
4. 고령화와 정년연장

1

해고금지의 역설

해고를 금지하는 유토피아는 없다

신종 코로나바이러스 (COVID 19)가 전 세계적으로 확산되면서 세계경제는 대공황 이후 최악의 늪으로 빠져들고 있다. 특히 코로나사태가 당초의 예상과는 달리 장기화되고 최근에는 변이 바이러스까지 확산되면서 산업구조뿐만 아니라 라이프 스타일까지 바꾸고 있다. 비대면과 재택근무가 일상화되면서 코로나 19의 직격탄을 맞은 영세 자영업자들의 상당수는 폐업하거나 개점휴업 상태에 들어간 상태이며, 항공・여행・유통업을 비롯하여 조선・자동차 등의 기간산업에 이르기까지 휴직과 희망퇴직을 실시하는 등 코로나 팬데믹을 극복하기 위해 안간힘을 쓰고 있다.

이는 우리나라에만 국한된 것은 아니라 세계적인 추세다. 대표적으로 미국과 일본의 경우를 들어 보자. 미국은 하루 코로나 확진자수가 10만 명을 넘어설 정도로 최악의 상황임에도 불구하고 대규모 구조조정을 실시했다. 그 결과 2020년 말 기준으로 50개 대기업 중 45개 기업이 코로나 팬데믹에도 불구하고 오히려 흑자를 냈다. 일본의 경우에도 올해 들어서만 자동차 회사인 혼다는 전기차로의 전환을 위해 2천 명 이상의 직원을 조기퇴직이나 희망퇴직을 통한 구조조정에 착수했으며, 도요타도 다이하츠와의 합병을 시작으로 스스키, 스바루, 마즈다 등과 차세대 차량용 통신장치 솔루션 공동개발을 위해 기술제휴를 하는 등 포스트 코로나 시대의 대비하여 발 빠르게 구조개혁에 착수하였다.

한편 이러한 상황에서 우리나라에서는 지난 총선 때 일부 정치권과 노동계에서는 해고금지법을 강력하게 요구하고 나선 바 있다. 이들의 주장은 코로나 사태가 지속되는 동안 경영상의 이유에 의한 해고를 금지하고 해고특별법으로 모든 근로자의 고용을 보장하라는 것이다. 물론 코로나 사태의 직접적인 책임이 근로자 측에 없는 만큼, 인원삭감을 동반하는 구조조정에 노동계가 반감을 가지는 것은 이해할 수 있다. 그렇다고 하더라도 해고금지를 명문화하지 않은 것을 이유로 어렵게 성립한 사회적 합의를 일방적으로 깨버리는 제1노조의 행태는 상식적으로 이해가 되지 않는다. 왜냐하면 해고를 법으로 금지하는 것은 기업 경영의 자유를 보장하는 자본주의 이념을 부정하고 헌법적 가치에도 반하기 때문이다. 이러한 입법은 사회주의에서나 가능할지 몰라도 적어도 자유민주주의를 표방하는 나라에서는 있을 수 없는 발상이다.

동맥경화증을 앓고 있는 노동시장

코로나 팬데믹 상태가 장기화되면서 실물경기가 급격하게 나빠지고 있다. 이번 위기는 과거 외환위기나 금융위기 때와는 달리 단기간에 회복될 전망이 불투명한 점이 특징이다. 이에 일선기업들은 경제위기에서 벗어나기 위해 조직을 재편하는 등 발 빠르게 움직이고 있다. 조선·해양을 비롯하여 최근에는 금융에 이르기까지 전방위로 구조조정에 나서고 있다. 요즈음 같은 취업빙하기에 구조조정이란 말을 꺼내기가 매우 안타깝지만, 살기 위해서는 제 살을 도려내야 하는 고통을 감내해야 한다. 위기극복에도 골든타임이 있는 법이다. 더 이상 주저하다 시기를 놓치면 회생은 불가능해진다는 사실은 IMF위기를 극복하는 과정에서 이미 경험한 바 있다.

기업의 구조조정은 아픔을 동반한다. 이는 마치 온전한 과실을 얻기 위해서는 가지치기가 필요한 것과 마찬가지이다. 가지가 서로 뒤엉켜 있거나 과실이 너무 많이 달린 경우에는 뿌리로부터 영양분을 제대로 흡수하기 어렵다. 따라서 상품가치가 높은 과실을 수확하기 위해서는 불필요한 가지와 열매는 솎아주어야 한다. 그래야 통풍도 잘되고 햇살을 골고루 받아 온전한 상품이 될 수 있다. 가지치기에서 가장 중요한 것은 시기와 정도이다. 당장의 이익에 어두워 서두르거나 게을러서도 안 되지만 너무 지나치면 과실은커녕 나무가 고사할 수도 있다.

흔히 우리의 노동시장은 너무 경직적이라 경제위기에 유연하게 대응하지 못하고 취약할 수밖에 없다고 한다. 2019년 10월에 열린 세계경제포럼(WEF)에 의하면 우리나라는 '노동시장의 유연성' 항목에서 조사 대상 141개국 중 97위, OECD 36개국 중 34위로 하위권에 속함을 알 수 있다. 같은 해에 우리나라는 30-50 클럽에 가입하여 명색에 선진국에 진입했음에도 불구하고 WEF로부터 노동시장의 경직성을 개선하도록 충고를 받는 신세가 되었다.

우리나라는 사실 얼마 전까지만 해도 사용자가 근로자를 부당하게 해고할 경우에는 5년 이하의 징역(또는 3천만 원 이하의 벌금)에 처하도록 하는 처벌주의를 채택하고 있었다. 비록 이 처벌규정은 2007년 근로기준법 개정 시에 삭제되었지만, 아직도 여전히 해고사유와 절차를 까다롭게 규정하고 있다. 그 대표적인 것으로 현행 근로기준법이 근로자를 해고할 때에는 반드시 '해고사유와 해고시기를 서면으로 통지'하도록 규정하고 있는 것이 대표적인데, 이를 위반한 경우에는 아무리 해고에 정당한 사유가 존재한다 하더라도 부당해고로 간주된다. 그러다보니 이런 규정을 잘 모르는 사업주(특히 중소영세기업의 사업주)는 정당한 사유로 근로자와의 근로계약을 해지(해고)했음에도 불구하고 나중에 서면통지 위반으로 부당해고 판정을 받는 사례가 비일비재한 것이 현실이다.

해고법제 개혁과 이탈리아의 교훈

한일 월드컵의 열기로 뜨겁던 2002년 어느 날. 해고법제의 개정을 주장하던 노동법 교수가 귀가 도중 자택 부근에서 처참하게 살해되는 사건이 일어났다. 범인은 극좌집단의 소행으로 알려졌다. 이는 우리나라 얘기가 아니라 이태리에서 일어난 사건이다. 우리나라의 고용노동부에 해당하는 관청의 고문으로 활동하고 있던 '마르코 비아지'라는 노동법연구자는 당시 유럽에서 가장 경직적이라는 이태리 해고법제를 유럽 스탠다드 수준으로 완화해야 한다는 논진을 펼친 것이 화근이 된 것이다.

이러한 그의 주장은 곧바로 노동조합을 비롯하여 많은 근로자들의 분노와 반발을 사게 되었고, 급기야는 극좌집단에까지 불똥이 튀어 비극이 일어난 것이다. 그런 일이 있은 후 이태리의 국가경제가 파탄위기에 직면하면서 노동시장에 대한 근본적인 개혁이 요구되자 2012년에 해고법제를 대폭적으로 수정하기에 이르렀다. 그 내용을 보면 이미 10년 전에 마르코 비아지 교수가 제안한 것들이었다. 10년 전에 냉철한 논의가 이루어졌더라면 이처럼 비싼 대가를 치르지 않아도 되었을 것이다.

우리나라에서도 '해고'는 거의 금기에 가까운 단어이다. 특히 노동법 연구자가 해고에 대한 규제완화 운운하는 것은 그야말로 '목숨을 거는 것'이나 다름없다. 그래서일까 해고규제를 더욱 강화해야 된다는 주장은 많지만, 이에 대한 비판적 견해는 거의 찾아 볼 수 없을 정도다. 이뿐만 아니라 정부마저도 지난 정권이 고용개혁의 일환으로 어렵게 마련한 '공정인사 지침(소위 통상해고 지침)'과 '취업규칙 해석과 운영에 관한 지침'을 노동조합이 반대한다는 이유로 전격 폐기한바 있다. 무한 경쟁사회에 대비하여 전 근대적이고 불합리한 인사관리제도와 임금체계를 보다 합리적으로 개선해 달라는 기업의 처절한 요구는 노동계의 반대 앞에 일고의 가치도 없는 것일까?

정리해고법의 패러독스

최근 들어 기업을 둘러싼 고용환경은 급변하고 있다. 노동시장의 2중구조로 소득양극화가 심화되고 제4차 산업혁명과 고용의 디지털화, 거기에다 코로나사태가 장기화되면서 AI를 비롯하여 앱을 이용한 플랫폼 고용에 이르기까지 다양한 취업형태가 출현하고 있다. 그럼에도 불구하고 생산현장의 단순·반복적 노동을 대상으로 만든 노동법제는 최근의 트렌드를 반영하지 못한 채 오히려 새로운 비즈니스와 일자리 창출에 허들이 되고 있다. 이러한 모순을 극복하기 위해서는 전근대적 노동법제와 노사관행을 과감하게 혁신할 필요가 있다. 이 중에서도 특히 달라진 고용환경에 유연하게 대응할 수 있도록 근로조건의 변경과 조직개편 등 구조조정을 용이하게 할 수 있도록 법제도를 정비하는 것은 시급하다.

우리나라에서도 IMF 위기상황 하에서 구조조정을 쉽게 할 수 있도록 소위 '정리해고법제'를 도입한 바 있다. 그 취지는 현행 근로기준법에서 명시하고 있는 바와 같이 ① 긴박한 경영상의 필요성이 있을 것, ② 해고회피노력을 다할 것, ③ 합리적이고 공정한 대상자의 선정할 것, ④ 근로자 측과 성실한 협의를 할 것 등 4가지 요건을 충족하는 경우에는 구조조정을 가능하도록 규정하고 있다. 물론 이 규정은 우리 스스로가 노동시장 개혁을 위해 도입했다기보다는 IMF 측의 강요에 의한 것이지만, 당시의 위기상황을 극복하는 데 일정부분 기인한 것도 사실이다.

하지만 실제 기업이 경영상의 이유를 들어 근로자를 해고하기란 낙타가 바늘구멍을 통과하는 것만큼 어렵다. 기업은 우선 구조조정을 할 수밖에 없을 정도로 경영상태가 어렵다는 것을 입증해야 된다. 종전의 판례는 기업이 도산에 직면한 경우에만 필요성을 인정한 적도 있었다. 최근에는 다소 그 요건이 완화되었다고는 하지만, 여전히 기업경영이 심각할 정도로 악화된 경우가 아니면 좀처럼 정당성이 인정되지 않는다. 더구나 기업이 사법부의 재판관을 상대로 기업경영의 어려움을 설득시키기란 쉽지 않은 일이다(※ 참고로 유럽에서는 구조조정으로 인한 집단해고에 대해서는 경영상의 필요성을 묻지 않는 경향이 있는데, 우리와는 대조적이다).

그 뿐만 아니라 우리나라에서는 기업이 정리해고를 실시하기 전에 배치전환, 잔업삭감, 신규채용의 중지, 희망퇴직자의 모집 등 해고를 회피하기 위한 노력을 다하지 않으면 정당성이 인정되지 않는다. 판례 중에는 정리해고를 실시하기 전에 희망퇴직자를 모집하지 않았다는 이유로 부당한 해고로 본 사례도 있다. 기업의 경영난을 타개하기 위해 실시되는 구조조정은 타이밍이 무엇보다 중요하다. 그런데 그 절차가 너무 복잡하다보니 희망퇴직자를 모은다는 구실 하에 사직을 강요하거나 집단적 왕따를 시키는 등 인권침해 사례도 종종 발생한다. 결과적으로 IMF 위기 시에 경직된 우리나라 노동시장 유연성 제고를 위해 IMF 측의 강력한 요구로 도입된 정리해고법제가 지금은 오히려 위의 4요건을 충족하지 않는 한 정리해고를 할 수 없는 의미로 전환되어 당초의 입법취지가 무색해져버렸다.

해고규제 완화로 고용기회가 늘어난다

우리나라 역대정권이 지금까지 내놓은 공약을 보면 노동개혁을 첫 번째 과제로 들고 있는데, 그 핵심은 결국 일자리 창출이다. 이 목표를 달성하기 위해서는 시시각각으로 변하는 고용환경에 대응할 수 있도록 취업규칙의 변경절차를 간소화함과 동시에 고비용·저효율의 낡은 프레임은 손절하고 더욱 효율적이고 합리적으로 인력을 활용할 수 있도록 해고규제를 완화할 필요가 있다.

첫째, 취업규칙의 변경절차를 간소화할 필요가 있다. 근로기준법은 상시 10명 이상의 근로자를 사용하는 기업에서는 근로조건 등을 정한 취업규칙의 작성 및 신고의무를 부과하고 있다. 여기서 문제가 되는 것은 취업규칙을 근로자에게 종전보다 불리하게 변경하는 경우에는 과반수 노동조합이나 과반수 근로자의 동의를 얻도록 하고 있는 소위 '집단적 동의'를 요구하고 있는 부분이다. 이는 기업이 자의적으로 근로조건을 불리하게 변경하는 것은 막는다는 취지에서 마련한 것이지만, 이는 역으로 회사입장에서 보면 고용환경이 바뀌고 경영이 아무리 어려워도 근로자의 집단적 동의가 없는 한 임금체계의 변경 등 아무런 조치를 취할 수 없다.

그 결과 극단적으로는 고용환경의 변화에 대응하기 위해서는 취업규칙의 변경이 필요함에도 불구하고 근로자 측이 불리한 변경이라고 고집하여 집단적 동의를 하지 않는 한 아무것도 할 수 없는 구조이다. 이는 수 년 전 정년연장에 따른 임금피크제의 도입과정에서 근로자 측의 반대로 좌절을 이미 경험한 바 있다. 이러한 문제점을 개선하기 위해서는 종전 판례의 입장처럼 근로자에게 일방적으로 불리한 취업규칙 변경은 원칙적으로 허용되지 않지만, 사회적 환경의 변화에 적응하기 위한 직무급・임금피크제의 도입과 같이 사회통념상 합리성이 인정되는 경우에는 예외적으로 인정할 수 있는 여지를 두도록 해야 한다. 그렇지 않으면 합리적인 조직관리 및 기업경영을 어렵게 하여 궁극적으로는 구조조정이라는 극단적 처방을 피할 수 없게 된다.

둘째 해고규제를 완화할 필요가 있다. 해고사유는 매우 다양하지만 일반적으로는 업무명령 위반이나 근태불량, 회사의 명예훼손 등과 같이 근로자의 유책한 행동을 이유로 한 소위 '행태상의 사유'와 근로자의 책임을 묻기 어렵지만 질병이나 능력부족, 적격성 결여, 성과불량 등 근로자의 조건이나 상태를 이유로 소위 '일신상의 사유'로 나뉜다. 실무에서는 보통 근로자의 행태상의 사유가 문제가 될 경우에는 징계해고 방식으로 처리하고 능력부족이나 적격성 결여 등 일신상의 사유가 문제가 될 경우에는 징계해고가 아닌 통상해고의 방식을 사용한다.

한편 우리 근로기준법(제23조)은 "정당한 이유 없이 해고, 휴직, 정직, 전직, 감봉, 그 밖의 징벌(懲罰)을 하지 못한다."고 규정하고 있어, 문맥상 마치 징계해

고만 상정하고 있는 듯하다. 이와 같이 근로기준법에서는 통상해고에 대한 명확한 규정을 두고 있지 않기 때문에 근로자의 행태상의 사유를 징계해고의 대상으로 삼아 해고의 정당성 여부를 판단하는 등 사법적 판단에 혼란이 생기고 있다. 따라서 우리도 독일의 해고제한법(제1조)과 같이 근로자의 행태상의 사유를 명시하거나 아니면 일본의 근로계약법(제16조)처럼 통상해고를 포함하는 일반조항(general clause)으로 개정할 필요가 있다.

셋째, 해고무효의 경우에 원직복직 대신에 금전보상을 확대할 필요가 있다. 해고의 경우 다투는 과정에서 이미 노사 간 신뢰관계에 손상을 입어 해고가 무효가 되어 원직에 복귀를 할 수 없는 경우가 다반사이다. 이러한 경우에 대비하여 근로관계의 해소를 전제로 금전으로 보상하는 제도를 두고 있는 것이 일반적이다. 우리 근로기준법(제30조)에서도 근로관계의 해소를 전제로 하는 금전보상제를 두고 있지만, 다른 나라와는 달리 근로자의 신청이나 당사자 간 화해의 경우에만 인정하는 반쪽짜리 금전보상제에 불과하다. 따라서 부당해고의 경우에도 노사 간의 신뢰가 파괴되어 원직복직이 사실상 기대하기 어려운 경우나 징계절차나 서면통지의무 위반 등 단순한 절차적 하자의 경우에는 근로자뿐만 아니라 사용자도 금전보상을 신청할 수 있도록 하는 것이 바람직하다.

넷째, 고용계속형 계약변경제도를 도입할 필요가 있다. 위에서 언급한 바와 같이 우리나라에서는 직무능력이 결여된 자나 저성과자에 대한 해고는 사실상 매우 어렵다. 하지만 기업의 입장에서는 이들에 대한 인력 재배치를 통하여 조직 활성화를 꾀하고자 할 것이다. 이러한 경우에 활용할 수 있는 제도가 바로 근로관계를 존속시키면서 근로조건을 변경할 수 있는 변경해지고지(Änderungskündigung) 제도이다. 이는 독일 등 유럽에서 이용하고 있는 제도인데, 근로계약 해지와 변경된 근로조건을 동시에 제시한 다음 근로자로 하여금 이를 선택하도록 하는 제도이다. 이때 근로자가 변경된 근로조건을 수용하지 않는 경우에는 근로계약은 해지되나, 그렇지 않고 변경된 근로조건을 일단 수용한 다음 변경된 근로조건의 정당성을 다투는 것은 무방하다. 이 제도는 근로자와의 고용관계를 유지하면서 근로조건의 변경이나 인력 재배치를 통하여 구조조정의 목적을 달성할 수 있으므로 적극적으로 도입할 필요가 있다.

2

비정규직의 정규직화

비정규직을 보는 시선

비정규직 문제가 우리사회의 이슈로 등장하게 된 것은 아마도 IMF 이후부터인 것 같다. IMF 위기를 극복하는 과정에서 노동시장이 급격하게 유동화되고 기간제(계약직), 파견근로, 파트타임으로 대표되는 소위 '비정규직'이 급증하면서 근로자 계층 간의 양극화 현상이 두드러지게 나타나게 되었다. 이를 계기로 비정규직의 남용을 규제하고 차별을 시정해야 한다는 논의가 정부나 노사단체 및 각계에서 활발하게 이루어지기 시작했다.

비정규직에 대한 지금까지의 논의를 보면, 정규직에 비해 근로조건이나 각종 사회보험의 적용에 있어 부당한 차별을 시정한다는 원칙 아래 비정규직 보호입법을 추진하여 왔다. 그러나 비정규직 문제가 정치적으로 이용되거나 또는 노사 간의 이해관계의 대립으로 비정규직 문제가 해결되기보다는 오히려 노사 간 또는 노노 간 갈등을 증폭시키는 결과를 초래하였다.

비정규직 문제의 핵심은 비정규직을 바라보는 시각의 차이에 있다. 우선 비정규직을 긍정적으로 보는 입장에서는 '노동시장이 유연화하고 고용형태가 다양화되면서 비정규직을 활용하는 것이 시장원리의 추세'라고 평가한다. 역대 정권 중에는 IMF를 직접 경험한 김영삼 정부 후반부터 김대중 정부가 취한 소위 신자유주의정책이 여기에 속한다고 볼 수 있다.

이에 비해 비정규직을 부정적으로 보는 입장에서는 낮은 임금, 저조한 부가급부와 미비한 고용안정성으로 요약되는 비정규직이 가지는 특성을 지적하면서 비정규직에 대한 차별을 철폐하고, 비정규직을 정규직화해야 한다는 주장을 펴고 있다. 역대 정권 중에는 2003년에 출범한 노무현 참여정부는 '비정규직의 남용방지와 차별적 처우 시정'을 정책기조로 삼았으며, 현 문재인정권은 '노동존중사상'이라는 기치아래 비정규직 제로를 국정목표로 하고 있다.

비정규직 문제는 비단 우리나라에만 국한된 문제가 아니다. 이는 실업률 감소를 위해 노력하는 EU 및 국가경쟁력 강화를 꾀하려는 OECD, 그리고 장기불황에서 탈피하려는 일본 등 주요 선진국이 공통적으로 안고 있는 문제이기도 하다. 이들 나라들은 각국의 법제도나 고용정책, 산업구조 및 노사관계 등의 특성을 고려하여 자기 실정에 맞게 비정규직 문제에 대응하고 있다. 예를 들어 독일이나 프랑스를 중심으로 한 EU에서는 비정규직을 임시적·보충적 노동력으로 파악하여 가능한 한 이를 제한적으로만 허용하려는 데 비해, 미국이나 일본을 중심으로 한 OECD국에서는 고용창출을 위해 비정규직에 대한 제한을 최소한에 그치고 가능한 한 시장경제원리에 맡기려는 경향을 보이고 있다.

우리나라의 경우, IMF 직후에는 OECD의 정책 쪽으로 치우치는 듯한 인상이 짙었으나, 참여정부가 들어선 이후에는 EU의 정책 쪽으로 선회하였는데, 그 배경에는 점점 심화되고 있는 '사회적 양극화'의 핵심에 바로 비정규직 문제가 있음을 인식했기 때문이다. 이를 계기로 2006년 말에는 오랜 산고 끝에 소위 '비정규직 보호입법'이 이루어지게 되었다. 이 법의 입법과정에서는 기간제 근로자에 대한 사용사유(使用事由) 제한 및 파견기간 초과 근로자에 대한 고용의제(雇用擬制)를 둘러싸고 여야 간 및 노사 간 극심한 입장차가 커서 정치적 타결을 보지 못한 채 비정규직의 사용기간을 규제하는 형태로 입법이 이루어졌다.

이와 같이 비정규직은 빛과 그림자를 동시에 가지고 있으므로 어느 한쪽만을 주장하는 것은 설득력이 없다. 따라서 비정규직 자체를 부정적으로만 보는 시각에 대해서는 찬동하기 어렵다. 그렇다고 해서 비정규직을 아무런 보호 장치 없이 시장원리에 맡기는 입장에도 동조하기 어렵다. 왜냐하면 비정규직이 늘어나게 되면 단기적으로는 고용이 증가하고 실업률이 낮아지는 장점이 있을 수 있지만, 장기적으로는 정규고용을 대체하게 되어 생산성이 저하되고 전체 근로자들의 삶의 질을 저하시킬 위험이 있기 때문이다.

결국 비정규직 문제의 핵심은 고용의 유연성을 가지면서 불합리한 격차문제를 어떻게 해소할 것인가이다. 따라서 단순히 비정규직을 정규직화하거나 파견고용과 같은 간접고용을 직접고용으로 전환한다고 해서 비정규직 문제가 해결되는 것이 아니라 오히려 노동시장의 유연성이 떨어져 실업이 증가하는 원인이 될 수 있음에 유의할 필요가 있다.

비정규직의 정규직화 무엇이 문제인가

인천국제공항(인국공)에 이어 국민건강보험공단에 이르기까지 공기업들이 비정규직에 대한 정규직화를 둘러싸고 몸살을 앓고 있다. 그 도화선이 된 것이 작년에 벌어진 인국공사태이다. 인국공이 자회사 소속 보안검색요원 1902명에 대해 직고용한다고 발표하자 온라인상에서는 이를 비판하는 목소리가 일파만파로 번지면서 수많은 취준생(취업준비생)들은 자기들의 채용기회를 빼앗겨버렸다는 상대적 박탈감에서 분노했다. 이뿐만 아니라 인국공의 정규직노조와 인국공의 자회사로 옮긴 협력사 근로자들까지도 형평성에 어긋난다며 반발하는 등 노노갈등의 조짐마저 보이며 파열음을 내고 있다.

공공부문의 정규직화는 현정권이 가장 역점을 두고 있는 노동정책 중의 하나다. 최근 3년 동안 공공기관 정규직으로 전환된 비정규직의 규모를 보면 9만 명이 넘는다. 이번에 문제가 된 인국공은 문대통령이 취임 직후인 2017년 5월 인천공항 방문 시에 제1호 공약사항으로 '비정규직 제로'를 선언한 기관이기도 하다. 어찌 보면 4년 전의 약속을 이행했을 뿐인데, 청와대 국민청원게시판에는 불공정한 공기업 비정규직의 정규직 중단을 요구하는 청원이 하루만에 20만 명을 돌파할 정도로 사회적 파장이 크다.

지금으로부터 7년 전 비정규직의 분투와 애환을 소재로 한 '미생'이란 드라마가 인기리 방영된 적이 있다. 주인공 장그래는 성실하고 능력이 있음에도 불구하고 정규직이 되지 못하는 비정규직의 비애가 청년들을 비롯하여 많은 시청자들에게 공감을 불러일으킨 바 있다. 그랬던 그들이 왜 이번 인국공의 직고용에 대해서는 공분하고 있는 것일까? 한 가지 분명한 것은 그들은 결과에 대한 질투나 이기심이 아니라, 그 과정에 대해 납득을 못하기 때문이다. 이는 지난 조국사태를 통해서도 이미 경험한 바 있다.

인국공 사태가 수그러들 기미를 보이지 않자, 급기야 청와대까지 나서 취업준비생들의 채용기회와는 무관하다고 설득에 나서기도 했다. 하지만 화난 청년들에게는 궤변으로 들릴 뿐 혼란은 오히려 가중되기만 했다. 청년들이 요구하는 것은 정규직 전환에 대한 납득할 만한 기준이나 원칙을 제시해 달라는 것인데, 핵심을 제대로 짚고 있지 못한 것이다. 이런 가운데 SNS상에서는 허탈감에 빠진 취업준비생들을 중심으로 '부러진 펜' 해시태그운동이 연일 전개되었고, 심지어 2017년 5월 대통령이 인천공항 방문시점을 정규직 전환의 기준으로 삼은 것을 빗대어 '로또채용'이니 '성은을 입은 자'만이 혜택을 받을 수 있다는 등의 냉소를 쏟아내기까지 했다.

비정규직에 대한 정규직 전환은 비정규직 문제를 해결하는 하나의 방법은 될 수 있다. 그러나 정규직과 비정규직을 선악으로 대비시켜 비정규직을 극복해야 할 대상으로 삼는 것은 잘못이다. 물론 비정규직은 정규직에 비해 근로조건이 열악하고 고용이 불안하다는 점을 부인할 수 없다. 그러나 시장경제 질서 하에서 비정규직이란 자연발생적인 것인데 이를 부정하는 것은 자유로운 노동시장의 생태계를 파괴시키는 것이다. 모든 비정규직 문제를 정규직화로 해결될 수 있다는 발상은 한마디로 난센스다. 비정규직 문제를 해결하기 위해서는 비정규직 자체를 부인하기보다는 오히려 비정규직에 대한 불합리한 격차를 없애는 것이 훨씬 합리적이고 효과적이다. 이러한 취지에서 2007년에 제정·시행되고 있는 것이 소위 비정규직보호법이다. 이 법이 시행된 지 10년 이상이 지나도록 아직도 비정규직 문제가 개선되고 있지 않다면, 대폭적인 법개정을 해서라도 해결책을 강구해야 한다.

작금의 비정규직 문제를 해결하기 위해서는 무엇보다 평등하고 공정한 채용기준을 마련하는 것은 중요하다. 이와 함께 한 가지 놓치지 말아야 할 것은 비정규직 문제는 정규직에 대한 과보호로 인한 고용시장의 양극화에 있다는 점이다. 정규직과 비정규직 사이의 격차가 심할수록 제한된 정규직 자리를 두고 경쟁과 갈등은 피할 수 없다. 정규직과 비정규직을 선악으로 구분하는 이분법적 사고는 사회적 갈등만 유발할 뿐이다. 비정규직에 대한 정규직 전환이라는 취지에는 공감하지만, 이에 대한 분명한 원칙이나 철학 없이 성급하게 정치논리로 풀려고 한다면, 이번 인국공 사태에서 보듯이 구성원들로부터 공감도 얻지 못하고 분열만 자초할 뿐이다.

불법파견 소송, 정규직이 되는 우회통로

예기치 못한 코로나 팬데믹이 장기화되면서 삶이 송두리째 바뀌고 있다. 재택·비대면 근무가 뉴노멀이 되고, IT기술의 발달로 협업근무에서 원격근무가 트렌드로 자리 잡아 가고 있다. 제4차 산업혁명이 성큼 다가온 느낌이다. 이러한 변화를 반영한 탓일까, 요즈음 산업현장에서 발생하는 노동사건을 보면, 단순히 흑백논리만으로는 해결하기 힘든 사안들이 증가하고 있다. 사내하도급에 대한 위법성 판단 여부를 둘러싼 분쟁이 대표적이다.

사내하도급은 아웃소싱(outsourcing)의 일종으로 파견과 함께 가장 널리 이용되는 외부 노동력 활용 방식 중의 하나다. 아웃소싱은 기업이 본연의 핵심 역량을 강화하고 경영의 효율성을 향상시키기 위해 외부로부터 기능과 자원을 전략적으로 활용하는 것으로, 이제는 국내기업 차원을 넘어 점점 글로벌화 되고 있는 추세다. 다만, 우리나라에서는 근로자파견과 관련하여 법으로 엄격하게 규제를 하고 있다 보니 상대적으로 제약이 적은 하도급을 선호하는 경향이 있다.

따라서 철강, 자동차와 같이 전통적 제조업에는 근로자파견이 금지되므로 사내하도급 방식이 널리 이용되고 있다.

한편 사내하도급과 파견은 그 구조가 흡사하여 양자를 구별하기가 쉽지 않다. 이에 행정관청은 도급과 파견을 구별하는 기준(지침)을 마련하여 대응하고 있다. 하지만 2000년대에 접어들어 사법부가 이에 본격적으로 개입하게 되면서 상황이 바뀌었다. 사법부는 기본적으로는 행정지침에 따르면서도 독자적인 기준을 제시하는가 하면, 동일한 사안을 두고도 상・하급심 간에도 판단기준을 달리하는 등 일관성이 결여된 판결을 내놓으면서 산업현장에서는 혼란이 가중되고 있다.

여기서 최근 하도급 문제로 몸살을 앓고 있는 철강업을 예로 들어 보자. 철강업은 조선업과 더불어 대표적 장치산업으로 사내하도급을 가장 많이 활용하고 있는 제조업 중의 하나다. 철강업에서는 원・하청업무가 명확히 구분되어 하청업체는 핵심공정이 아닌 부수적 업무에 종사해왔기 때문에 별다른 논쟁이 없었다. 그런데 최근에 포스코를 상대로 제기한 사내하도급 관련 소송을 보면, 1심은 크레인공정을 부수적인 업무에 해당한다고 보아 도급(성)을 인정했다. 그런데 2심은 원자재 입고에서 출하까지 통합생산관리시스템(MES)을 통해 협력업체 근로자들에게 실질적으로 지시를 했다는 이유로 불법파견으로 판단했다. 사법부는 종전 자동차 컨베이어벨트 시스템에 적용한 법리를 철강공정에 그대로 적용하여, 생산방식의 차이에도 불구하고 원청회사가 협력회사 근로자를 지시・감독했다는 본질은 같다는 결론을 내린 것이다.

이러한 견해는 일견 일리 있어 보이지만, 꼼꼼히 따져보면 법리적으로 문제가 많은 판결이다. 우선 최근 IT기술의 발달에 따른 작업환경의 변화에 대한 이해가 부족한 듯하다. 산업현장은 사물인터넷(IoT)의 발전으로 사람・데이터 등이 인터넷으로 연결되는 초연결사회로 됨에 따라 외부노동력의 활용방식도 빠르게 진화하고 있다. 이처럼 산업현장은 점점 스마트 팩토리(Smart Factory)를 지향하고 있는데, 전산시스템(MES)을 통한 기능적 밀접성을 이유로 이를 불법파견으로 보는 사법부의 판단은 아직도 아날로그시대에 머물러 있는 것이다. 사법부가 이러한 산업현장의 변화를 적극적으로 수용하지 않고 외면하는 한 사내하도급 문제는 해결할 수 없다.

정규직화 문제의 해법

비정규직의 정규직화 문제의 핵심에는 도급과 파견의 구별 문제가 있다. 원래 도급과 파견은 태생적 유사성으로 인하여 양자를 구분하기란 지난한 일이다. 이에 도급과 파견을 구별하는 기준을 마련하고 있지만, 최근 IT기술의 발달 등에 의한 작업환경의 변화 등을 충분히 반영하고 있지 못하다. 따라서 비정규직의 정규직화를 둘러싼 문제를 해결하기 위해서는 파견에 대한 대폭적인 규제완화가 필요하다. 구체적으로는 다음과 같은 대안이 정규직화 문제의 해법이 될 수 있으리라 생각한다.

첫째, 도급과 파견의 구별기준을 변화된 작업환경을 고려하여 새롭게 제시하는 것이다. 이것만 철저하게 하더라도 소모적인 분쟁을 미연에 방지할 수 있을 것이다. 특히 사법부의 최근 일련의 판결을 보면 연속공정(특히 컨베이어벨트 시스템)에 있어서 노무도급이나 전산시스템(MES)을 통한 원・하청간의 기능적 밀접을 불법파견으로 보는 경향이 있는데, 이는 시대조류에 역행하는 발상일 뿐만 아니라 산업발전에도 아무런 도움이 되지 않으므로 마땅히 수정되어야 할 것이다.

둘째, 제조업을 비롯한 산업현장에서의 불법파견을 둘러싼 문제를 해결하기 위해서는 파견의 대상범위를 대폭 확대하여야 한다. 이러한 주장은 학계나 재계로부터 꾸준히 제기되고 있다. 하지만, 이에 대해서는 노동계가 원칙적으로 반대하고 있을 뿐만 아니라, 파견의 대상을 확대한다고 하더라도 2년이라는 사용기한 때문에 그 효과 또한 매우 제한적일 수밖에 없다고 생각된다. 따라서 우리나라도 독일이나 일본처럼 제조업을 포함하여 파견대상 업무를 대폭 확대하고 파견기간 또는 3년 이상으로 연장할 필요가 있다(참고로 독일과 일본은 2003년부터 제조업에 대한 파견을 허용하고 있으며, 독일에서는 파견근로에 대한 기간제한을 없앴으며 일본에서는 최대 3년까지 허용하고 있음).

셋째, 비정규직과 정규직간의 비합리적 격차문제를 해소해야 한다. 다시 말해서 불법파견 문제 역시 그 근저에는 원·하청근로자간의 근로조건 등에 있어 격차에 기인하고 있다. 따라서 이러한 문제를 더욱 근본적으로 해결하기 위해서는 공정거래차원에서 그 해결책을 모색하는 것이 하나의 대안이 되지 않을까 생각한다. 특히 우리나라의 경우 압축적인 경제성장을 하는 과정에서 하도급의 활용비중이 증가함에 따라 원·하청 간에 상호 협력적 관계가 성립되지 못하고 부당한 단가인하 등의 불공정거래행위가 불합리한 격차의 원인이 된 것도 사실이다. 따라서 하도급법(하도급거래 공정화에 관한 법률)을 적극적으로 활용하여 원·하청 간의 불공정거래행위를 개선한다면, 기존의 도급·파견을 둘러싼 논쟁도 상당부분 해소될 수 있으리라 생각한다.

마지막으로, 불법파견 문제에 대한 지나친 사법적 개입을 자제할 필요가 있다. 왜냐하면 시시각각으로 변하는 작업환경을 고려할 때 일도양단식의 사법적 판단은 불법파견의 시정에 적합하지 않기 때문이다. 그 보다는 종전처럼 노동주무관청이 행정감독이나 행정지도를 통하여 시정하는 것이 더 효율적이다. 참고로 우리에 앞서 파견법을 도입한 일본은 불법파견에 대해 행정지도를 원칙으로 하고, 사법부는 무허가 파견이나 파견법을 회피하기 위한 탈법적 위장도급 등에 극히 제한적으로 개입할 뿐이다. 우리나라에서도 최근 파견의 판단 기준에 관한 지침을 새롭게 정비하는 등 감독행정 기능을 강화하고 있으나 사법부가 사내하도급 소송에서 안이하게 불법파견을 인정하는 한 이러한 노력은 무용지물이 된다. 따라서 불법파견에 대한 사법적 판단은 가급적 자제하여, 원·하청근로자 간의 격차문제가 '불법파견 소송'이라는 우회적 통로로 이용되지 않도록 해야 한다.

3
근로시간 단축, 주52시간제의 전면시행

주52시간제의 도입 경위

우리나라에서 장시간 근로를 둘러싼 논의는 오래되고도 새로운 문제다. 정부는 장시간 근로관행을 개선하고 근로자들의 건강권 보호와 삶의 질을 개선한다는 명제 하에 근로시간 단축정책을 강력하게 추진하였다. 우선 정부는 지금으로부터 3년 전에 근로시간 단축을 위한 조치로서 근로시간 특례업종을 종전의 26개 업종에서 5개 업종(육상운송업, 수상운송업, 항공운송업, 기타 운송서비스업, 보건업)으로 대폭적으로 축소하고, 주52시간제를 전격적으로 도입한 후 기업 규모별 단계적으로 실시했다. 기존의 주68시간제가 주52시간제로 전환되었다. 장기간 동안 근로개선을 위한 근로시간 단축은 전 세계적으로 나타나는 보편적인 현상이다. 그러나 다른 나라의 경우 노사 합의를 전제로 특별 연장근로를 허용하고 있는 반면, 우리나라의 주52시간제는 규모별, 산업별의 구분 없이 획일적으로 도입한 점이 커다란 차이점이 있다. 위와 같은 획일적인 주52시간제는 기업과 근로자 모두에게 불만을 초래하고 있다.

그 결과로 주52시간제는 기업 규모별로 점차적으로 적용이 확대되어 올 7월부터는 모든 사업장을 대상으로 전면적으로 시행하게 되었다. 주52시간제가 2018년 7월에 전격적으로 도입된 이래 불과 3년 만이다. 그러나 근로시간의 급격한 단축은 산업 현장의 커다란 혼란을 초래할 수밖에 없다. 그래서 상시 근로자 300인 이상의 대기업의 경우에는 곧바로 시행에 들어갔다. 하지만 50~299인 중소기업의 경우에는 1년의 계도기간을 거쳐 올해부터 시행에 들어갔다. 그리고 올해 7월부터는 5~49인 소규모 사업장에 이르기까지 전면적으로 시행하게 되었다.

그러나 2019년 연말부터 시작된 코로나 사태가 장기화되면서 이로 인한 손실을 회복하는 데에 집중하느라고 실질적인 준비가 어려웠다. 국회에서도 유연한 근무제 등 근로시간 단축에 대비할 제도의 개선과 관련된 논의도 미진했다. 이에 많은 중소기업은 코로나 사태가 안정되어 경영이 정상화되고, 탄력적 근로시간제 등 유연한 근무제가 보완될 때까지라도 주52시간제에 대한 계도기간을 연장해 줄 것을 간절하게 요구했다. 하지만 이러한 간절한 요구는 받아들여지지 못하고 각자 도생을 해야 하는 상황에 직면하게 되었다.

이러한 결과에 따라 뿌리산업을 포함한 제조업 일자리는 5분기 연속해 줄어드는 현상을 보이고 있다. 또한 임금 감소로 산업 현장을 떠난 숙련공들은 손쉬운 일자리를 찾아서 도시로 떠나거나, 낮에는 본업에 종사하고 저녁에는 택배나 대리운전 등의 투잡(two jobs)을 뛰었다. 이와 같이 근로시간 단축으로 워라밸(Work-life balance, 일가정의 양립)을 추구한다는 당초의 취지와는 거리가 먼 상황이 연출되고 있다.

주52시간제를 도입한 이후에 투잡 근로자들이 늘어난 이유는 주68시간제에서 주52시간제로 전환됨으로써 근로자의 실질적인 수입이 약 30% 정도나 줄어들었기 때문이다. 주68시간제에서 근로자들은 법정 근로시간인 주 40시간보다 28시간이나 더 근로한 반면, 주52시간제에서는 12시간을 더 근로할 수 있다. 이에 따라 연장근로를 통한 임금이 크게 감소함에 따라 실질적인 수입을 보전하기 위하여 투잡 근로자들이 급격히 늘어나게 된 것이다.

주52시간제의 전면 시행에 따른 현장의 혼란

코로나 사태로 직격탄을 맞은 것은 중소제조업과 자영업자들이었다. 이 중에서 제조업의 경우 작년 한 해 동안 15만 개의 일자리가 사라질 정도로 경영난이 심각해졌다. 이러한 상황은 주52시간제가 전면적으로 확대 시행됨에 따라 상황은 더욱 악화되고 있다. 그 중에서도 특히 뿌리산업과 같이 잔업(연장근로)이 일상화되어 있는 중소제조업의 경우에는 코로나 사태로 가뜩이나 어려운 여건에서 주52시간제의 실시로 주당 최대 근로시간이 68시간에서 52시간으로 대폭적으로 단축되었다. 이에 따라 필요한 인력의 확대와 추가 비용 부담의 증가 등으로 회사에 치명적인 타격을 주고 있다.

이러한 실태는 집필진이 속한 연구팀이 주52시간제가 전면 시행된 직후에 110개 중소기업을 대상으로 행해진 설문조사 및 현장 인터뷰를 통해서도 확인할 수 있었다. 이번 조사는 우리나라 5개 대형조선소의 사내협력사를 상대로 올해 7월 12일부터 7월 30일까지 3주간 실시했다. 그 결과에서 보면 주52시간제의 시행으로 60%에 가까운 기업이 어려움을 호소하고 있었다. 그 내용을 구체적으로 살펴보면, ① 임금 감소로 인한 숙련 인력의 이탈이 57.8%(59개사)로 가장 많다. ② 업무상 필요한 경우에도 연장근로 수행의 어려움(52%), ③ 신규인력(외국인 근로자 포함) 충원의 어려움(42.2%) 등의 순으로 나타나고 있다.

인력난을 겪고 있는 중소기업의 경우, 주68시간제에서 주52시간제로 전환됨으로 인하여 주당 16시간의 근로를 대신할 인력을 확보해야 한다. 그러나 여전히 인력난을 겪고 있는 중소기업은 대체 인력을 새롭게 확보하는 것은 매우 어려운 과제이다. 만약 대체인력을 확보하지 못한다면 공장의 가동률을 낮출 수밖에 없는 상황이다. 이는 중소기업의 수익 구조를 악화시키게 될 것이다. 이러한 수익 구조의 악화는 중소기업 근로자들의 임금과 근로조건을 더욱 더 열악하게 한다. 그렇기 때문에 ① 중소기업의 열악한 임금과 근로조건 → ② 중소기업의 기피 현상 심화 → ③ 중소기업의 노동력 부족 현상 → ④ 중소기업의 가동률 저하 → ⑤ 중소기업의 수익 구조 악화 → ⑥ 낮은 임금과 열악한 근로조건이라는 악순환이 지속될 가능성이 높다.

이에 중소기업 및 소규모 사업장은 주52시간제의 전면 시행을 좀 더 유예해야 한다고 끊임없이 주장해 왔다. 하지만 노동계는 더 이상 시행을 유예하는 것은 결국 근로시간의 단축 기조를 후퇴시킨다고 비판하고 있다. 현재의 정부도 3년이란 준비기간을 유예한 만큼 더 이상 양보할 것 같지 않다. 물론 정부는 주52시간제의 연착륙을 위하여 주52시간제를 도입해 근로시간이 단축되는 사업장에는 보조금의 지원제도를 한시적으로 운영했다. 하지만 이러한 지원제도가 얼마나 실질적인 효과를 거둘지는 미지수다.

주52시간제는 영세중소 규모의 기업뿐만 아니라, R&D(연구개발)를 통한 신기술 및 신상품을 개발하는 기업에게 엄청나게 경쟁력을 약화시키는 큰 원인으

로 작용하고 있다. 기술력의 초격차시대에서 경쟁 기업 보다 조금 더 빠른 기술 개발은 기업이 지속적으로 발전하는 데에는 무엇보다 중요한 요인이다. 그러나 주52시간제의 실시로 말미암아 기술자들이 밤샘을 하여 새로운 아이디어와 기술력을 빠른 시간 내에 구현하려고 노력해도 어려운 여건이 되었다. 2020년 초에 발생한 코로나 팬데믹을 억제하기 위해 치료제인 백신을 개발하기 위하여 세계 각국의 제약회사가 분초를 다투어 신제품 개발에 박차를 가하였다. 하지만 우리나라는 주52시간제의 제한으로 인하여 밤샘을 하면서 신제품을 개발하는 것이 어려운 상황이었던 것이다.

개선방향

장시간의 근로 관행을 개선하고, 근로자들의 건강권을 확보하기 위한 취지에는 공감한다. 그러나 급격한 근로시간 단축으로 인한 산업 현장에서의 충격을 완화하고, 주52시간제의 연착륙을 해야 한다. 이를 위해서는 최근 고용환경의 변화, 특히 중소기업의 애로 사항과 준비 상황을 충분히 고려한 다음에 보완책을 서둘러 마련할 필요가 있다. 또한 최근 코로나 사태의 장기화 및 제4차 산업혁명의 진전에 따라 재택근무의 보편화 등과 같이 '일하는 방식'도 점점 유연화하는 추세이다. 이러한 최근의 트렌드를 반영하면서도 근로시간 단축에 따른 충격을 완화하고, 근로시간을 효율적으로 활용할 수 있도록 '근로시간법제의 재정비'가 필요하다. 구체적으로는 탄력적 근로시간제의 확대 및 선택적 근로시간제의 정비, 특별연장 근로시간제의 인가 사유 및 절차, 월·연 단위로 연장근로 허용, 위반행위에 대한 처벌 완화, 재량근로시간제의 확대 및 화이트칼라 이그젬션제의 도입 등을 정비할 필요가 있다. 이에 근로시간법제의 재정비에 대한 구체적인 내용을 살펴보면 다음과 같다.

탄력적 근로시간제의 확대

근로시간 단축으로 인한 중소기업의 부담을 줄이기 위해서는 탄력적 근로시간제를 확대 개편하는 것이 필수적이다. 이러한 내용에 대해서는 어느 정도 공감대가 형성되어 '경제사회노동위원회'가 탄력적 근로시간제 단위기간을 현행 3개월에서 6개월로 확대하는 합의안을 도출한 바 있다. 그 후 6개월 단위의 탄력적 근로시간제가 법개정이 있었다. 그러나 연간 유동성이 강한 수주산업이나 계절적 업무 등 경영 여건에 따라 근로시간을 탄력적으로 운용할 필요가 있는 경우에는 단위기간을 6개월로 한 것은 실효성이 적다. 따라서 우리나라도 미국이나 일본과 같이 탄력적 근로시간제의 단위기간을 '최소한 1년'으로 확대할 필요가 있다.

또한, 3개월을 초과하는 탄력적 근로시간제의 경우에 근로일 사이에 '11시간 휴식'을 의무적으로 부여해야 한다. 그런데 '교대제에서의 근무조 변경과 갑작스런 사유로 대체근로가 필요한 경우' 등과 같이 현장에서 이를 지키기 어려운 불가피한 사유가 발생하는 점을 고려해야 한다. 따라서 11시간 연속휴식시간제의 예외 사유를 지금보다는 확대할 필요가 있다. 탄력적 근로시간제의 단위기간을 확대함과 아울러 독일에서 도입하고 있는 '근로시간 계좌제'의 실시도 적극적으로 고려할 필요가 있다. 근로시간 계좌제는 실근로시간과 소정 근로시간의 차이를 계좌에 적립하거나 적립시간을 사용할 수 있는 제도이다.

선택적 근로시간제의 정비

선택적 근로시간제는 1일 8시간에 구애받지 않고 1개월 내에서 1일, 1주 근무시간을 근로자가 자율적으로 조정하는 제도이다. R&D, 영업, IT(정보기술), 행정사무 등 업무가 불규칙적이고 개인별로 업무량에 차이가 있는 직무에 활용하기에 쉬운 제도이다. 2020년 말 근로기준법 개정으로 연구개발 분야에 한하여 활용기간을 3개월로 확대했다. 하지만 연구개발뿐만 아니라 유연한 근로시간을 활용하는 것이 필요한 모든 분야에서 활용할 수 있도록 그 적용 범위를 확대할 필요가 있다.

또한 현재는 선택적 근로시간제를 도입하기 위해서는 모든 근로자대표와의 서면합의가 필요하다. 그런데 근로자 개인에 따라 근로시간을 자율적으로 조정할 수 있는 제도의 취지를 고려할 때에 업무 단위(개인, 팀·부서, 직무 등)의 근로자대표와의 합의 또는 대상 근로자의 과반수 동의로 결정하는 것이 합리적이다. 1개월을 초과하는 선택적 근로시간제의 경우에도 제도의 성질상 1일의 근로시간을 제한하는 11시간 연속휴식시간제가 맞지 않다. 그럼에도 불구하고 이것을 강제로 적용하도록 하고 있는 만큼 적어도 11시간 연속휴식제의 예외 사유는 폭넓게 허용할 필요가 있다.

특별연장 근로시간제의 적용 확대

근로기준법은 주52시간제를 원칙으로 하면서도, 몇 가지 경우에는 연장근로에 대한 예외규정을 두고 있다(제53조). 구체적으로는 ① 상시 30인 미만의 근로자를 사용하는 사용자는 '근로자대표와 서면합의'가 있을 경우에 1주에 8시간(주당 총 20시간)을 초과하지 않는 범위 내에서 2022년 12월 31일까지 한시적으로 허용하고 있다(제3항). ② 사용자는 '특별한 사정'이 있는 경우에 '고용노동부장관의 인가'와 '근로자의 동의'가 있으면 주52시간을 초과한 연장근로가 가능하도록 규정하고 있다(제4항).

여기서 말하는 '특별한 사정'의 의미에 대하여 근로기준법시행령 제9조는 ① 재난 또는 이에 준하는 사고의 발생에 대한 수습, ② 인명 보호나 안전 확보를 위하여 긴급한 조치가 필요한 경우, ③ 갑작스런 시설・설비의 장애・고장 등 돌발적인 상황을 수습하기 위하여 긴급조치가 필요한 경우, ④ 통상적인 경우에 비해 업무량이 대폭적으로 증가하여 단기간 내에 처리하지 않으면 사업에 중대한 지장을 초래하거나 손해가 발생하는 경우, ⑤ 소재・부품・장비 사업 관련법에서 정하는 연구개발로서 국가경쟁력의 강화 및 국민경제의 발전을 위하여 고용노동부장관이 필요하다고 인정하는 경우로 한정하고 있다.

이와 같이 특별연장근로를 적용하는 대상이 최근의 근로기준법의 개정을 통하여 다소 확대되었다. 하지만 여전히 재해에 준하는 비상 상황이나 돌발적인 상황을 수습하기 위하여 긴급조치가 필요한 경우에 한정하고 있어 폭넓게 허용할 필요가 있다. 또한 요즘과 같이 계속되는 코로나 시국에서는 현재 '30인 미만 기업'을 대상으로 한시적으로 허용하고 있는 8시간 추가 연장 대상을 '50인 미만 기업'으로 확대해 운용할 필요가 있다. 현재 50인 미만 사업장의 평균 근로시간이 대략 58시간인 점에 비추어 보면, 8시간을 추가 연장함으로 산업 현장의 혼란을 상당 부분 해소할 것으로 보인다.

한편 특별연장근로의 경우에도 긴박한 상황에 대응하기 위해서는 신속한 조치가 필요하다. 그런데, 관련 서류와 신청 절차가 복잡할 뿐만 아니라, 보완 요구가 많아 시기를 놓치는 등 실제 현장에서 이용하는 데에는 많은 어려움이 있다. 따라서 업종별 특성을 고려하여 사후 인가절차는 근로자의 동의만을 받는 것으로 간소화하여 '납기 준수'나 '각종 트러블에 대한 대응'에 대응할 필요가 있다. 예를 들어 IT(정보기술)와 관련된 신기술이나 신상품 등의 연구개발의 경우에는 단시간에 집중적인 작업이 필요하기 때문에 특별연장근로를 허용할 필요가 있다. 아울러 주문을 받는 수주(受注)산업과 같이 물량이 유동적인 경우에는 연간 최대 90일의 사용 기한으로는 한계가 있다. 따라서 특별연장근로의 기간을 '6개월 정도'로 연장 확대할 필요가 있다.

월 · 연 단위로 연장근로 허용

현행 주12시간의 연장근로를 월 단위 또는 연 단위로 확대할 필요가 있다. 다시 말해서 주52시간제를 원칙으로 하면서도, 재해, 그 밖의 업무상의 필요성이 인정되는 경우에는 더욱 근로시간을 탄력적으로 운용할 수 있어야 한다. 현행 근로기준법은 당사자가 합의한 경우에 한하여 주당 12시간까지 연장근로가 가능하도록 하고 있다. 이에 따라 신상품의 개발이나 최근과 같이 비상 상황에서 일정한 기간을 집중적으로 연장근로가 필요한 경우에는 대응하는 것이 어렵다.

특히 물동량이 유동적이고 기후의 영향을 많이 받는 조선업과 같은 제조업에서는 공사하는데 걸리는 기간을 맞추기 위해 일시에 집중적인 잔업(연장근로)이 필요하다. 그런데, 주52시간 근무제로는 납기를 준수하는 것이 거의 불가능하다. 따라서 업종별 특수성을 고려하여 노사가 합의한다면, 일본과 같이 월 · 연 단위로 연장근로를 허용하는 것도 검토해야 한다(참고로 일본은 월 단위 45~100시간, 연 단위 360~720시간까지 연장근로를 할 수 있다).

위반행위에 대한 처벌 완화

주52시간제가 현장에 정착될 때까지 위반행위에 대한 형벌을 한시적으로 완화할 필요가 있다. 주52시간제의 실시에 앞서 3년이란 유예기간을 부여했다. 하지만 코로나 사태의 직격탄을 맞은 중소 제조업체로서는 이에 대비할 여유가 매우 부족했다. 특히 뿌리산업과 같은 영세기업의 경우에는 약 절반 정도가 주52시간제에 대한 준비가 부족하다고 했다. 그러다보니 주52시간제를 피하기 위하여 사업장을 5인 이하로 쪼개기하거나, 법정 연장근로를 초과하는 사태가 발생하는 것도 사실이다.

이러한 사정을 고려할 때 주52시간제를 위반한 사업주에 대하여 '2년 이하의 징역 또는 2천만 원 이하의 벌금형'을 부과하는 것은 매우 가혹한 벌칙이다. 따라서 적어도 주52시간제가 정착될 때까지라도 영세기업의 여건을 고려하여 처벌보다는 컨설팅이나 행정지도를 통하여 개선을 유도한 다음, 업종별로 과태료를 단계적으로 적용하는 방안이 합리적이라고 판단된다.

재량근로제의 확대 및 화이트칼라 이그젬션제의 도입

현행 근로시간법제는 공장의 생산라인과 같은 정형적 근로에 종사하는 블루칼라(생산직)의 근로시간을 관리하기 위하여 만들어진 것이다. 이에 초과근로를 엄격하게 제한함과 동시에, 시간외근로 및 휴일근로에 대해서는 가산수당(50%)의 지급을 의무화하고 있다. 그러나 오늘날과 같이 지식기반 경제사회에서 고용형태가 더욱 복잡하고 다양해지는 화이트칼라(사무직)의 근로 가치를 근로시간만으로 평가하기에는 적합하지 않은 측면이 있다. 현행 근로기준법제는 근로시간과 임금을 연동하기 때문에, 동일한 일을 능력이 모자라 장시간 근로에 종사하는 근로자가 유능한 직원보다 임금을 더 많이 받는 구조이다. 이러한 모순을 해소하기 위하여 종전의 근로시간법제로만 규제하는 것이 어려운 사무직·전문직 근로자에 대해서는 근로시간법제의 적용을 배제하거나 유연하게 운용할 필요가 있다.

우리나라도 근로시간 단축과 아울러, 출퇴근 시간을 스스로 정할 수 있는 '선택적 근로시간제'를 비롯하여, 업무의 번한에 효율적으로 대응하기 위한 '탄력적 근로시간제', 실근로시간을 산정하기 어려운 경우에 일정한 시간을 근로한 것으로 보는 '간주시간 근로시간제' 등을 도입해 운영하고 있다. 하지만 이러한 제도들은 근본적으로 정형 근로를 전제로 한 것이기 때문에 연구나 신제품 개발과 같은 고도의 전문직이나 재량성이 큰 근로에 적용하는 데에는 태생적인 한계를 가지고 있다.

한편, 미국은 '공정근로기준법'에서 일정한 수준 이상의 급여 및 경영에 관한 업무와 권한을 가진 근로자에 대하여 근로시간 규제의 적용을 배제하는 이른바 '화이트칼라 이그젬션(White Collar Exemption)제도'를 도입하고 있다. 이러한 제도를 통하여 유능한 인재의 능력을 활용하고 근로시간에 대한 합리적 운용을 도모하고 있다. 또한 일본은 '노동기준법'에서 '전문적인 업무 및 기획 업무'에 대한 재량 근로시간제를 도입한데 이어, 최근에는 미국식 화이트칼라 이그젬션제도를 벤치마킹하여 고도의 전문지식을 필요로 하는 업종에 종사하는 근로자로서 일정한 연봉(1,075만 엔) 이상을 받는 근로자에 대해서는 근로시간 규제(근로시간, 휴게, 휴일·심야근로에 대한 할증수당 등)의 적용을 제외하는 '고도 프로페셔널 제도'를 도입해 운영하고 있다.

우리나라도 다소 늦은 감이 있다. 하지만 근로시간 단축과 함께 사무직 근로자들에 대한 근로시간을 효율적으로 관리할 수 있는 방안을 모색할 필요가 있다. 예를 들어 간주근로를 전문적인 업무뿐만 아니라 기획업무까지 확대할 필요가 있고, 또한 연봉 1억 원 이상의 근로자에 대해서는 근로시간법제의 적용을 배제하는 것도 적극적으로 검토할 필요가 있다. 근로자들의 건강권을 보호하고 삶을 개선하기 위해서는 근로시간의 단축은 필수적인 과제이다. 이와 동시에 생산성의 향상이 수반되지 않으면 기업의 경쟁력 저하를 가져올 우려가 있다.

결론적으로 근로자에게 '저녁이 있는 삶'을 주기 위한 근로시간의 단축제도가 '저녁에 일자리를 찾아 헤매는 삶'이 되어 버린 현실을 감안해 보면, 획일적인 근로시간의 단축제도는 제고되어야 마땅할 것이다. 또한 인력난으로 엄청난 고충을 겪고 있는 영세중소기업의 현실과 기술력의 초격차시대에 살고 있는 R&D(연구개발) 기업의 경쟁 환경을 감안한다면 주52시간제 정책을 우선적으로 도입하는 것이 시급한 상황임을 유념해야 한다.

4
고령화와 정년연장

백세시대의 도래, 노후의 소득보장 어떻게 할 것인가

우리나라는 세계적으로 유례없는 빠른 속도로 고령화를 경험하고 있다. 이미 2000년에 전체 인구 중 65세 이상 노인인구 비율이 7%를 넘어 고령화 사회(Aging Society)에 진입했고 2018년에는 14%를 초과하여 고령사회(Aged Society)에 진입했으며, 2020년 기준 우리나라 65세 이상 노인인구는 812만 5천 명으로, 이는 전체 인구(5,178만 1천 명)의 15.7%를 차지하는 비율이다. 이런 추세라면 2025년경에는 우리나라도 전체인구 중 노인비율이 20%를 초과하는 초고령 사회(Super-aged Society)로 진입할 것으로 예상된다.

이처럼 노인인구가 증가하는 가운데 노인인구의 사회참여 욕구도 상당히 높은 것으로 나타나고 있다. 노인인구의 노동시장 참여 및 취업의사를 살펴보면, 장래에 일하기를 희망하는 고령자(55~79세)가 64.9%로 나타나는 등 고령자의 절반 이상이 경제활동을 통한 사회참여를 희망하는 것으로 확인되었다. 이들이 노동시장에 참여하길 희망하는 이유로는 '생활비 보탬(60.2%)'이 가장 큰 비중을 차지하나 그 외 '일하는 즐거움(32.8%)'도 높은 비중을 차지하는 등 고령자의 일(노동)을 통한 사회참여 욕구가 높은 것으로 확인되었다(통계청, 2019).

이러한 추세를 반영이라도 한 듯 대법원 전원합의체는 2019년에 육체노동의 노동연한을 만 60세에서 65세로 상향하는 판결을 한 바 있다. 이는 대법원이 1989년에 노동연한을 60세로 보아야 한다는 종전의 판결을 20년 만에 상향조정하게 된 것으로, 지속적인 평균수명의 연장과 급속한 고령사회로의 진전에 대응하기 위한 것으로 판단되나, 향후 노년기의 근로활동 및 생애주기별 복지정책 전반에 적지 않은 영향을 미칠 것으로 예상된다.

위 판결은 비록 육체노동의 연한에 관한 판단이지만, 이는 각종 사고나 재해 등이 발생했을 때 일실이익이나 보험료 산정에 있어 중요한 기준이 될 뿐만 아니라, 고령자의 고용연장이나 정년연장을 비롯하여 연금수급연령의 재조정, 노인복지정책, 연공급 임금체계 등에 있어서도 변화가 불가피하다. 이미 일각에서는 현행 60세 정년을 65세로 연장해야 한다는 주장이 설득력을 얻고 있으나, 이에 대해서는 세대 간 갈등을 유발할 수 있으며, 연공급제 하에서 과중한 인건비의 증가 등으로 인하여 오히려 고용기간이 단축될 수 있다는 우려의 목소리도 있다. 이러한 가운데 정치권에서는 벌써부터 정년연장을 흥행카드로 만지작거리고 있어 혹시나 2013년의 정년 60세 법 개정 때처럼 졸속의 전철을 밟게 되지 않을까 염려된다.

정년연장의 당위성

백세시대의 도래가 재앙이 아닌 축복이 되기 위해서는 노년기의 안정된 소득은 필수적이다. 그러나 기초연금에 해당하는 국민연금만으로는 풍족한 노후를 보내기에는 턱없이 보자란다. 더구나 노후 최후의 보루라 할 수 있는 국민연금은 소득대체율이 낮을 뿐만 아니라 수급연령이 2033년부터 65세로 점차 상향되게 되면 60세 정년 이후 5년간은 사실상 월급도 연금도 없는 소득공백상태로 된다. 이런 문제를 해결하기 위해서는 적어도 연금을 수급할 때까지 만이라도 경제활동을 할 수 있도록 고용을 연장하는 방법밖에 없다. 게다가 저출산은 급격한 고령화와 생산인구의 감소로 이어져 정년연장은 이미 선택사항이 아닌 필수사항이 되어 버렸다.

[그림 1] 생산가능인구·고령인구 전망

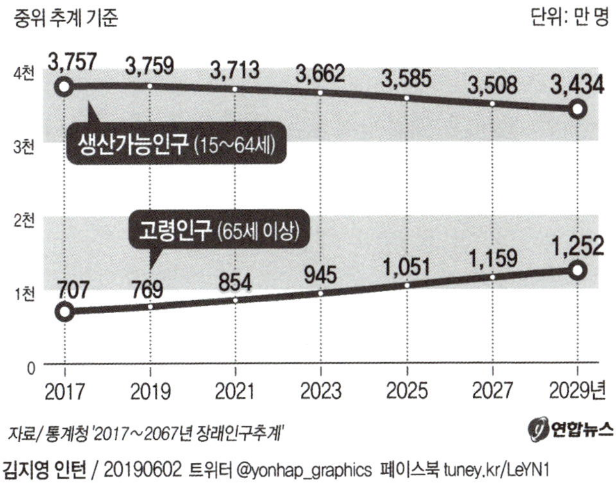

이런 가운데 정부가 사실상 65세 정년연장 공론화에 불을 지폈다. 홍남기 부

총리 겸 기획재정부 장관은 2019년 5월 "베이비부머 세대가 매년 80만 명 정도씩 노동시장을 이탈하고 있는데, 이들의 노후대책이 미흡해 큰 사회적 부담이 될 수 있다"며 정년 연장 등 이슈에 넓은 사회적 논의가 필요하다고 한 것이 계기가 되었다. 정부가 정년연장 이슈를 선제적으로 들고 나온 배경에는 위에서 말한 저출산·고령화로 인한 인구구조의 변화뿐만 아니라, 노인빈곤 문제도 한몫을 하고 있다. 우리나라 사람들이 노동시장에서 실제로 은퇴하는 평균연령을 보면 72.3세(2018년 기준)로 OECD 회원국 중 1위이며 노인 빈곤율 또한 가장 높다. 퇴직 고령층의 소득 공백을 메우고 미래세대의 부양 부담을 줄일 수 있다면 정년연장은 합리적인 해법이 될 수 있다. 관건은 어떻게 사회적 합의를 이끌어 낼 것인가이다.

정년연장, 양날의 칼

정년논의에 대한 노사 이해당사자들의 반응은 사뭇 다르다. 우선 노동계의 반응을 보면 최근 금속노조가 정년연장을 올해 임단협의 주요의제로 들고 나올 만큼 환영하는 분위기다. 한국노총은 내년 대선에서 여야를 막론하고 65세 정년의 공약 채택을 압박할 것으로 예상된다. 물론 노동계 내에서도 MZ세대들은 기존 세대들의 정년연장 요구에 부정적인 입장을 내는 등 세대갈등으로 표출되는 부분도 있다. 하지만 노동계는 전반적으로 정년연장의 원칙에는 찬성하지만 무분별한 정리해고나 희망퇴직 또는 임금삭감 등 일반적으로 근로자에게 희생을 강요하는 방식에 대해서는 반대하는 입장을 고수하고 있다.

이에 비해 재계를 비롯하여 정년연장은 신중해야 한다는 입장도 만만찮다.

특히 우리나라의 임금체계나 고용형태가 경직적인 점을 감안한다면 정년연장이나 고용연장은 기업으로 하여금 코스트의 부담을 가중시킬 뿐만 아니라 신규채용을 어렵게 한다는 주장도 설득력이 있다. 정년연장이 청년층 실업을 유발한다는 '세대간 고용대체' 가설은 다툼의 여지가 있지만, 대기업의 경우 정년연장이 청년고용을 줄일 수 있다는 한국개발연구원(KDI)의 연구결과도 있다. 그러다보니 정년연장은 결국 대기업과 공공부문의 정규직 근로자들에게만 혜택이 돌아갈 뿐 청년고용에는 악영향을 미칠 수 있다는 우려가 제기되고 있는 것이다.

정년연장은 양날의 칼이다. 잘만하면 고령자들의 소득보장과 더불어 생산인구의 감소로 인한 지속적 성장의 장애를 극복할 수 있어 두 마리 토끼를 잡을 수 있다. 그러나 잘못될 경우에는 소득 불평등을 심화시키고 청년들의 고용기회만 빼앗는 결과를 초래할 수 있다. 이와 같이 정년연장은 양면성을 가지기 때문에 리스크를 줄이기 위해서는 실행에 앞서 치밀한 준비과정이 필요하다. 대표적인 것이 임금체계 및 인사시스템의 개혁이다. 연공서열 중심의 인금체계와 정규직 중심의 인사시스템을 과감하게 바꾸지 않으면, 2013년의 정년 60세 법 개정 때 임금피크제 도입을 둘러싸고 오랜 기간 갈등을 경험했듯이 혼란에 빠질 게 뻔하다.

외국의 경험

고령화에 따른 정년연장은 우리나라뿐 아니라 선진국의 공통된 트렌드다. 물론 각국의 정년제도는 그 나라의 고용환경과 노사관계 및 고용 관련 법제에 따라 다소 상이하지만 대별하면 미국이나 영국처럼 정년을 아예 폐지하는 경우와 독일이나 프랑스, 일본과 같이 연금제도와의 균형을 맞추기 위해 정년을 연장하는 경우가 있다.

전자의 경우에는 초기에는 정년을 두고 있었으나 연령차별(Age Discrimination)을 금지하는 법이 제정되면서 정년을 아예 폐지한 반면, 후자의 경우에는 정년연령을 연금수급연령에 맞추어 조금씩 연장하고 있는 것이 특징적이다. 우리나라는 후자에 속한다고 볼 수 있는데, 그 중에서 특히 우리 정부가 벤치마킹을 하고 있는 것은 '일본식' 정년연장이다.

일본에서는 2020.4.1. '고연령자 등의 고용안정 등에 관한 법률(이하, 고연령자고용안정법)'을 개정하여 2021.4.1.부터 정년을 기존의 65세에서 70세로 연장한 다음, 계속고용연한 또한 기존의 65세에서 70세로 각각 5년 연장하였다(다만 정년 70세 규정은 아직은 권고사항이지만 머지않아 의무사항으로 바뀌리라 판단된다). 참고로 일본은 1994년에 이미 '60세 정년제'를 도입하였으며. 2013년에는 '65세까지 계속적 고용의무제도'를 도입한바 있다 그러나 최근 급격하게 진행되고 있는 저출산·고령화로 인한 생산인구의 감소 문제 등에 대응하기 위해 또다시 법개정을 추진하게 된 것이다. 다만 일본에서는 일본적 노사관계 및 고용관행 등을 고려하여 정년연장, 계속고용, 정년폐지 등 다양한 방법을 채택하고 있는 것이 특징적인데, 이에 대해 간단히 소개하면 다음과 같다.

우선 개정법에 의하면, 사업주는 70세까지 취업기회를 확보하기 위하여 ① 정년을 70세 이상으로 상향 조정할 것, ② 70세까지 계속고용제도(재고용제도·근무연장제도)를 도입할 것, ③ 정년에 대한 규정을 폐지할 것 중 어느 하나를 선택하도록 의무화하고 있는 것이 특징이다. 이 중에서 실제 일본기업의 대다수는 일단 65세에 정년퇴직을 한 다음, 70세까지 고용을 연장하는 방식을 채택하는 기업이 압도적으로 많은 것으로 나타나고 있다.

또 하나 특징은 계속고용제도의 경우, 일단 65세 정년을 기준으로 종전의 고용관계를 정산한 다음, 퇴직 후에는 1년 단위로 65세까지 계약을 갱신·반복하는 소위 '촉탁계약'의 형식으로 재고용되는 것이 일반적이다. 이때 재고용되는 기업은 종전의 사업주뿐만 아니라 특수한 관계에 있는 사업주(예컨대 계열사나 자회사 등)도 포함되며, 임금체계 또한 종전의 직무급 또는 성과급 중심으로 운영되는 것이 일반적이다. 또한 이번 법개정에서 취업기회 확보라는 표현을 쓰고 있는데 이는 고용 이외의 방법(예를 들어 창업지원 등)으로 취업기회를 제공하는 것도 인정하기 위한 것이다.

정년연장의 선결과제

현재 우리사회가 직면하고 있는 저출산·고령화로 인한 생산인구의 감소, 고령자들의 급증 등을 고려한다면, 향후 고용연장이나 정년연장은 불가피한 선택이라 판단된다. 다만 정년연장을 위한 치밀한 사전준비 없이 강행할 경우에는 2013년 고령자고용법 개정 시에 경험한 바와 같이 근로조건의 변경 등을 둘러싸고 불필요한 노사분쟁이 발생할 여지가 있으므로 신중한 접근이 필요하다. 특히 우리나라는 단체협약이나 취업규칙 등에서 정년을 정하고 있음에도 불구하고 실제로 정년을 채우지 못하는 경우가 다반사이므로 정년연장이 연착륙할 수 있도록 합리적으로 제도설계를 할 필요가 있다. 이와 관련하여 예상되는 법적 쟁점을 제시하면 다음과 같다.

첫째, 정년을 현행 60세에서 65세로 연장하려면 고령자의 고용형태 및 근로조건을 유연하게 운용해야 한다. 우선 고용형태의 경우, 일본처럼 정년규정을 아예 없애는 방법과 정년을 65세 혹은 그 이상으로 규정하는 방법, 60세 정년 이후 65세까지 고용을 연장하는 방법 등 다양한 고용형태를 선택적으로 채택할 수 있도록 할 필요가 있다. 또한 임금체계 및 근무형태의 경우에도 정년연장에 따른 기업의 경제적 부담을 고려하여 직무성과급 및 임금피크제의 도입, 퇴직금 중산청산, 자회사 등과 같은 관련기업으로의 배치전환, 시간선택제의 등의 제도를 보다 적극적으로 도입. 활용할 필요가 있다고 판단된다.

둘째, 고용형태 및 근로조건에 있어 유연성을 추구하다 보면 자칫 고령자들의 삶의 질이 저하될 우려가 있으므로, 고용형태의 변경이나 근로시간 단축 등으로 인하여 감소되는 소득분을 보상하는 제도를 설계해야 한다. 그러기 위해서는 현행 고령자고용법상의 고령자 고용촉진 지원금을 더욱 확충할 필요가 있다. 아울러 고령자들에게 적합한 직무 및 직종 개발을 더욱더 활성화하고, 경우에 따라서는 직업훈련을 통하여 새로운 환경에 적응할 수 있도록 통합지원시스템을 정비할 필요가 있다.

셋째, 고령화 속도를 고려할 때 정년연장은 불가피한 과제이다. 다만 우리나라는 다른 선진국과는 달리 60세 정년을 연장할 때에 체계적이고 치밀한 준비 없이 입법을 하였기 때문에 많은 문제와 과제가 산적해 있다. 향후 정년을 연장할 경우에는 적어도 위에서 지적한 부분에 대한 법제도를 검토해야 한다. 유래 없는 속도로 진행되고 있는 고령사회 및 평균수명의 연장에 대비하여 인간 100세 시대가 재앙이 아닌 축복이 되기 위해서는 60세 정년제에 안주하지 말고 65세 또는 그 이상까지 일할 수 있도록 미리 준비할 필요가 있다.

제4장

공공부문 고용확대가 실패할 수밖에 없는 이유

"2030을 위한 NEW LABOR 일자리 개혁"

1. 정부가 모든 문제를 해결한다는 착각
2. 공공부문 고용확대와 일자리문제의 악화
3. 공공부문 고용정책의 과제

1
정부가 모든 문제를 해결한다는 착각

두 얼굴의 정부

지금 우리나라에는 정부가 모든 문제를 해결할 수 있다는 착각이 판을 치고 있다. 법을 만들고 세금을 거두어들이며 재정을 푸는 힘을 정부가 가지고 있기 때문인지 모른다. 하지만 그 힘을 잘못 쓰는 경우 정부는 문제를 해결하는 것이 아니라 문제를 일으키는 존재가 될 수 있다. 어떤 나라든 정부는 정치권력에 따라 움직이기에 이들이 딴 마음을 먹으면 법과 세금으로 국민은 옥죄어지고 재정의 낭비로 경제는 위기에 빠질 수 있다. 물론 정부가 그 힘을 잘 쓰는 경우 국민이 마음 놓고 일하고 자원이 생산적으로 활용되도록 만들어 나라가 지속적으로 번영하게 만드는 1등 공신이 될 수 있다. 정부의 두 얼굴, 좋은 정부와 나쁜 정부는 포퓰리즘에 따라 달랐다.

베네수엘라는 세계에서 석유 매장량이 가장 많아 쿠바 등을 도와줄 정도로 넉넉했다. 우리나라 진보 인사들이 추종하는 우고 차베스 대통령이 1998년 집권한 이후 베네수엘라는 가난한 나라가 되었다. 차베스는 일자리는 물론 모든 문제를 해결한다면서 국민을 포퓰리즘으로 현혹했다. 보조금으로 공공 일자리를 만들고 멀쩡한 민간 기업을 국영화해 공무원도 늘렸다. 하지만 얼마가지 않아 베네수엘라는 실업률이 치솟고 재정이 악화했다. 차베스의 뒤를 이은 등장한 니콜라스 마두로 대통령은 규제를 강화했고 이는 살인적 물가는 물론 공무원의 부패도 기승을 부리게 해 인구의 1/6인 500만 명이 베네수엘라를 필사적으로 탈출했다.

유럽도 1970년대 정부 만능주의에 빠져 혼란이 지금까지 남아 있다. 복지국가에 대한 환상이 유럽을 병들게 만들었고 지금도 환상을 깨는 진통을 겪고 있다. 유럽은 1945년 제2차 세계대전이 끝난 이후 1970년대 초반까지 미국보다 성장률은 높고 실업률이 낮았다가, 복지라는 명분으로 공공부문과 재정확대에 매달리면서 역전되었다. 1990년대 들어와 유럽은 공공부문을 개혁하는 데 나섰고, 개혁에 성공한 영국과 스웨덴 등 북부 유럽의 나라는 성장을 회복하고 실업을 낮추며 재정을 되살렸다. 하지만 그리스와 이태리 등 남부 유럽의 나라는 포퓰리즘의 덫에 걸렸다. 비대하고 방만해진 공공부문을 줄이지 못해 재정위기가 계속되고 있다.

정치 이념과 정부

정부는 국민이 잘 살게 공공서비스를 제공한다. 국민의 안전을 지키는 것은 물론 생활의 질을 높이기 위한 정부의 역할은 자연히 확대된다. 하지만 정부가 하지 않아도 되는 일을 하거나 해서는 안 되는 일도 한다. 나라의 정치 이념에 따라 정부의 역할이 다르다. 사회주의 국가는 시장을 부정하고 정부가 국민의 생활을 통제한다. 하지만 정부는 관료화되고 경제 발전은 멈추어 결국 소련과 동부 유럽처럼 나라가 붕괴된다. 반면, 자본주의 국가는 시장이라는 보이지 않는 손이 작동하지 못하는 경우에 정부가 나선다. 이렇다 해도 정부가 해야 할 일에 충실하고 혁신을 하는 나라만 발전하고 풍부하지만 그렇지 못하면 자원은 풍부하나 가난한 남미 국가처럼 된다.

공공서비스의 제공 방식은 나라에 따라 다르다. 사회주의 국가는 정부에 의한 독점이고 반면, 자본주의 국가는 정부와 민간 기업의 분업 구조다. 분업은 공공서비스의 질은 높이되 비용은 적게 들이기 위함이다. 동일한 서비스이지만 정부의 관료주의는 서비스의 질은 떨어뜨리고 비용은 많이 들게 한다. 자본주의이지만 사회주의 요소를 많이 가미했던 영국, 독일, 스웨덴 등 유럽의 사회민주주의 정부가 공공서비스 제공의 민간 기업 참여를 1990년대 공공개혁의 핵심으로 삼았던 이유다. 이들 국가는 복지국가를 지속가능하게 만들기 위해 정부의 권한을 줄이고 공공서비스의 국가 독점을 깨버렸다. 기술과 경제질서 변화까지 공공개혁을 피할 수 없게 만들었다.

우리나라에 제3의 길로 유명한 영국 노동당의 토니 블레어 총리는 일하는 영국을 슬로건을 내걸며 공공개혁을 추진했다. 그는 더 큰 정부가 주도하는 더 평등이 곧 정의이며 진보라는 노동당의 사고를 깨뜨렸다. 1918년 이래 계속 유지되었던 노동당 당헌 제4조 “당은 공동소유제를 바탕으로 노동의 모든 결실이 노동자들에게 돌아가도록 하는 것을 목표로 한다”는 조항을 수정했다. 케인즈식 경제정책, 국유화와 계획경제, 평등주의에 기초한 사회정책을 포기했다. 공공부문은 경찰 등으로 축소하고 반면, 기업도 공공서비스를 제공할 수 있게 하고 이에 따른 기업의 이윤을 국민이 공유하도록 개혁을 했다. 덕분에 그는 영국 노동당의 최장수 총리가 되었다.

경제사회발전과 공공부문 확대

사회주의 국가는 민간 부문이 존립하기 어렵기 때문에 예외로 하고, 자본주의 국가만 놓고 보면 경제사회발전과 공공부문의 확대에는 일정한 패턴이 있다. 정부의 규모는 경제가 성장하는 속도보다 빠르게 증가해왔고(와그너 법칙), 공공기관은 어떤 일을 하느냐와 관계없이 팽창해왔다(파킨슨 법칙). 하지만 이런 패튼이 모든 나라에 또 언제나 맞는 것은 아니다. 공공부문의 규모는 유럽보다 미국이 작고, 유럽은 컸지만 최근에 줄이고 있다. 우리나라는 미국과 유사했지만 최근에 과거의 유럽을 닮아가고 있다. 미국은 유럽에 비해 아예 소득재분배에 대한 요구가 작고, 복지국가를 추구하는 유럽은 컸지만 기술과 경제의 변화로 소득재분배는 한계에 부딪쳤다.

공공기관은 설립부터 고용과 임금의 결정 등 운영에 이르기까지 의사결정이 정치적으로 이루어진다. 정치인은 선거에서 당선되기 위해 유권자의 의식과 분포도를 중시한다. 고령층의 비율이 높거나 불평등이 크고 소득재분배에 대한 요구가 많은 나라는 공공부문의 비중이 높다. 하지만 공공기관은 국민의 세금으로 운영되기에 종사자들이 주인인 국민보다 자신의 이익을 우선하는 도덕적 해이문제를 안고 있다. 공공기관의 직원은 신분이 법으로 보호받고 노동조합의 조직률이 높은 데다 유권자로서 영향력이 강하고 반면, 기관장은 임기가 정해져 있어 소극적이다. 이런 문제를 줄이고 공공기관을 효율적으로 만든 나라는 편익이 비용보다 크다.

우리나라는 1980년대까지만 해도 정부가 경제사회발전에 기여한 모범사례로 세계은행 등의 높은 평가를 받았다. 하지만 1990년대 이후 달라져 OECD로부터 수수께끼라는 평가를 받았다. 서울대학교의 정부경쟁력연구센터가 OECD 국가를 대상으로 정부의 성과를 비교평가하는 정부경쟁력(government competitveness) 지표를 보면 한국은 2016~2019년 사이 35개국 중에서 25 정도로 중하위권에 속한다. 공공서비스와 공무원 서비스 등의 수준과 정부의 노력을 평가하는 세계은행의 정부유효성(government effedtiveness)지수는 선진국에 비교하면 그 순위가 더 떨어진다. 덴마크 등 북부 유럽과 미국 등에 비해 낮고 이태리 등 남부 유럽에 비해서는 높다.

민주화와 공공부문 확대

지금으로부터 70년 전, 6.25전쟁으로 한국은 폐허가 되고 국민은 대량 실업과 빈곤에 처했다. 1960년대까지 한국은 북한에 뒤처져 있었지만 그 이후 역전되어 비교할 수 없을 정도로 차이가 벌어졌다. 공산주의를 따르는 북한은 평등을 내세우며 기업을 부정하고 정부가 일자리를 만들었지만 최빈곤 국가로 전락했다. 그러나 한국은 정부와 기업이 분업을 했다. 정부는 국방과 치안으로 국민의 안전을 지키고 질서를 유지하며, 홍수와 콜레라 등 전염병에서 국민을 보호했다. 부존 자원과 자본이 부족한 상황에서 정부는 기업이 일자리를 만들도록 도왔고 동시에 국민에게는 잘 살아보자며 희망을 주고 우리는 할 수 있다고 용기를 북돋우는 역할을 했다.

민주화운동 이후 정부의 역할은 더 커졌다. 권위주의에서 민주주의로 전환하면서 국민의 정부에 대한 기대와 공공서비스에 대한 요구가 커졌다. 헌법(제119조제2항)에 경제민주화 조항이 신설되면서 평등과 소득분배에 대한 관심이 증폭되고, 기업에 대한 규제가 많아지면서 더욱 그랬다. 선거가 과열되고 정치권은 국민 생활의 질 개선을 경쟁적으로 공약하면서 공공서비스는 확대되었다. 하지만 정부의 역할 확대와 함께 규제는 그 이상으로 강화되어 경제성장의 짐이 되었고, 정부와 정치권의 부정부패에 대한 국민의 인식도 커졌다. 이는 공공서비스가 확대됨에도 불구하고 정부에 대한 국민의 신뢰가 감소하는 역설이 발생하게 만들었다.

기술과 경제질서의 변화는 유연한 대응을 요구하기 때문에 공공부문의 확대는 경제의 모순을 일으켰다. 민주화로 정치권의 주도세력이 된 친사회주의자들은 민간 부문에 대해서도 공공성의 강화를 요구했다. 경제민주화와 기업의 사회적 책임이 공공성 강화로 확장하면서 공공부문의 강화는 민간부문의 위축과 경제 전체의 활력을 떨어뜨렸다. 공공과 민간의 상충관계는 경제사회 전반에 긴장과 갈등을 키웠다. 민간 서비스산업에 대한 규제가 강화되어 경쟁력이 떨어졌고, 이는 저생산성 · 저임금 일자리만 늘게 했다. 민주화로 노동운동이 폭발적으로 성장하면서 공공부문은 노동조합에 의해 장악되어 임금이 빠르게 올라가고 고용안정과 복지는 더 강화되었다.

공공기관의 효율성 저하 원인

공공부문의 효율성을 좌우하는 핵심 요인은 보상체계에 있다. 민간 기업은 이윤을 추구하기 때문에 고용은 생산성에 좌우되고, 임금은 직무 및 성과와 연동

된다. 반면, 공공부문의 고용과 임금은 정치적으로 결정되어 보상체계가 경직적이다. 공공부문의 임금수준을 민간 기업과 단순히 비교해서 결정되는 경우 노동조합의 힘 때문에 그 기준이 올라가(우리나라는 50인에서 100인으로) 공공부문의 임금 프리미엄이 커지게 된다. 또 임금 수준이 근속 연수에 따라 결정되어(호봉제) 임금이 생산성을 높이는 효과가 작아지고 반면, 공공부문의 임금 프리미엄은 누적화된다. 게다가 연금 등 복지가 민간 부문보다 좋기 때문에 공공부문의 총 프리미엄은 훨씬 더 커진다.

채용이 직무가 요구하는 특성이 아니라 공정성을 이유로 시험에 의존하면 전문 인력을 확보하기 어렵다. 채용과 해고 등 인사권을 해당 공공기관이 아니라 정부가 가지고 있으면 책임경영이 어렵고 도덕적 해이가 커진다. 게다가 의사결정과 업무수행이 개별 근로자의 창의성과 문제해결능력보다 상사의 입장을 결제 형태로 따르는 방식이라(품의제) 관료화되고 책무성이 떨이지며 우수한 근로자는 떠난다. 이뿐만 아니라 정부가 공공기관을 평가하지만 기준은 일률적이고 예산배정 등은 정치적으로 결정된다. 공공기관장 자리는 정치권의 전리품이 되고 공공기관 노사는 담합하기 때문에 운영이 설립 취지와 괴리되고, 성과가 나쁘고 적자가 쌓여도 유지된다.

고임금·저생산성을 야기하는 공공부문의 고용 및 업무 수행 관행은 민간 대기업에도 악영향을 미쳤다. 대기업은 기술혁신의 압력이 강해 조직혁신의 압력이 그만큼 더 커지만 노동조합의 힘이 강하기 때문에 오히려 공공기관처럼 경직화되었다. 대기업은 공공부문 수준의 복지 및 근로조건과 정년을 요구하고 반면, 공공부문은 대기업 수준의 임금을 요구해 나선형식으로 올라갔다. 대기업의 70%가 호봉제를 유지하고 있고 품의제적 의사결정관행이 남아 있다. 이러한 문제는 공공성의 강화를 요구하는 서비스산업 노동조합에서 강하다. 금융산업의 경우, 민간 은행인데도 불구하고 공공기관처럼 운영되고 노동조합은 한술 더 떠 노동이사제의 도입을 요구한다.

공공부문과 민간부문의 역전

정부 부처와 공무원은 늘었고 공기업과 정부출연기관 등 공공기관이 계속 신설되어왔다. 동시에 공무원과 공공기관의 임금과 복지 및 근로조건은 민간 기업의 평균보다 훨씬 높아졌다. 하지만 공공기관은 적자 경영에도 불구하고 성과급을 지급하는 등 도덕적 해이가 관행화되었다. 공공기관의 부실 경영이 누적되어, 한국개발연구원의 분석(2021)에 의하면, 우리나라 비금융 공기업의 부채는 GDP의 20%로 세계에서 가장 높다. 공기업의 민영화나 임금체계 개편 등 공공부문 개혁의 필요성이 커져왔지만 정치권은 소극적이었다. 공공부문의 노사정은 묵시적으로 담합해 공공기관의 운영에 대한 정보 제공을 꺼리고 국민은 문제를 인식하기 어렵다.

우리나라 노동시장은 정규직과 비정규직 그리고 대기업과 중소기업의 단절뿐 아니라 민간부문과 공공부문의 단절이 심각하다. 공공부문의 노동조합 조직률이 70%를 넘어 민간부문보다 7배 가까이 높아졌다. 민간부문도 1,000인 이상 대기업의 조직률이 비슷하게 올라갔지만 근로자 3명 중 2명이 일하는 30인 이하 기업은 조직률이 0%에 가깝다. 노동시장의 이중구조를 해소하기 위한 공공부문의 선도적 개혁이 어렵다. 공공부문은 노동조합으로 조직화되고 소수이지만 집단적인 목소리를 낸다. 대기업을 제외한 거의 대부분의 민간부문은 노동조합과 관련이 없고 뿔뿔이 흩어져 있어 숫자는 많아도 응집력이 약해 공공개혁을 요구할 힘은 그만큼 작아진다.

사회주의 성향의 정치세력은 공공개혁에 관심이 없고 공공부문을 확대하려고 한다. 청년 실업 등 고용이 악화되자 공공부문의 고용을 늘리고 정부의 재정으로 일자리를 만들려고 한다. 하지만 정부의 일자리 사업은 성과는 없고 예산만 낭비하는 것으로 이미 들어났다. 공공부문 고용이 늘면 민간부문의 고용이 위축되고, 이는 다시 공공부문 고용 확대로 취업자를 늘리는 악순환에 빠지게 된다. 하지만 사회주의 정치 세력은 민간 기업의 고용 창출 역량을 키우는 일은 외면하고 불평등을 과장해 공공부문을 늘리고 조직화하는 데 힘을 쏟고 있다. 이러한 반 개혁적 정치는 문재인정부의 공공부문 확대 실험으로 나타났다.

2
공공부문 고용확대와 일자리문제의 악화

문 정부의 공공부문 확대 논리

대기업의 일자리가 줄고, 대기업과 중소기업의 임금격차는 커지고, 공공부문의 임금 및 근로조건이 민간부문보다 훨씬 좋아지면서 청년의 취업은 더 어려워졌다. 이러자 문재인정부는 공공부문의 고용확대를 신통한 해법인냥 들고 나왔다. 노동시장의 이중구조 문제를 해결하기보다 모순을 키우는 포퓰리즘 처방이었다. 공무원이나 공기업 시험에 매달린 청년에게 공공부문 고용확대는 인기를 끌 수밖에 없었다. 민간 기업에 취업해도 대부분이 저임금 일자리이고 반면, 공공부문 일자리는 신이 내린 직장이라는 말을 듣는다. 공공부문은 민간부문보다 급여는 많지만 근로시간은 짧고 일의 강도는 약하다. 또 적자가 쌓여도 고용은 안정적이다.

선거를 의식한 정치인은 묘수를 찾는 데 혈안이 된다. 문 대통령은 자신을 일자리 대통령이라고 자임하면서 일자리문제 해결을 원하는 유권자들의 주목을 받았다. 공공부문 고용확대로 일자리문제를 해결하겠다는 문 대통령의 대선 공약은 여기에서 출발했다. 생활비를 줄이며 대학까지 보낸 자녀들이 졸업해도 취업난에 허덕이는 상황이라 청년은 물론 부모 계층으로부터도 인기를 끌었다. 하지만 공공부문 고용 확대에 뒤따를 수밖에 없는 국민의 세금부담 증가는 물론 비효율과 낭비의 문제는 감추었다. 공공부문의 개혁은 아예 실종되고 정부가 일자리를 만든다면서 공공부문의 고용을 닥치는 대로 늘리는 분위기를 만들었다.

문 대통령의 공공부문 고용 확대 실험은 다른 나라에서 실패로 끝난 것이었다. 하지만 그럴 듯한 논리로 국민을 현혹했다. 문 대통령은 국민의 생명과 안전 등에 관련된 공무원 17만 명 포함 81만 개의 공공부문 일자리를 만들겠다고 약속했다. 공공부문 고용 확대의 이유로 크게 보면 세 가지 논리를 제시했다. 첫째, 우리나라가 OECD 국가에 비해 공공부문의 고용비중이 낮아 늘려야 한다는 것이다. 둘째, 우리나라는 민간부문의 고용창출능력이 떨어져 정부가 일자리를 만드는 데 나서야 한다는 것이다. 셋째, 공공부문의 고용확대는 일자리문제 해결을 위한 마중물이 되어 민간 부문의 일자리의 질도 개선할 수 있다는 논리를 내세웠다.

공공부문 고용확대정책의 실험

문 정부는 취임 일성으로 공공부문 '비정규직 제로'를 선언했다. 이로부터 공공부문의 비정규직을 정규직으로 전환하는 실험이 시작되었다. 일자리의 질 개선 실험은 임금과 근로시간에 대해서도 진행되었다. 최저임금을 3년 동안 50% 인상해 1만 원으로 만들고, 근로시간은 주당 최장 68시간에서 52시간으로 25%

정도 줄이는 것이었다. 이에 따른 일자리 감소 등의 부작용은 정부의 재정을 늘려 해소하겠다고 했다. 문 정부의 실험은 소득주도성장으로 포장했다. 공공부문 고용과 재정지출은 늘리고, 최저임금을 인상하고, 근로시간을 줄이면 국민의 소득이 올라가 소비가 늘어 경제가 성장하고 일자리가 만들어진다고 선전했다.

공공부문 고용확대정책에 따라 정부 소속 중앙 공무원과 지방자치단체 소속 지방 공무원이 대거 증가했다. 2018년에는 중앙 공무원이 전년 대비 1.7배, 9천여 명 증원, 지방 공무원은 무려 22배, 5,500명 증원했다. 공공부문이 밀집된 공공행정, 국방 및 사회보장 행정 취업자 숫자가 20% 정도 증가했다. 그러나 이와 반대로 민간부문 노동시장은 악화되었다. 실업자가 100만 명 이상으로 증가했고 청년 실업률은 10%를 넘었으며 제조업 취업자는 10만 명 이상 감소했다. 민간부문의 고용악화와 공공부문의 고용증가는 뚜렷한 대조를 이루었다. 고용악화를 막는다고 정부가 추가경정예산으로 일자리사업을 대폭 확대했지만 고용은 계속 악화했다.

공공부문 고용확대에다 비정규직을 없애면 민간부문도 따라온다고 기대했지만 현실은 반대로 갔다. 공공부문의 비정규직을 정규직으로 전환하면 일자리의 질이 개선된다고 했지만 초단시간 공공단기 아르바이트만 늘었다. 공공부문이 일자리문제 해결의 마중물은 고사하고 국민의 세금부담은 늘렸고 재정만 악화했다. 공무원연금 적자를 메우려고 2조 원의 예산을 투입하는 상황에서 공무원의 증원으로 국민의 부담은 커질 수밖에 없다. 국회예산정책처는 공무원을 17만 명 증원하면 30년 근속을 전제로 재정 부담이 327조 원 추가되고 공무원 연금 부담까지 감안하면 24조 원이 더 들어간다고 계산했다.

외국의 공공부문 확대에 대한 오판

문 정부가 선진국이면 공공부문 고용 비중이 높다고 주장했지만 이는 사실이 아니다. 대체로 개발도상국가가 선진국보다 공공부문의 고용비중이 높은 편이다. 이뿐만 아니라 선진국이라도 공공부문의 고용비중이 높은 것은 아니고 나라에 따라 편차가 크다. 공공부문의 고용비중이 높은 선진국은 우리나라와 달리 줄이려고 개혁하고, 사회주의 성향의 개발도상국가마저도 공공개혁을 추진하고 있다. 이뿐만 아니라 무엇을 공공부문으로 간주하는지 그 기준이 국가에 따라 다르다. 정부가 사업주로서 직접 고용하는 공공기관뿐 아니라 사업주는 민간이지만 재정지원으로 공공서비스를 제공하는 협회나 단체 등 비영리기구도 공공부문에 포함될 수 있다.

OECD 기준으로 공공부문 고용비중이 높은 나라는 개발도상국가의 경우 동부 유럽, 남미, 아프리카이고 반면, 선진국의 경우 북부 유럽이다. OECD국가의 공공부문 고용비중 평균은 2015년 기준 21%로 한국(7.6%)보다 높다. OECD 국가끼리도 편차가 매우 크다. 노르웨이가 30.0%로 가장 높고 덴마크 29.0%, 스웨덴 28.6%인데 비해 영국(16.4%), 미국(15.3%), 독일(10.6%)은 이보다 훨씬 낮고, 일본(5.9%)은 한국보다 더 낮다. 개발도상국가도 편차가 크다. ILO통계(2014)로 러시아는 40.6%나 되며 헝가리(24.8%), 베네수엘라(29.0%), 이집트(26.3%) 등으로 선진국보다 공공부문 고용비중이 높은 나라가 많다.

선진국 중에서 북부 유럽의 공공부문 고용비중이 높은 이유 중의 하나는 정부에 대한 신뢰가 높고 공무원의 부패가 작은 데 있다. 반면, 미국이나 영국 그리고 개발도상국가지만 칠레나 페루 등에서 공공부문의 고용비중이 낮은 이유는 시장에 대한 정부 개입과 국민의 조세부담률을 낮추는 것을 국민이 원하기 때문이다. 선진국은 공공서비스가 편익의 중요한 변수인 반면, 개발도상국가에는 고용개선이 편익의 중요한 변수로 작용하는 경향을 보인다. 양쪽 모두 정부의 재정상황은 비용의 중요한 변수로 작용한다. 어떤 나라도 예외 없이 재정이 악화되면 공공부문을 줄였다. 2008년 세계금융위기이후 OECD 국가도 75%가 공공부문 고용과 급여를 줄였다.

공공개혁이 대세인 이유

국방과 치안은 물론 교육과 의료 등 공공서비스가 다양하지만 여기에는 비용과 편익이 원리가 작용한다. 동일한 액수를 지출하더라도 누가 어떻게 공공서비스를 제공하느냐에 따라 비용과 편익이 달라진다. 공공서비스의 성격상 국방과 치안은 정부가 직접 맡고 반면, 교육과 의료는 민간이 맡는 것이 유리하다. 공공서비스를 제공하는 데 드는 재원의 조달도 영향을 미친다. 공공부문의 고용비중이 큰 노르웨이 등 북부 유럽 국가나 사우디아라비아 등 중동 국가는 가스나 산림 등 부존자원이 풍부하고 덕분에 정부의 재정상황도 양호하다. 공공서비스를 위해 세금을 올릴 필요성은 작고, 공공서비스 제공의 비용 부담에 대한 인식도 상대적으로 낮다.

개발도상국가의 경우 공공부문 고용확대가 노동시장의 성과를 개선하는 데 기여하지 못한다 해도 저수지 역할을 할 수는 있다. 공공부문이 민간부문에 비해 혁신이 앞서 있다면 잉여 노동력을 흡수하고 숙련을 키워, 공공부문이 고용을 확대해 실업을 줄이고 혁신과 인적자본 축적을 기대할 수 있다. 하지만 현실은 그렇지 못하다. 개발도상국가의 공공부문과 민간부문 노동시장의 관계에 대한 연구를 보면 공공부문의 고용은 정치경제적 지대추구행위와 연결되어 있고, 공공부문 고용확대의 원인 중 44%는 정치적 로비에 있다. 따라서 개발도상국가에서 공공부문 고용확대의 경제적 효과는 일시적이고 사회적 비용이 경제성장을 저해하는 면이 더 크다.

OECD 선진국의 경우 공공부문의 임금상승은 민간부문의 임금을 높이고, 민간부문의 임금상승은 공공부문의 임금을 높였다. 또 공공부문의 고용확대는 민간부문의 일자리 만족도를 낮추었다. 하지만 공공부문에서의 경력은 가치가 낮고 공공부문 일자리의 매력도 낮다. 전체 고용의 20%, 정부지출의 20%가 공공부문이 차지하는 유럽의 경우 공공부문은 우수한 자원을 확보하기 어렵고 저숙련 근로자에 대해서만 고용경쟁력을 보인다. 유럽은 공공부문이 민간부문보다 급여가 평균 15% 높아 공공부문 프리미엄이 작용하지만, 노동시장에서 이동은 민간부문에서 공공부문으로보다 공공부문에서 민간부문으로가 많다.

공공부문이 마중물이 될 수 없는 이유

노동시장은 공공부문과 민간부문으로 나누어져 서로 영향을 미치지만, 급여수준 등의 격차가 크면 불균형에 빠진다. 공공부문의 급여와 고용은 민간이 부담하는 세금에 의존하고 민간부문도 공공서비스를 제공할 수 있기 때문에 노동시장에는 구축효과와 대체효과의 문제가 발생한다. 공공부문의 고용확대로 가계와 기업의 세금 부담이 커지면 민간부문의 고용창출을 밀어내는 구축효과와 민간이 제공하던 공공서비스를 공공기관이 맡는 대체효과의 문제가 생긴다. 이러한 문제는 선진국과 개발도상국가 모두에서 나타난다. 잉여 노동력이 많은 개발도상

국가의 경우, IMF의 분석에 의하면 공공부문의 고용확대가 민간부문의 고용을 위축시켰다.

OECD 17개 선진국의 공공부문 고용이 노동시장에 미친 영향에 대한 분석을 보면, 평균 100개의 공공부문 일자리는 150개의 민간부문 일자리를 밀어내었고, 100명의 공공부문 신규 취업자는 33명의 실업자를 만들었다. 공공부문 고용은 교육과 숙련 형성에도 부정적인 영향을 끼쳤다. 공공부문이 시험으로 채용을 결정하는 경우 창의성보다는 지식의 암기를 요구하기 때문에 교육은 숙련 개발보다 취업에 필요한 자격 등의 취득에 치중한다. 주입식 교육과 취업 시험 경쟁은 다른 사람과의 관계를 폐쇄적으로 만들고 신뢰 형성에 장애가 된다. 이는 공공부문이 필요한 봉사 정신을 가진 인재를 선발하기 어렵고 취업 이후에는 권위적인 태도를 가지게 만든다.

공공부문의 고용증가가 민간부문의 고용에 부정적으로 작용하는 문제는 대외 경쟁이 치열한 국가일수록 크다. 공공부문의 고용확대가 경제 전체를 비효율적이고 비생산적으로 만들기 때문이다. 이러한 부작용은 공공부문의 임금 결정이 경직적일수록 커진다. 지역적으로 경제 상황이 차이가 큰데도 불구하고 임금이 동일하거나, 시간적으로 경제가 후퇴하는데도 임금은 인상된다. 이윤을 추구하는 민간부문과 달리 정부는 임금 격차를 둘 인센티브가 작고 단순하고도 분명한 임금 결정방식을 따른다. 이러한 이유로 공공부문은 우수한 인적자원을 확보하기 어렵고, 혁신이 일어나지 못하며, 그 여파는 민간부문에도 악영향을 미친다.

3
공공부문 고용정책의 과제

일자리 개혁은 공공부문부터

문 정부의 공공부문 고용 확대 정책은 재정악화는 물론 성장 잠재력과 민간기업의 일자리 창출 능력을 후퇴시켰다. 이러한 문제는 1970년대에 유럽에서 경험한 바 있고 미국도 유럽보다는 덜하지만 비슷한 상황이었다. 공공부문의 비대화가 유럽의 고실업과 장기실업의 증가 그리고 노동시장의 이중구조를 야기한 중요한 원인으로 지적되고 있다. 스웨덴 등 북부 유럽은 그 이후 공공개혁에 나서서 경제성장과 고용을 회복했지만 이태리 등 남부 유럽은 그렇지 못했다. 스웨덴의 경우 노동개혁과 복지개혁을 하기 전에 먼저 정부 개혁을 1980년대 선도적으로 시작했고, 덕분에 1990년대 저실업・고성장국가로 바뀌고 재정건전성도 회복했다.

공공개혁에 성공한 국가는 공공 서비스의 국가독점을 깨고 정부의 운영을 성과중심으로 바꾸는 데 공통점이 있었다. 공공부문이 재정 및 예산과 입법에 의해서 유지되고, 공공부문의 임금과 고용이 정치인과 관료에 의해서 결정되는 만큼 공공개혁의 성공은 정부의 개혁 의지가 무엇보다도 중요하다. 정부의 개혁 의지는 재정과 고용 악화에 대한 국민의 인식에서부터 나왔다. 공공개혁으로 손해를 보는 당사자들은 반발을 했지만, 여당과 야당 모두 개혁을 하지 않으면 국민의 지지를 받을 수 없기 때문에 결단을 하지 않을 수 없다. 선진국의 공공 개혁을 주도했다고 볼 수 있는 미국의 레이건 대통령은 '낭비와의 전쟁'이라며 개혁에 나섰다.

우리나라는 공공개혁의 필요성에 대한 인식이 떨어졌다. 포퓰리즘 정치가 성행하면서 공공성의 강화가 정부의 권한과 공공부문 확대 논리로 이용되어 교육과 의료는 물론 부동산 등에 이르기까지 광범위하게 퍼졌다. 반면, 이에 따른 정부와 공공 부문의 낭비와 비효율이 일으킨 문제에 대한 일반 사람의 관심은 줄었다. 다행히도 청년세대는 공공성의 강화가 야기한 공정성의 실패를 인식하고 있다. 인천국제공항공사나 서울교통공사의 비정규직의 정규직 전환에서 들어난 자의적인 결정이나 채용 비리 등으로 공공성의 강화가 오히려 소수의 인사이더에게는 이익이 되고, 다수의 아웃사이더는 기회의 박탈로 희생된다는 점을 깨닫고 있다.

공공부문 실패와 국민 인식

공공부문의 실패는 재정 및 예산과 입법의 잘못이기에 정치 문제다. 국민은 나라의 주인이지만 자신의 문제가 아니라고 관심이 적고, 정부는 책임을 피하려고 문제를 축소하거나 덮어두기 쉽다. 공공부문의 실패를 과소평가하거나 알고 있다고 하더라도 정부는 국민에게 정보를 제공하는 데 소극적이다. 정치적 법률적 책임이 따르기 때문이다. 이러면서 공공부문을 개혁할 동력이 사라진다. 남미는 물론 그리스와 이태리 등 남부 유럽이 그렇다. 이들 국가는 공공부문의 실패를 방치해 재정 및 경제위기에 직면하게 되었고, 급기야 정부가 위기를 해결할 수 있는 능력까지 상실해 국제통화기금, 유럽은행, 유럽연합에 의지할 수밖에 없었다.

정부가 일자리를 만든다며 공공부문의 고용을 확대한 정책은 실패가 명확하지만 유지되고 있다. 공무원은 물론 공공단기아르바이트를 늘리고, 사업주가 기업일 뿐 정부재정으로 만든 민간 일자리도 늘렸다. 하지만 초단시간 일자리를 비롯한 비정규직만 늘고, 일자리다운 일자리는 줄어 고용이 악화되었다. 그런데도 정부는 1주일에 1시간만 일해도 취업자로 간주되고, 구직활동을 단념한 사람은 경제활동인구에서 제외되는 실업 통계의 허점을 이용해 고용의 악화를 감추고 오히려 고용이 개선되었다고 자화자찬해왔다. 기업에 대한 규제와 노동시장의 경직성 문제를 해결해야 함에도 불구하고 공공부문 고용확대로 책임을 피해왔다.

공공부문의 고용확대와 정규직 전환은 공공기관의 재정을 악화했다. 하지만 이 문제의 심각성에 대한 인식은 떨어지고 공공기관 개혁은 관심 밖에 놓여 공기업의 절반이 적자이고 일부는 자본잠식상태에 놓여 있다. 한국개발연구원(KDI)에 따르면 우리나라 비금융 공기업의 부채는 2017년 기준 GDP 대비 23.5%로 OECD 평균(12.8%)의 2배 가깝고 부채가 많기로 유명한 일본보다도 많다. 금융 공기업의 부채도 GDP의 62.%로 가장 높다. 하지만 정부가 공기업에 대해 지급보증을 하고 있기 때문에 우리나라 공기업은 많은 부채에도 불구하고 높은 국제신용등급을 받고 있다. 또 공기업의 부채는 정부부채에 빠져 문제의 심각성을 간과하게 만들었다.

일회성이 아닌 시스템 개혁으로

공공부문의 실패는 구조적인 문제로 일회성 개혁이 아니라 공공부문 스스로 문제를 예방·개선하도록 시스템에 내재화하는 개혁이 필요하다. 재정적자와 고용악화로 문제를 키웠지만, 예산 낭비와 자원배분의 왜곡이 방치되어 경제의 성장 잠재력을 저하하고, 노동시장을 이중구조화시켜 불평등을 키웠다. 하지만 공공부문 구성원의 이익 때문에 문제가 가려지고, 재정 및 예산권을 가진 정치는 포퓰리즘에 빠져 공공부문의 실패를 더 악화시켰다. 이런 문제를 해결하려면 공공개혁을 추진한 나라들이 예외 없이 재정준칙을 도입한데서 알 수 있듯이, 국가채무와 재정적자의 한도를 법에 규정함으로써 정부가 공공부문 개혁을 하지 않을 수 없게 만들어야 한다.

노동시장 이중구조를 해결하도록 공공부문의 임금결정 관행을 개혁해야 한다. 우리나라는 정규직과 비정규직, 대기업과 중소기업뿐 아니라 민간부문과 공공부문으로 노동시장이 3중으로 이중구조화되어 있다. 중요한 요인이 근속연수에 따라 자동으로 임금이 올라가는 호봉제에 있고, 공공부문이 호봉제를 유지함으로써 기업에도 악영향을 끼친다. 공공부문이 직무 중심으로 개혁함으로써 노동시장 이중구조 해소에 앞장서야 한다. 공무원 및 공공기관의 임금수준 결정의 기준이 되는 민간 기업의 규모를 100인에서 50인 이하로 낮추어 공공과 민간부문의 임금 격차를 줄이고, 직무와 성과에 따라 보상이 달라지게 해 임금의 유연성을 제고해야 한다.

국민의 세금으로 급여를 받거나 지원으로 운영되는 협회와 단체는 물론 노동조합도 재무정보 제공을 의무화해야 한다. 공공기관의 도덕적 해이를 막고 책무성을 높이도록 공공기관의 재정을 투명화하는 일은 공공 개혁의 중요한 과제다. 인터넷 등 정보통신기술을 이용해 국민이 세부 정보를 쉽게 접근하고 볼 수 있도록 함으로써 공공서비스의 질을 높이고, 노사 담합에 의한 편법적인 임금인상을 막고, 공공성의 강화가 내부 구성원이 사익을 챙기는 비리가 되지 않게 해야 한다. 이러한 공공부문의 사회적 책임을 높이기 위한 개혁은 OECD나 세계은행 등이 권고이기도 하고 공공회계 국제기준으로 발전하고 있다.

성공사례 통한 개혁의 파급

공공부문을 개혁해야 일자리문제도 해결할 수 있다는데 정부와 국민이 확신을 느껴야 성공할 수 있다. 공공부문의 고용확대로 국민 생활의 질을 높인다는 주장이 도를 넘어 공공성의 강화를 목표로 하면 공공서비스의 질은 떨어지고 재정과 고용이 모두 악화한다. 이런 이유로 공공성 강화 논리를 배격하고 공공부문을 개혁하는 일이 나라와 이념에 관계없이 시대의 흐름이 되었다. 중국과 동부유럽 등 사회주의 국가는 공공부문 개혁에 적극적이고, 침체의 늪에 빠졌던 독일과 프랑스 등 자본주의 국가도 공기업의 민영화로 재정적자를 줄였다. 우리나라는 포항제철 등 공기업이 민영화로 사업 다각화와 신사업 진출로 경쟁력이 올라가고 일자리가 늘었다.

대부분의 나라는 공공부문 개혁에 성공했지만, 일부 나라는 개혁에 대한 정치권의 의지가 부족하거나, 개혁에 대한 국민의 호응을 얻지 못하거나, 노동조합 등이 반대해 좌절하거나 실패했다. 우리나라는 나름대로 공공부문 개혁을 꾸준히 추진해왔지만 최근에는 공공성의 강화를 내세우는 사회주의 성향의 정치세력과 노동조합의 반대로 멈추어 있다. 이러한 문제를 해결하기 위해서는 공기업의 민영화처럼 국민의 생활과 직결되고 쉽게 공감할 수 있는 분야의 공공부문 개혁에 주력할 필요가 있다. 이러한 방식으로 공공개혁의 성공 사례를 축적함으로써 전면적인 공공개혁에 대한 국민의 지지를 얻고 반대를 극복할 수 있다.

일자리문제와 직결된 직업교육훈련과 고용안정에 관한 공공서비스 개혁을 추진할 필요가 있다. 특성화고교(실업계고교)와 전문대, 공공직업훈련기관 등 기존의 직업교육훈련기관을 기업이 운영할 수 있도록 개혁함으로써 졸업과 함께 취업을 할 수 있도록 만들 필요가 있다. 또 공공고용안정서비스도 정부의 독점적 운영에서 탈피해 민간에게 개방함으로써 AI와 Big Data 등 첨단 기술을 활용하는 전문 기업이 등장해 구직자와 구인자를 더욱 신속하고 정확하게 매칭시키도록 만들 필요가 있다. 이러한 개혁은 이미 선진국에서는 보편화된 개혁으로 장기실업과 청년 실업을 줄이는 것은 물론 노동생산성을 높였다.

제5장

노사자치 회복을 위한 노동형법 개혁

1. 산업안전보건의 보완
2. 중대재해법의 개선
3. 부당노동행위제도의 개선
4. 포괄적 차별금지법 도입 신중

1
산업안전보건의 보완

산업재해의 사고는 작은데 사망이 많은 까닭

2020년 고용노동부의 산업재해 사고사망 통계에 따르면, 2020년 산재 사고사망자는 882명으로 전년도의 855명에 비해 27명이 늘어났다(3.2%↑). 사고사망자는 2019년 역대 최초로 800명대로 드디어 진입했다. 하지만 2020년 '이천 화재사고'(38명 사망) 등의 영향으로 27명이 늘어났다. 아울러 '사고사망 만인율'(1만 명당 산재로 숨진 근로자)은 전반적인 감소 추세로 2020년은 전년도와 같은 수준인 0.46%로 나타났다.

일반 사람에게 알려지지 않은 수수께끼가 산업 현장에 있다. 우리나라는 산재 사고율이 미국·독일 등에 비해 1/4 이하로 낮으나 산재 사망률은 정반대로 4배 정도 높다. OECD 회원국 중 산재 사망률은 최상위를 차지하고 있다. 그런데 사고율과 사망률이 비례하는 게 정상인데 우리나라는 예외이다. 물론 사업주가 신축공사 현장에서 연료탱크 내 유증기를 제거하는 기본적인 안전조치를 하지 않은 채 근로자 2명에게 용접 작업을 하도록 하여 화재·폭발로 근로자 2명이 화상을 입고 치료 중에 사망하게 하였다. 이에 사업주에 대한 엄중 조치와 향후 유사한 사례가 반복되지 않도록 하는 등의 필요성으로 사업주를 구속하는 사례도 있었다.

[그림 2] 최근 10년간 사고사망자 발생추이(2011년~2020년)

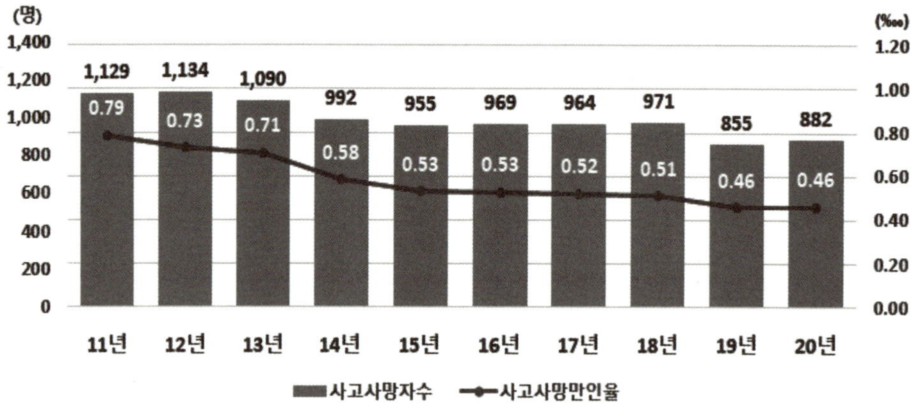

정부는 2021년 산재사고 사망 20% 감축을 핵심과제로 삼고 있다. '떨어짐', '끼임' 등으로 인한 사망사고를 감축시키기 위하여 크게 노력하고, 사망사고가 많이 일어나는 건설·제조 사업장을 밀착해 관리하고, 안전관리 불량 사업장은 지도·감독하며, 지역별 맞춤형 대책을 수립하는 등 산재 사고사망의 감소 대책의 효과를 극대화하려고 한다. 사실 우리나라는 경제성장정책으로 인한 폐혜인지는 몰라도 엄청난 영향을 미쳤던 대형 산재사고를 경험했다. 하인리히 법칙인가 항상 큰 재해는 항상 사소한 것들을 방치할 때에 발생했다.

선진국의 산업재해 훨씬 적어지는 추세

우리나라는 산업안전보건법을 위반하면 처벌이 7년 이하 징역으로 처벌한다. 미국 및 일본(6개월 이하), 독일 및 프랑스(1년 이하)보다 훨씬 무겁다. 산업재해 위반에 대한 처벌이 엄격하면 산업재해의 사망사고가 발생하는 경우가 적은 게 상식이다. 그런데 우리나라는 반대 현상이 나타나고 있다. 산업재해의 사고가 노동조합이 있는 원청 대기업에 많고, 산업재해의 사망사고는 영세 하청기업에서 많이 발생한다. 산업재해 사망사고가 발생할 때마다 산업안전보건 관련 규정을 늘려서 조문수가 1,222개나 될 정도로 복잡하고 많다. 하지만 산업재해의 발생 건수는 절대적으로 많은 실정이다.

물론 처벌 위주의 정책적인 모순은 OECD(경제협력기구)의 다른 국가에도 있다. 독일과 스웨덴 등 북부 유럽은 산업재해 사고율과 사망률이 모두 낮다. 반면, 프랑스 및 남부 유럽은 우리나라와 같이 산업재해 사고율과 사망률이 반비례하지는 않으나 이들 국가보다 3배 높다. 독일 및 북부 유럽은 협력적인 노사관계 속에서 훈련이 강화된 반면, 프랑스 및 남부 유럽은 그 반대이다. 그러나 산업재해의 발생에 대한 책임은 프랑스 및 남부 유럽이 독일 및 북부 유럽보다 훨씬 엄격하게 부과한다. 프랑스의 경우는 산업안전 기준이 유럽 국가 중에서도 가장 엄격하기로 유명하지만, 아이러니하게 산업재해의 사망률이 독일보다 무려 8배나 많다고 한다.

또한 미국의 경우 산업재해 예방 중심의 정책이 효과적이라고 확인할 수 있다. 미국은 산업안전법과 지배구조를 만드는 데 선도적인 역할을 해왔다. 초기에는 산업재해가 발생할 때에 처벌에 중점을 두었지만 그 실효성이 낮았다. 그 후에 산업정책의 방향을 전환해 산업안전의 기준을 자발적으로 이행하도록 중복

규제는 없애고 명료하게 했다. 산업안전의 지배구조도 당사자의 중심으로 전환하고, 산업재해 예방을 위한 당사자의 노력에 인센티브를 주었다. 사업장의 특성에 적합하게 산업안전에 관한 진단 프로그램을 개발했을 뿐만 아니라, 상담의 기능을 한층 더 강화해 노사 협력을 촉진시켰다. 나아가 산업안전을 위한 훈련과 작업시스템 개선에 자금도 적극적으로 지원했다.

산업재해의 실상

우리나라의 실상을 살펴보면, 산업재해의 사고율과 사망률의 반비례 관계는 법정책과 현실의 괴리에 원인이 있다. 산업재해는 위험한 일이라 작업자의 기술과 작업장의 분위기와 밀접한 관련이 있다. 산업재해의 감소책의 핵심 변수로 위험에 대한 보상, 기술, 노사협력 등을 들 수 있다. 하기에 사고를 일어났다고 처벌만 강화해서는 근본적인 해결책이 되기가 어렵다. 산업재해의 처벌이 너무 강하면 사고가 발생해도 '은폐'해 버리는 경우가 많다. 그러다가 현장에서 사망사고가 터지고서야 부득이 언론을 통해 세상에 보도된다.

대기업과 공공 부문(공기업 포함)에 노동조합의 조직률이 높기 때문에 집중되어 있다. 노동조합은 작은 산업재해 사고라도 문제를 삼기 때문인지 대기업은 산업재해의 사고율이 높음에도 불구하고 상대적으로 사망률은 매우 낮다. 현장에서 위험한 업무는 '외주화'하기 때문에 산업재해의 사망사고는 하청기업에서 주로 발생하게 된다. 이러한 현장의 슬픈 자화상을 근본적으로 개선하지 않고서 산업재해의 기준과 그 처벌만 강화하는 산업안전 정책은 소기의 성과를 거두기는 어려울 것이다.

다른 한편, 2020년 전면 개정된 산업안전보건상의 '작업중지명령권'이 명문화되었다. 그 후 산업현장에서 감독권한을 가진 고용노동부의 산업안전감독관은 주관적 판단에 따라 '유사 업무'라는 이유로 사고 확산을 막고 시설 개선을 확인하기 위하여 '작업중지명령'을 내리고 있다. 하지만 제조업계(조선소, 제철소 등)의 매출액 손실 피해가 확대되고 있다. 작업중지 해제도 객관적 기준이 없이 고용노동부의 심의위원회가 자체적으로 판단해 결정하고 있는 상황이다.

산업현장의 안전사고는 누구의 책임인가

'서울 지하철 2호선 구의역 사건'(김 군 사건)이나 '서부발전 태안 사고'(김용균 사건)와 같이 공기업에서 산업안전 사고가 유달리 많이 일어났다. 먼저 구의역 사고는 2016년 6월 서울메트로의 하청 업체인 은성 PSD의 계약직 직원은 구의역 9-4 승강장의 선로 쪽으로 들어가 승강장 안전문 장애물의 검지 센서를 정비하다가 들어오는 열차에 치어 사망했다. 이 사건은 위험의 외주화 문제를 촉발했다고 언론에 보도되었다. 하지만 실제로 서울교통공사 위에 서울특별시가 있고, 노동계의 강한 입김의 영향인지 서울특별시는 사고 발생 원인을 비정규직 문제에 화살을 돌리면서 책임을 피해갔다.

또한 김용균씨는 한국발전기술의 계약직 사원이었고, 한국발전기술은 태안 화력발전소를 운영하는 한국서부발전에서 컨베이어 벨트 덮개 점검 업무를 행하는 하청회사였다. 2018년 12월 그는 입사한 지 3개월 후 저녁 야간근무조로 출근해 평소처럼 컨베이어 벨트를 점검하다가 산재로 사망하였다. 언론에서는 비정규직 하청근로자에 대한 위험의 외주화를 표현되는 구조적인 사고였다고 보도

되었다. 산재사망사고는 대체로 원청보다 하청기업 근로자가 훨씬 많았다.

사실 공기업은 최종적인 사업주는 정부이다. 공기업은 민간 기업보다 산업안전에 대한 인식이 오히려 낮다. 산업안전 사고는 정치 논리가 우선해서인지 수시로 발생한다. 사실 공기업은 민간 기업보다 경영책임의 소재가 복잡하고 분명하지 않고, 노동조합의 조직률이 매우 높기 때문에 교섭력이 우월하다. 또한 공기업에는 관리자의 인원이 과다한 반면에 산업 현장에서 안전 작업을 실제로 책임지고 수행할 인력이 상대적으로 부족한 문제가 있다. 결국 정부가 스스로 안전사고에 대한 팩트를 정확하게 파악한 후 솔직한 정책을 전개해야 안전 사회를 구현할 수가 있는 것이다.

전면개정된 산업안전보건법의 문제

2017년 7월에 출범한 문재인 정부는 사고성 산재 사망자수를 절반으로 줄인다는 공약을 실천하기 위해 '중대 산업재해 예방 대책'(2017.8), '산업재해 사망사고 감소 대책'(2018.1)을 발표했다. 그 후 정부는 산업안전보건법 전면개정안을 추진하였다. 그 결과로 정부는 대응입법으로 2018년 12월 27일 산재를 획기적으로 줄이고 안전하고 건강하게 일할 수 있는 여건을 조성한다는 명문으로 산업안전보건법을 전면개정했다(공포 2019.1.15. 시행 2020.1.16.).

법 개정의 취지는 안전사고의 원인을 비정규직 문제에 돌리는 노동계의 주장에 따라 외주를 금지하는 데 있다. 종전에는 원청이 책임지는 범위가 매우 제한되었다. 하지만 그 책임범위를 '필요한 안전조치 및 보건조치'로 확대했다. 하지만 예방이 우선이라고 전면개정된 법률도 처벌을 강화해도 근로감독을 강화해도 산재사고가 줄어들지 않았다면 과연 실효성있는 예방법이었는지는 의문이 들기도 하다. 소 잃고 외양간 고치는 것이 되어버렸다. 처벌을 강화해도 예방이 실제로 가시적인 효과가 있는지 증명하기란 어렵기 때문이다.

하여튼 근로자가 1명 사망한 경우에는 사업주는 7년 이하의 징역 또는 1억 원 이하의 벌금, 형 확정후 5년 이내 안전조치 의무 위반으로 근로자의 사망시 형의 2분의 1까지 가중하고 있다. 법인에는 10억 원 이하 벌금을 부과한다. 또한 안전 · 보건 조치 위반으로 3개월 이상 요양이 필요한 부상자 동시 2명 이상 및 부상자 또는 직업성 질병자 동시 10명 이상의 경우에는 사업주에게는 5년 이하 징역 또는 5천만 원 이하 벌금, 법인에는 5천만 원 이하 벌금을 부과하고 있다.

‘외주화의 금지’ 및 ‘비정규직 제로화’가 산업안전 해법이 아니다

주된 내용은 위험의 외주화와 관련된 것으로 산안법의 보호 대상을 노무를 제공하는 자의 안전보건을 유지 · 증진하는 것으로 확대하고, 근로자에게 도금작업 등의 유해 · 위험한 작업의 도급(외주)을 금지하고, 도급인의 산재 예방책임의 강화, 법 위반에 대한 형사처분 수위의 강화 등이었다. 즉 ‘위험의 외주화 방지 규제’라고 볼 수 있다. 하지만 개정 산안법은 많은 산업안전사고의 주된 원인으로 위험의 외주화, 비정규직, 사업주의 책임과 솜방망이 처벌의 결과라고 한다. 이러한 주장의 모순에 대해서는 재검토해야 한다.

첫째, ‘위험의 외주화’ 금지는 모순이다. 본질적으로 도급인의 안전조치 의무와 책임 범위가 선진국과 비교해 매우 넓어서 규제 대비 산업재해가 줄어드는 효과는 떨어지고 기업의 경쟁력마저 떨어지는 현상이 나타난다. 어찌된 일인지

수급인(하청사업주)이 준수해야 할 안전조치 의무를 도급인(원청사업주)이 모두 직접 실시하도록 하고 있다. 도급인과 수급인 사이의 역할과 책임을 명확하지 않고, 도급인의 의무와 처벌이 외향적으로만 강화되고 있다. 결국 도급 규제의 실효성을 사라지고, 산업발전마저 저해하는 문제가 지속되고 있다.

외주화라기 보다는 산업안전 관리가 소홀해 사고가 발생하는 데 문제의 본질이 있다. 잘 알다시피 유해·위험한 작업환경에는 숙련과 전문성이 필요하다. 이러한 작업이 상시적인 기업이 아닌 경우 이 업무만을 별도로 맞는 조직을 두는 것은 어렵다. 이러한 상황에서는 외주화해야 사고를 회피할 수 있다. 원청기업의 정규직도 숙련되지 않는다면 산재사고의 발생은 동일하다. 전문가를 통해 사업장을 기술지원도 하면서 사업장 관리 및 감독행정을 해야 한다. 나아가 일감을 받은 '산업안전관리 전문업체'에게 외주화해야 한다. 산재 사고가 작은 선진국은 고숙련된 전문직의 근로자가 많아 '산업안전관리서비스산업'이 진전해 왔다. 이것을 통해 노사 상생의 현장에서 위험을 진단하거나 안전훈련도 재촉해야 한다.

둘째, 안전사고의 이유는 '비정규직'이라는 모순이다. 실제 현장은 정규직이 유해·위험한 일을 기피하고, 경험이 적은 비정규직이 맡을 수밖에 없다. 노사가 산업 안전의 중요성을 강조하면서도 업자에게 맡기면 된다는 인식이 있다. 현장의 노사가 비정규직의 활용을 선호한다. 기업은 비용을 줄이는 반면, 노동조합은 임금인상을 할 수 있다. 이에 비정규직의 산업안전 사고는 노사의 담합 산물인 셈이다. 기업 현장에서 비정규직을 정규직화한다고 안전사고를 없앨 수는 없다.

한편 산업안전보건법이 체계와 정부의 감독행정이 사업주의 법준수 의무를 확인하는 과태료의 즉시 부과, 사업주의 형사입건 조치 등과 같이 사후처벌에 중점을 두고 있다. 사업장내 산재 예방의 주체인 근로자 안전의식 제고를 위한 의무와 벌칙은 매우 제한적으로 규정되어 있어 기업들이 안전 활동을 추진하는데 어려움이 있다. 근로자의 다양한 안전의무를 명확화해 노사 중심의 산재예방 활동을 정착하는 분위기를 만들어야 한다. 결국 노사가 안전관리의 인식을 전환해, 공동체 책임경영을 강화할 때에 안전사고를 줄일 수 있다.

셋째, 안전사고의 해결책으로 사업주의 책임과 처벌의 강화는 모순이다. 산안법의 입법 취지는 원래 산재 사고에 대한 처벌보다는 사고의 예방에 있다. 본말이 전도된 산안법은 사업주가 사고의 위험보다는 형사처벌의 위험으로 사업을 포기하게 만들기 십상이다. 산업안전 사고가 발생할 가능성이 매우 낮더라도 형사처벌 등의 강도가 매우 높다면, 사업운영의 위험을 줄이는 것을 대체로 선호한다. 또한 필요한 안전조치 및 보건조치의 범위가 매우 포괄적이어서 도급인의 행동기준을 거의 제시하지 못했다. 결국 외형상 산재 사고수는 줄어들었지만, 산업과 일자리가 줄어들고 있다.

이에 도급사업장내 안전관리가 제대로 실현될 수 있도록 도급인인의 안전 조치의무를 수급인과의 협력 및 조정, 수급인에 대한 지도감독 등의 역할로 명확화해야 한다. 도급인에게 수급인 의무와 별도의 역할과 책임을 구분해 두어야 한다. 도급인에게 시설 및 기계 설비에 대한 관리의무, 적격의 하청업체 선정 의무, 하청과의 협력 및 조정의무 및 하청간 협력조정 의무, 하청에 대한 지도감독의무, 충분한 비용보장 및 공기보장 의무를 부여해야 한다. 아울러 사업주 사후처벌 중심의 감독행정을 지양하고, 사업주의 안전활동에 근로자가 적극 협력하는 안전보건 의무를 명확화해야 한다. 안전교육 참석, 위험상황 및 산재발생 보고, 동료근로자의 배려, 사업주가 제공한 장비의 적정한 사용 등을 구체적으로 들 수 있는 것들이다.

외국의 사례로 일본의 경우 산재 사망시 별도의 사업주 처벌기준이 없고, 독일의 경우 반복해 고의적 위반으로 근로자의 생명과 건강을 위해한 때에는 1년 이하 징역 또는 벌금, 미국의 경우 고의적 위반으로 근로자 사망 시 6개월 미만 징역 또는 1만 달러 이하 벌금 등이다. 이와 같이 선진국과 비교해 사업주의 처벌 형량을 최고 수준이고 가중처벌까지 하는 과도한 수준이다. 이에 산안법상의 과도한 처벌 형량 수준을 완화하고, 가중처벌 규정은 삭제할 필요가 있다.

2
중대재해법의 개선

중대재해법은 왜 제정되었는가

지난 2021년 1월 8일 제21대 국회에서 여야 합의로 중대산업재해(중대시민재해 포함)가 발생하면 기업과 경영책임자를 모두 중하게 처벌하는 「중대재해처벌 등에 관한 법률」(이하 '중대재해법'이라 한다)이 통과되었다(재적 266명 중 찬성 164명, 반대 44명, 기권 58명). 이러한 법은 현행 산업안전보건법과 특수형법의 혼합적인 법률로 볼 수도 있다. 노동계의 숙원이던 '기업 최고책임자 처벌법'이었다. 이 법안에 대하여 동상이몽으로 경영계와 노동계 모두가 상반된 관점에서 극렬하게 반발했다. 이러한 입법의 배경이 되었던 가습기 사건, 세월호 사고, 구의역 전철 사고, 태안화력발전소 김용균 씨 사망, 이천 물류 창고 화재참사 다수 사망, 세월호 · 가습기 살균제 등 사회적 참사를 포괄해 방지하기 위한 대응책을 마련할 필요가 있었다.

입법론적으로 기업 처벌의 강화와 산재 예방효과의 불확실함을 재검토한 채,

충분한 검토도 없이 2008년 영국의 '기업과실치사법'을 벤치마킹해 급작스럽게 '한국형 중대재해처벌법'을 제정한 꼴이 되어 버렸다. 노동단체 등에서 계속해 중대재해법의 입법을 주장해 왔다. 하지만 영국에서조차 절반의 성공이라는 집행 성과에 대한 고찰과 그 시사점을 신중하게 검토하지 못했다. 입법이 지향하는 바가 달리 경영책임자에게 직접적인 형사처벌이 아닌 벌금액의 상향 조정(120만 파운드, 약 19억 원)이었으나, 입법의 방점을 달리해 형사처벌을 강화하는 내용의 법을 통과시켰다.

영국에서 기업과실치사법을 제정하는 일련의 과정을 살펴보면, 많은 인명 손실을 가져온 열차 충돌, 여객선 침몰과 같은 교통 참사들이 연달아 발생했다. 하지만 관련된 법인이나 기업에 대한 과실치사로 기소되지 않았거나, 유죄 판결을 도출하지 못했다. 기업과실치사법의 제정 배경에는 심각한 위반행위에 대하여 산업안전보건법에 따른 기소 이외에 무엇인가 추가적인 처벌을 해야 한다는 주장이 산물이었다. 실제로 이 법이 입법으로 마무리되기까지 약 13년이 걸렸다. 그만큼 이 법률은 특정 참사에 대응하여 졸속으로 제정된 법률은 아니었다. 대형 참사가 계기인 것은 맞지만, 충분한 논의와 숙고의 과정에서 2007년에 제정되었다(2008년 시행).

그 후 관련 첫째 유죄 판결은 2011년이 되어서 나왔다. 중소기업인 Cotswold Geotechnical Holdings이었다. 이 법에 근거한 기소는 대부분 중소기업에서 일어났다. 그 이유는 기업 규모가 작을수록 이윤이 매우 작아서 안전장비 준비나 훈련 실시와 같은 안전보건 투자를 매우 기피하는 경우가 많기 때문이다. 지금까지 28건의 유죄 판결이 있었고 최근에도 관련 판결이 몇 건 있었다. 많은 사례를 조사한 후 기업과실치사로 처벌되지 않는 경우가 많고, 기소해도 무죄를 선고받거나 각하되고 있다.

영국의 법도 유죄 판결을 받은 기업은 57%가 폐업 내지 영업을 중단했다. 이 법의 억제 효과는 의문이 들며, 실제 효과도 입증하기도 어렵다. 이 법이 도입된 후 감소 추세인 사망률이 최근에 정체되고, 사망률 감소폭도 크지 않다. 영국의 사망률 감소는 이 법의 도입보다는 장기 추세로 판단된다. 이 법으로 기업의 처벌은 항상 곤란한 일이며, 조금씩 진척해야 한다. 최근에는 형벌의 범죄 억제력이 크게 약해졌다고 평가받고 있다.

중대재해법의 주된 내용은 사업장 재해로 근로자나 사업장 이용자가 사망할 경우 기업 최고경영자 등 사업책임자를 형사처벌한다. 또한 기업 규모별로 단계적으로 적용한다. 이를테면 5인 미만 사업장은 소상공인 보호를 명문으로 적용 제외하고, 50인 이상 사업장은 2022년 1월 27일부터, 5인 이상 50인 미만 사업장은 2024년 1월 27일부터 적용한다. 다만, 정부의 사업주 등에 대한 지원 및 보고(제16조)는 공포한 날부터 시행한다. 그리고 중대재해법의 법제정한 지 1년 후에 시행하기로 했다(2022.1.27.).

하지만 선한 의도이었겠지만, 배나무 밭에서 갓끈 매지 말며 참외 밭에서 신발 끈을 매지 말라고 했다. 어찌된 일인지 국회에서는 법의 허점을 최소화하고, 현장 안전관리소장의 꼬리 자르기 식의 처벌이라고 비판하면서 노조 편향의 시책을 들이대고 통과시켰다. 본격적인 법 시행에 대비해 기업은 산업안전 경영을 확립해 안전보건 관리체계를 구축할 필요가 있다. 산업 현장에서 일하는 사람들의 안전에 대한 필요성은 기업(사용자)과 근로자 모두가 공감한다. 그러면서 전면 개정된 산업안전보건법의 예방 법체계에서 계속적인 예외를 두면 본래의 법 취지와 내용이 훼손될 수도 있음을 유념해야 한다.

중대재해법의 제정이 능사인가

지난 2019년 10월에 국가인권위원회는 "위험의 외주화 개선, 위장도급(불법파견) 근절, 사내하청 노동자의 노동3권 보장 등"을 권고한 바가 있었다. 그 후 2021년 연초부터 중대재해법을 제정할 것인지 논의로 산업 현장을 뒤숭숭하게 하였다. 만약 법이 정말로 제정된다면 사업 자체의 포기, 위험의 외주화, 책임의 원청 전가 등의 현상도 나타날 우려가 컸다.

이에 경제계는 형사처벌 강화의 입법보다는 선진국처럼 사전예방 기조로 산업안전 정책을 전환하라고 주장하였다. 하지만 정책적 변화는 이어지는 않았다. 반면에 노동계는 비용을 절감하기 위하여 위험을 외주화하는 원청 기업이 산업안전을 위하여 투자할 것이란 기대를 하기 어렵고, 안전 분야에 투자를 할 역량이 없는 하청업체에 일감을 떠넘기면서 근로조건조차도 악화할 수 있다고 주장하였다.

중대재해법의 목적은 기업을 처벌하는 것이 목적이 아니라, 기업의 안전보건 조치 강화와 안전 투자를 확대함으로 산업 현장에서 중대재해의 발생을 예방하는 것이다. 또한 법에서는 정의 규정으로 ① 중대 산업재해, ② 종사자, ③ 경영책임자 등을 두고 있다. 여기서 ① '중대 산업재해'란 사망자 1명 이상, 동일한 사고로 6개월 이상 치료가 필요한 부상자가 2명 이상, 동일한 유해 요인으로 급성중독 등 직업성 질병자가 1년 내에 3명 이상 발생하는 산안법상 산업재해를 말한다.

특히 '산업재해'란 노무를 제공하는 자가 업무에 관계되는 건설물 · 건설물 · 설비 · 원재료 · 가스 · 증기 · 분진 등에 의하거나 작업 또는 그 밖의 업무로 인하여 사망 또는 부상하거나 질병에 걸리는 것을 말한다. ② '종사자'란 근로기준법상 근로자, 노무제공자 및 수급인(여러 차례 도급의 경우도 포함) 등을 말한다. ③ '경영책임자'란 사업 대표·총괄 책임자, 안전·보건 업무담당자, 중앙·지방 행정기관 및 공공기관의 장을 말한다.

이를 통해 산업안전보건의 재해와 사고예방을 통한 처벌이라는 법적 메커니즘을 이해할 수 있다. 경영자와 노무제공자의 위험부담 분배를 예방을 최우선적으로 고려해 실효성있는 예방방법을 관철시켜야 한다. 산업안전 보호를 위해 처벌이 얼마나 예방의 효과를 거둘 것인지는 의문이다. 오랜 형법의 논의로서 처벌이 범죄 예방에 얼마나 효과적인지는 분명하지 않다.

안전과 건강과 관련해 의료법, 도로교통법, 집단 에너지 사업법, 석면안전관리법, 화학물질의 등록 및 평가법 등 많은 법률이 존재하고 있다. 아울러 선례를 경험하고 시행착오도 겪으면서, 결국 산업안전보건의 의무를 부과하는 법체계에서 중대재해가 발생한 경우 어떻게 대응할 것인지가 주된 쟁점이었다. 자연스럽게 산업안전보건 조치를 구체적으로 취해야 할 사업주의 틀에 관심을 가지게 된다.

중대재해법의 문제는 무엇인가

중대재해법에서 문제점은 무엇인가? 먼저 경영책임자(대표이사, CEO 등)의 의무와 관련해 경영책임자가 실질적으로 지배·운영·관리하는 기업에서 종사자에 대한 '안전보건의 확보 의무'가 있다. 여기서 '안전·보건의 확보 의무'란 ① 안전보건관리체계의 구축 및 이행에 관한 조치, ② 재해 재발방지 대책의 수립 및 이행에 관한 조치, ③ 중앙행정기관 등이 관계 법령에 따라 시정 등을 명한 사항 이행에 관한 조치, ④ 안전·보건 관계 법령상 의무이행에 필요한 관리상의 조치(①, ④는 대통령령 위임)가 있다.

또한 안전·보건 확보의무를 위반한 경우에 '자연인' 및 '법인'을 처벌하도록 되어 있다. 먼서 자연인인 사업주 및 경영책임자 등은 ① '사망 시 1년 이상 징역 또는 10억 원 이하 벌금'(병과 가능), ② 부상·질병 시 '7년 이하 징역 또는 1억 원 이하 벌금'을 부과한다. 또한 법인의 경우는 ① 사망 시 '50억 원 이하 벌금', ② 부상·질병 시 '10억 원 이하 벌금'을 부과하고 있다. 나아가 민사책임에 형벌적 요소가 추가된 5배 징벌배상책임 규정을 설정해 중복 처벌을 하고 있다.

우리나라의 산업재해를 처벌하는 법 내용은 선진국 수준이다. 하지만 사업주가 이를 제대로 이행하지 못하고 있는 현장 상황이다. 국민과 노동계, 일부 전문가는 법을 지키지 않을 이유는 처벌이 약하기 때문이라고 지적했다. 이로 인하여 법의 실효성이 떨어진다고 한다. 산재예방의무를 다하지 않은 경우 처벌과 연계해 심리적 위하를 가함으로 사고를 예방하는 효과가 있을 수 있다. 사실 2020년 1월부터 시행된 산업안전보건법은 산재 사망 시에 사업주를 '7년 이하의 징역 또는 1억 원 이하의 벌금'으로 처벌하고 있다.

이러한 처벌 부분과 관련해 이례적으로 고용노동부장관이 사법부 소속인 '대법원 양형위원회'(위원장 김영란)를 찾아 산업재해와 관련된 산업안전보건법(일명 김용균법)의 양형기준을 높여서 사업주 처벌을 강화해달라고 요청한 이례적인 일도 있었다. 결국 과도한 형사처벌을 실시하고 있다. 이에 대법원의 양형기준은 '징역 4개월에서 3년 6개월'이었다. 그후 2021년 대법원 양형위원회가 안전보건조치 의무위반치사 범죄에 대해서는 최대 10년 6개월까지 가능하도록 양형기준도 상향했다. 여하튼 경영책임자 등에게 강력한 처벌만 하면 산재보호가 된다는 논리에 빠져 있는 것이 아닌가. 졸속 입법 과정에서 충분한 의견 수렴을 못해 향후 법을 적용할 때에 많은 문제점이 우려스럽다.

이러한 연유에서 정부가 우선 산재 관련해 예방 위주의 정책이 전개해야 한다고 주장했다. 경제계에서는 단순히 처벌 강화만으로 산재의 축소를 해결할 수 없고, 오히려 산재 처벌 규정이 매우 방대하고, 강한 처벌 규정이 많다고 지적해 왔다. 반면에 노동계는 산재 사망의 경우에 사업주 처벌을 '3년 이상 징역 또는 5억 원 이하 벌금'으로 상승시킨 중대재해법을 도입할 것을 주장했다.

또 정부 지원 및 보고와 관련해, 중대재해 예방을 위한 정부의 이행 의무 및 사업주 등에 대한 중대재해 예방사업 소요 비용의 지원 근거, 정부의 조치 이행 및 예방사업 지원 현황의 국회 보고 의무가 있다. 특히 중대재해 예방을 위한 정부의 이행 의무와 관련해 ① 중대재해의 종합적인 예방대책의 수립・시행과 발생원인 분석 ② 사업주, 법인 및 기관의 안전보건관리체계 구축 지원 ③ 사업주, 법인 및 기관의 중대재해 예방을 위한 기술 지원 및 지도 ④ 중대재해법의 목적 달성을 위한 교육 및 홍보 시행이 있다.

그런데 중대재해법에서는 경영책임자에게 사업의 직접적인 책임과 의무를 지우고 있다. 그런데 기존의 산업안전보건법의 사업주의 책임 범위와 의무 내용과 유사해 양법의 해석상 혼란과 우려가 발생하고 있다. 강력한 처벌 규정을 우여곡절 끝에 마련한 법해석상 경영책임자의 주체에 대하여 사업주 또는 안전관리책임자(공장장, 현장소장 등)에서 선택적 내지 병존적인지가 논란이 된다. 다만 기업범죄에 효율적으로 대처하기 위해 법의 취지나 내용은 최고경영자(대표이사)의 인식과 안전보건 문제를 해결하기 위한 방안으로 책임있는 자에게 안전보건업무를 부담하도록 규정한 내용이라면 병합적으로 책임을 부과할 수도 있을 것이다.

⁘ 중대재해법의 쟁점 논란은

노동계는 중대재해법이 5인 미만 적용제외 및 50인 미만 사업장 3년 시행유예와 관련해 개정을 요구하는 등 입법 취지에서 크게 후퇴했음을 비판하고 있다. 반면에, 경영계는 중대재해 정의 축소, 처벌형량 완화, 시행유예 등과 관련한 법 개정을 요구하고, 법시행령에서 사업주 의무 등 세부 사항을 구체화할 것을 요구하고 있다. 중대재해법의 해석상의 논란의 여지가 있는 것이 적지 않다. 결국은 안전 및 보건 확보의무와 관련해 경영책임자로서 안전을 위해 무엇을 해야 하는가의 문제이다.

첫째, 시설, 장비, 장소 등에 대하여 실질적으로 지배·운영·관리하는 사업주 또는 경영책임자 등에게 종사자(도급, 용역, 위탁에 의한 제3자의 종사자도 포함) 등에 대한 '안전보건 확보의무'를 부과하는 것과 관련해, 실질적으로 지배·운영·관리하는 사업주 또는 경영책임자의 범위에 대한 논란이 있다. 아마 안전보건인사 업무를 행사하는 자(안전보건총괄책임자)로서 기업의 규모, 대표자의 업무와 개별 기업의 현장에서의 작업 관계, 대표자와 현장소장 사이의 업무관계, 현장소장 등 사고현장의 안전관리감독자가 있는지 여부 등을 통해 판단할 수 있을 것이다.

둘째, 재해예방에 필요한 인력 및 예산 등 '안전보건관리체계의 구축' 및 그 이행에 관한 조치와 관련해, 업종에 따라 업무가 다르지만 경영책임자의 안전보건의 경영방침에 기반한 그 예방 의지를 반영해 기업에 적절한 산재예방 조직체계를 구축해야 한다. 이에 산안법상 안전보건의 인력 이외에 위험작업 2인 1조 배치, 근로자 및 노동조합의 안전보건 활동의 참여 시간과 권한 보장 등을 규정을 포함하자는 주장이 있고, 반면에 안전보건 인력은 산안법상 안전보건 전문인력으로, 안전보건 확보의무는 인력예산계획 수립의 적정성 확인 및 보고로 한정하자는 주장이 대립되고 있다.

셋째, 안전보건 관계법령에 따른 의무이행에 필요한 관리상의 조치와 관련해, 안전보건 관계법령이 무엇인지에 대한 정의 규정이나, 법령 열거에 대한 위임이 없다. 또한 관리상의 조치는 보고 점검수준이 아니라, 법령 준수 자체를 규정해야 한다는 주장과 정기보고로 규정해야 한다는 주장이 대립되고 있다.

넷째, 중대 산업재해가 발생한 법인 또는 기관의 경영책임자 등과 관련해, 형 확정과 상관없이 중대산업재해 발생만으로 경영책임자 등은 안전보건 교육을 이수해야 한다. 이러한 수강명령을 강제하는 것은 무죄추정의 원칙에 위반될 소지가 크다. 사실상 수강명령을 처벌의 연장수단으로 활용하겠다는 셈이다.

다섯째, '사법경찰직무법'을 개정해 산업안전감독관의 중대재해법 위반 사건(중대산업재해 한정)의 수사 업무의 법적 근거를 마련하려고 한다. 근로감독관의 조직과 수사 역량을 강화하기 위해 중대재해법의 수사 담당부서인 지방청 및 광역중대재해 관리과를 신설하려는 경찰청과의 업무 구분의 논란이 있다.

중대재해법시행령의 쟁점 논란은

그 후 내년 2022년 1월 27일 시행을 앞두고서 중대재해법 시행령 제정 등을 추진했다. 많은 기업과 노동계는 구체적인 시행령을 마련하는 데 주목했다. 중대재해법의 역할이 판가름나는 논란된 내용이 많았기 때문이다. 우선 고용노동부는 이를 위하여 교수, 변호사 등으로 「전문가 TF」를 구성하여 중대재해법 하위 법령 쟁점 등을 구체화하는 작업을 실시했다.

이러한 정책을 추진하는 과정을 살펴보면, 시행령안의 일정 마련(3월) → 관계부처 협의 등(4월) → 입법예고(7.12)를 추진했다. 정부는 시행령 제정안은 기업의 경영에서 안전의 우선순위를 높이는 것이 1차적 목표라고 강조했다. 하지만 시행령안이 입법예고를 했을 때 예상한 대로 노사가 동상이몽으로 비난했다. 노사가 모두 익숙하지 않고 불편함이 남아 있기 때문이다. 그 후 정부는 10월에 시행령을 제정해 공포했다(10.5).

지난 2021년 4월에 6개 경제단체가 법시행령에서 '경영자(사업주)의 책임범위 등'을 구체적이고 명확하게 해달라는 건의서를 정부에 제출했다. 즉 경영책임자가 사고에 대해 '관리상의 조치의무' 위반 문제로 어느 선까지 책임부담을 해야 하는지 불명확해, 기업인들이 과도한 처벌을 받을 수 있다는 우려가 나왔다. 법시행 전에 반드시 엄중한 책임에 대한 촘촘한 법체계의 정비를 촉구함으로 경영 리스크를 예방하기 위해 준비해야 할 적절한 지적이라고 볼 수 있다.

아울러 현장에서는 사업주 또는 대표자의 안전보건의무는 관련 인력이나 예산이 적절하게 수립되고, 이행되는지 등을 산업안전 총괄책임자로부터 연 1회 이상 보고받는 것으로 한정하면 충분하다. 물론 정부는 업종별·규모별 특성을 고려해 기업이 준수할 의무사항을 가이드라인으로 작성 보급도 선행할 계획이다. 이에 현장에서 규제에 예방과 대응을 위해서는 지원의 접근성, 포괄성 및 지속성, 조정성과 책임성이 있는 지원방안을 마련해야 하고, 전문 인력 풀을 점진적으로 확대해야만 한다. 주요한 쟁점 내용은 다음과 같다.

첫째, 사업주와 경영책임자 등의 안전 및 보건 확보 의무 등 중대재해법의 위임 법령을 제정하려고 한다(2021년 3월). 여기서 '사업주'란 자신의 사업을 영위하는 자, 타인의 노무를 제공받아 사업을 하는 자를 말한다. 또한 경영책임주 등이란 사업을 대표하고 사업을 총괄하는 권한과 책임이 있는 사람 또는 이에 준하여 안전보건에 관한 업무를 담당하는 사람을 말한다. 여기서 "이에 준하여 안전보건에 관한 업무를 담당하는 사람"을 시행령에 구체화해야 한다는 경영계 주장도 있으나 법률의 위임없이 시행령에 규정하는 것은 위법한 바, 가이드라인 등을 통해 법해석으로 판단할 수밖에 없는 여지가 있다.

둘째, 경영책임자는 '안전보건관리체계 구축'을 해야 할 의무의 구체적인 내용이 문제가 있다. 이에 대하여 재해예방에 필요한 적정한 예산편성과 충실하게 업무 수행 등으로 구체화하고, 나아가 업무에 필요한 권한과 예산을 주고, 업무 수행 평가기준을 마련하고, 반기 1회 이상 평가관리를 하라는 구체적인 의무를 추가했다. 또한 적정한 예산 편성을 용도에 따라 집행한다는 등을 보완해 재해예방을 위해 필요한 안전에 관한 인력, 시설 및 장비 구매, 확인된 유해·위험요인의 개신에 필요한 예신을 편성하라는 내용이다. 기업의 내부적 예방을 유인하기 위해 법령에 정한 의무 규정을 준수한 경우 사고 발생에 대한 면책을 명확히 부여해야 한다. 그런데 여전히 도대체 무슨 의미인지 알 수 없다는 볼멘소리가 나오고 있다.

셋째, 동일한 유해 요인으로 급성중독 등의 '직업성 질병의 범위' 문제가 있다. 사업장에서 1년 내 3명 이상 발생 시 사업주가 중대재해로 처벌받게 되는 직업성 질병이기 때문이다. 직업성 질병의 범위를 ① 산재보험법 시행령에 준하는 직업성 질병의 범위로 확대하자는 입장[자살, 정신질환, 직업성 암, (과로로 인한) 뇌심혈관계 등 포함], ② 범죄의 구성요건 요소를 정하는 것이므로 인과관계 규명 가능성, 사업주 예방가능성 등이 충분히 인정될 수 있는 범위로 제한하자는 입장이 대립했다. 그 후 확정된 시행령에서는 논란이 되었던 '열사병'의 경우 덥고 뜨거운 장소에서 발생한 열사병 등의 대안에 대하여 '고열작업 장소에서 체온 상승을 동반한 경우'로 규정했다. '급성 중독'은 앞서 일시적으로 다량의 노출이란 표현도 우연하고 경미한 질병을 포함해야 하기에 수식어를 모두 삭제하였다. 하지만 냉난병으로 알려진 레지오넬라증 등 여전히 일부 질병의 경우는 논란의 여지가 남아 있다.

중대재해법의 장외 논의

2021년 4월 평택항 부두에서 300킬로그램에 이르는 컨테이너 뒷 부분 날개에 깔려서 사망한 고 이선호 씨의 안타까운 산재사고가 일어났다. 연일 언론에서 사회적 이슈로 보도하고 대응책을 촉구했다. 이 사례에서도 사망한 후에 사업주를 처벌한다고 해도 죽은 자는 말이 없고 돌아올 수도 없다. 산업안전보건 분야에서 정말 중요한 것은 사업장에서 산재가 발생하지 않는 것이다.

산재 사고는 제도적 문제에 기인하기도 하지만, 사회 전반에 형성된 안전에 관한 가치관에 미흡하고, 이로 인하여 안전 문화의 부재도 크다. 이참에 기업이 재해를 예방하기 위해 필요한 인력과 예산 등 안전보거관리체제를 구축하고 제대로 이행하는 점검의 계기로 삼을 필요는 있을 것이다. 나아가 기업 차원에서 안전 문화를 더욱 성숙시키고 안전한 사회를 구축하는 계기로 삼을 필요도 있다. 그럼에도 불구하고 중대재해법의 시행을 앞두고서 기업의 입장에서는 총체적 난국이라는 곤경에 빠져 있다. 마치 이 법은 기업인을 예비 범죄인으로 낙인 찍는 나쁜 법을 통과시킨 후폭풍이다.

코로나 팬데믹은 여전히 기업이 부도 위기에 몰리는 상황에서 선진국에서도 유례가 없는 수준의 반기업 정책을 펼치고 있는 것이다. 경제계에 강한 반발에도 정치 논리를 앞세워 통과시켰다. 입법 후 중대산업재해를 예방하기 위해 기업이 안전보건관리 시스템을 갖추어야 한다는 입법 목적을 노사 모두가 공유한다고 하는데, 정작 입법의 후유증은 크게 남아 있다. 경영책임자에게 산재사고에 형사책임을 묻기 어려운 사회적 인식의 전환과 경영자의 산재에 관한 인식을 전환할 필요성, 사업장의 안전조직 문화를 확립하기 위한 복합적 원인을 실현하는 입법이라고 하기에는 그 부작용이 너무 크다.

중대재해법은 2022년 1월 27일에 조만간 시행되는 법이다. 그러나 여전히 엄벌에 처하는 '경영책임자'가 누구인지 알 수 없고, 안전보건 관련 법령이나 실질적으로 지배운영 관리하는 사업 등의 의미나 범위가 불분명한 해석상 문제점, 직업성 질병의 중도 기준도 전혀 명시되지 않았다고 지적이 있다. 이에 준법의지가 있이도 경영책임자는 무슨 조치를 해야 할지 판단하기가 불분명한 사항이 많은 듯하다. 또한 중대재해 발생시 고용노동부와 경찰 간 중대재해법의 수사권 갈등이 진행되어 현장의 곤란은 이만저만이 아니다. 이에 아직도 여러 가지 이해하기 어렵고 불분명한 부분을 해소하기 위한 정부의 가이드라인도 발간되지 않고 있다.

미래 패러다임 전환의 산업안전 예방 정책은

앞서서 2020년 산업재해 사고에 대한 처벌을 강화하도록 산업안전보건법을 전면적으로 개정했다. 그런데 여전히 미비한 것이 사실인지 가시적인 법적 효과가 없다고 치부한 것인지, 죄질과 비난 가능성에 큰 변화도 없는데, 중대재해법의 제정으로 묻지마식 기업과 경영자에게 엄벌을 하려 한다. 중대재해법으로 사업주는 자기 잘못이 아니라도 사망사고가 나면 세계적으로 유례가 없는 '최소 1년 이상 징역'으로 강한 형사처벌을 한다. 의도하지 않은 역효과를 나타내고 있다. 이러한 중대재해법 자체가 중대재해가 발생에 대한 형사처벌은 헌법상 자기책임 원리와 과잉처벌금지 위배, 죄형법정주의 원칙에 위배로 위헌 논란만을 계속해 일으키고 있다.

산재의 감소 및 예방을 우선하는 차원에서 마련된 산업안전보건법이나 중대재해법을 통해 모든 국민을 보호하는 것이다. 물론 산재예방 활동으로 산재가 줄어들었다는 명백한 증거를 찾기는 쉽지 않다. 그럼에도 산재예방에 가장 큰 영향은 위험의 감소, 경영자 및 근로자의 위험인식 증가, 위반한 사례의 감소 및 사업장 사고의 감소, 기업의 대외 이미지 개선, 사업장의 작업환경 및 문화 개선, 일하는 시간의 상실 감소, 생산 중단의 감소, 근로자의 동기 부여와 만족도의 증가 등을 예상할 수가 있다.

국회는 무시무시한 경영책임자를 무서운 형사처벌로 산재를 해결한다는 반(反)민주적 발상을 버려야 한다. '사후 처벌 대신에 사전 예방'이라는 산업안전보건 정책의 패러다임을 대전환해야 한다. 이제는 새롭게 발의된 산업안전보건법 개정안 등을 중심으로 중대재해법과 정합성을 고려하여 산업안전보건법의 개정을 다시 추진할 필요가 있다. 입법 정책상 산업안전보건법과 중대재해법을 통합하는 방안을 강구할 필요가 있다. 특히 형사 처벌의 수준을 낮추는 방향성이 필요하다. 이를 통해 기존의 지나친 형벌을 국제 수준에 부합하도록 하고, 나아가 합리적으로 조정함으로써 기업경영 관리에 따른 적정한 책임을 확보하는 것이 무엇보다 필요하다.

향후 제4차 산업혁명, 디지털 기술발전, 코로나19 팬데믹에 따른 경영환경 및 고용노동환경의 변화 속에서 패러다임의 전환을 모색해야 한다. 먼저 늘어나는 안전보건 사고에 대비한 실제로 예방활동에 중점을 두어서 법정책을 마련해야 한다. 이를 위해 현실적인 산업안전보건의 예방 정책을 강구해야 한다. 이를 위해 중앙정부, 지방자치단체, 지역단위, 업종별 단체, 안전보건예방 전문기관, 전문가 집단, 시민단체, 지역언론 등이 보유하고 있는 인적·물적 자원을 최대한 활용할 상설 합동기구, 관련 정책적 방안을 강구해야 한다. 또한 정부 차원의 안전보건 지배구조를 구축해 종합적인 산업안전보건 정책을 추진해야 한다. 그리고 정보통신기술(과학기술화)의 발전에 기반한 산업안전보건 예방의 디지털화를 구축하도록 대비해야 한다. 이를 통해 산업현장의 안전보건관리체계를 구축해 효율적으로 산업안전보건을 예방하는 시책이 추진되기를 기대해본다.

[표 2] 산업안전보건법과 중대재해법 비교

구분	산업안전보건법	중대재해법
의무 주체	사업주(법인사업주+개인사업주)	개인사업주, 경영책임자 등
보호 대상	근로자, 수급인의 근로자, 법정 특고	근로자, 노무제공자, 수급인, 수급인의 근로자 및 노무제공자
적용 범위	전 사업장 적용 (다만, 안전보건관리체제는 50인 이상 적용)	5인 미만 사업장 적용제외 (50인 미만 사업장은 3년 후 시행)
재해 정의	• 중대재해 : 산업재해 중 ① 사망자 1명 이상 ② 3개월 이상 요양이 필요한 부상자 동시 2명 이상 ③ 부상자 또는 직업성 질병자 동시 10명 이상	• 중대산업재해 : 산안법상 산업재해 중 ① 사망자 1명 이상 ② 동일한 사고로 6개월 이상 치료가 필요한 부상자 2명 이상 ③ 동일한 유해요인으로 급성중독 등 직업성 질병자 1년 내 3명 이상

	※ 산업재해 : 노무를 제공하는 자가 업무와 관계되는 건설물, 설비 등에 의하거나 작업 또는 업무로 인하여 사망·부상·질병	
의무 내용	• 사업주의 안전조치 ① 프레스·공작기계 등 위험기계나 폭발성 물질 등 위험물질 사용시 ② 굴착·발파 등 위험한 작업시 ③ 추락하거나 붕괴할 우려가 있는 등 위험한 장소에서 작업시 • 사업주의 보건조치 ① 유해가스나 병원체 등 위험물질 ② 신체에 부담을 주는 등 위험한 작업 ③ 환기·청결 등 적정기준 유지 → 산업안전보건에 관한 규칙에서 구체적으로 규정(680개 조문)	• 개인사업주 또는 경영책임자등의 종사자에 대한 안전·보건 확보 의무 ① 안전보건관리체계의 구축 및 이행에 관한 조치 ② 재해 재발방지 대책의 수립 및 이행에 관한 조치 ③ 중앙행정기관 등이 관계 법령에 따라 시정 등을 명한 사항 이행에 관한 조치 ④ 안전·보건 관계 법령상 의무이행에 필요한 관리상의 조치 → ①·④의 구체적인 사항은 시행령에 위임
처벌 수준	• 자연인 (사망) 7년 이하 징역 또는 1억 원 이하 벌금 (안전·보건조치위반) 5년 이하 징역 또는 5천만 원 이하 벌금 • 법인 (사망) 10억 원 이하 벌금 (안전·보건조치위반) 5천만 원 이하 벌금	• 자연인 (사망) 1년 이상 징역 또는 10억 원 이하 벌금(병과 가능) (부상·질병) 7년 이하 징역 또는 1억 원 이하 벌금 • 법인 (사망) 50억 원 이하 벌금 (부상·질병) 10억 원 이하 벌금

3
부당노동행위제도의 개선

문재인정부의 노동정책 생색내기

문재인정부가 출범한지 벌써 5년째이다. '소득 주도 성장' 정책은 한국경제의 패러다임 전환을 시도하는 정책이었다. 이를 위해 주52시간제 총량 도입, 1만원 달성을 위한 최저임금 과속 인상, 무리한 비정규직 제로화 등과 같은 노동정책을 과감하게 펼쳤다. 이러한 정책은 성과에 대한 성급함과 사회적 대화의 과잉된 정치화 문제로 큰 부작용에 직면하고, 상생의 노사관계도 정립하지 못했다.

노동친화적 정부이기에 노동개혁에 앞장섰다면 성공적인 사회 모델을 만들 수도 있었는데, 노동정책은 일방통행으로 현실을 간과하고, 기업을 배제한 채 생색내기에만 편중했다. 지난 2017년 8월 대통령 취임 100일 기자회견에서 "노조결성을 가로막는 사용자의 부당노동행위에 대해서는 강력한 의지로 단속 · 처벌할 것"이라고 강조한 바 있으며, 2017년~2018년 부당노동행위 관련 신고사건이 크게 늘어나기도 하였다.

다른 한편, 제4차 산업혁명 시대, 디지털 기술발전은 세상을 바꾸고 있다. 아울러 코로나19 팬데믹 재난의 충격파로 세계경제는 침체되고, 국내 경기도 전례없게 위축된 상태로 현재 진행형이다. 포스트 코로나는 완전히 다른 삶을 살게 될 것이다. IT혁명으로 바뀌는 혁신의 과정이라면 제조업은 쇠퇴(탈공업화)하고, 매력적인 생태계로 진화할 것이다. '일자리 양극화의 심화'라는 새 현상에 직면해 노동시장의 근본적인 개편이 필요하다. 어쩌면 패러다임의 변혁이란 환경과 장치에 호응하지 못함으로 국가가 엄청난 재앙을 겪을 수 있다. 이에 국가는 공유하는 시장 개방, 탈규제, 노동시장의 유연화 등의 체계를 변혁할 타이밍에 서 있다.

작금의 코로나19 팬데믹에 따른 엄청난 경제적인 쇼크, 4차 산업혁명의 디지털기술 시대 도래에 맞물려 기업의 경쟁력을 높이고, 기업의 활동을 활성화하기 위해서는 노동개혁을 종합세트로 준비해야 한다. 작년 2020년 4·15 총선에서 집권 여당은 예상 외로 압승했다. 그리고 2020년 6월 제21대 국회가 여대야소로 출범했다. 정부(고용노동부)는 ILO(국제노동기구) 핵심협약 중 결사의 자유(제87호, 제98호) 등 비준과 노사가 반대해 온 노조법안, 공무원·교원노조법안 등을 재차 국회에 제출했다. 같은 해 11월에 정기국회 시즌에 당정은 노동법 개정을 추진했다.

물론 보수 야당도 기조는 바뀌지 않았지만, 노동법 개정 문제를 잘 파악하고 '슈팅과 태클'할 능력이 있는지는 의구심을 품었다. 노동법 개혁은 노사단체의 관점에 따라 지향점은 다르지만 오랜 염원이었다. 때 마치 야당대표가 "지금까지 노동법은 건드릴 수 없는 성역(聖域)이었으나, 노사관계, 노동법도 개편해야 한다"고 적절하게 제언했다. 이 때에 큰 틀에서 협력과 연대의 노사관계 전환을 위한 종합적인 '노사관계 선진화 플랜'이 검토되었으면 좋겠다고 생각된다.

노동관계법 일사처리로 처리, ILO 핵심협약도 통과

우리나라 노동법의 낡은 '노동조합 과보호 규정'들은 노사간 힘의 불균형을 더욱 크게 하고 산업현장의 갈등적·대립적 노사관계의 원인을 제공하고 있는 것으로 지적받고 있었다. 제21대 국회가 개원이 되자 노동존중 사회의 공약을 내세워 친노동정책의 일환으로 곧바로 여당은 앞선 국회의 회기 만료로 자동폐기된 노동관계법의 3개 법안(노조법, 교원노조법, 공무원노조법)과 ILO(국제노동기구)의 결사의 자유 등 핵심협약 3개(87호·98호·29호) 비준을 각각 일사천리로 통과시켰다.

특히 노조법 개정은 헌법상 보장된 노동3권(제33조 제1항) 중 노동계에 유리한 단결권에 집중해 해고자·실직자의 노동조합 가입을 '허용'하고, 노동조합 전임자의 급여지급 금지 규정을 '삭제'했다. ILO 핵심협약 비준을 명분으로 개정된 노조법은 해고자·실업자의 기업별노조 가입 허용 등 노조의 단결권을 더욱 강화한 반면 사용자의 대항권은 전혀 보완하지 않고 있다. 이러한 노사관계 균형을 위한 법제도의 정비작업 없이 일방적으로 노동조합의 단결권만을 강화하는 정책을 펼친다면 우리나라의 노동시장의 유연화라는 운신의 폭이 좁아질 것이 뻔하다.

정부는 ILO핵심협약 비준을 위한 노조법 개정의 목적을 글로벌 스탠다드라고 주장하면서 국제기준과 맞지 않는 노동조합의 쟁의행위 시 대체근로 금지, 파업시의 사업장 점거, 사용자의 사후방어적 직장폐쇄, 사용자만의 부당노동행위 형사처벌 제도 등은 개선할 의지가 별로 없다. 노사 파업이나 모든 노사분쟁에 대한 기업의 대항권이 무력화된 현실이다. 특히 국제노동기준에 맞지 않는 부당노동행위 제도는 산업현장의 노사갈등을 촉발시키는 주요 원인으로 지적되고 있다. 현행 노조법은 사용자의 부당노동행위만 규제하고 노사관계에서 발생하는 사용자의 대응행위를 범죄행위로 취급함으로써 노사 불균형이 심화되고 있다.

이와 같이 집권당은 '헌법 개정'보다 어렵다는 '노동관계법 3개 법안'을 개정했다. 이러한 법안 처리가 목전의 보궐 선거나 지지율에 도움이 된다는 판단인 듯했다. 야당은 입법 폭주라고 목소리를 높여 보지만, 속수무책이었다. 그리고 내년 2022년 3월 9일 20대 대선 직후에는 정부가 ILO에 기탁했던 3개 핵심협약 비준서가 발효된다(2021. 4. 26. 비준). 그 때까지 노사간 균형 및 협력적 노사관계를 구축하기 위한 미비된 보완 입법이 필요하다.

그런데 코로나 사태와 기술·사회 혁신의 역동적인 상호관계에서 노동법의 근본적인 개혁이 시급하다. 경제계는 수없이 규제완화책을 요청해왔다. 주지하다시피 경제 부흥을 위해 독일의 전 총리인 게르하르트 슈뢰더가 정권을 잃을 각오로 노동법 개혁에 나섰다. 영국의 '불만의 겨울'에 공공부문 노동조합의 파업에 집권당이 된 보수당 대처는 노조 개혁에 대한 확실한 공약을 통해 실천에 옮겼다. 물론 외국에서는 노동조합의 지나친 횡포에 분노한 국민의 대세에 힘입어 좌파 정부든 우파 정부든 집권할 때에 노동법 개혁이 성공한 사례가 많았다. 당정은 선진 입법례의 발굴로 벤치마킹해, 지속 가능한 노동법을 제시해 적절한 해답을 찾고, 현안 쟁점의 체계 변화를 추구해 검토해 볼만하다. 그리고 여당은 국가 장래와 국정 과제로서 노동법의 개정을 위해 야당에게 손을 뻗쳐야 하는 상황이다.

현행 부당노동행위제도 - 사용자만 형사처벌

우리나라에서는 근로의 형태가 시대적 배경, 기술의 발전 등과 같이 다양한 경영환경 및 노사관계의 변수에 따라 계속해 변화해 오면서 노동운동도 자연스럽게 그 주체, 방식, 형태, 목적 등이 변천해 왔다. 이에 근로자의 정당한 노동3권(단결권·단체교섭권·단체행동권) 행사를 방해하거나 침해하는 행위를 부당노동행위로 보고, 근로자의 노동3권을 실질적으로 보장하고 있다. 그런데 '사용자의 부당노동행위'만 규정을 두고 있다. 현행 노동조합 및 노동관계조정법(이하 '노조법'이라 한다)은 노동조합을 결성하는 준비단계부터 단체교섭, 단체협약 체결, 파업 등 쟁의행위까지 집단적 노사관계를 형성하는 과정에서 나타날 수 있는 행위에 대하여 5가지 유형별로 '사용자'의 부당노동행위를 규정하고 있다(제81조).

구체적으로 사용자의 부당노동행위 유형으로 ① 노동조합 가입 등을 이유로 불이익을 주는 행위(불이익 취급), ② 특정 노동조합에 가입 또는 탈퇴를 고용조건으로 하는 행위(반조합계약, 황견계약), ③ 정당한 이유 없는 단체교섭을 거부하는 행위(단체교섭 거부), ④ 노동조합의 조직·운영에 지배·개입하거나 운영비를 원조하는 행위(지배·개입), ⑤ 단체행위에 참가를 이유로 해고 등 불이익을 주는 행위(불이익 취급)를 규정하고 있다. 결국 부당노동행위란 국가는 근로3권에 대한 사용자의 대표적인 침해행위를 5가지로 유형화하여 위법행위로 인정하는 것을 말한다.

그리고 부당노동행위의 구제제도는 부당노동행위가 발생한 경우에 근로자 또는 노동조합은 노동위원회에 구제신청을 할 수 있다. 물론 이러한 구제제도와는 별도로 민사소송을 제기할 수도 있다. 하지만 이러한 노동위원회를 통한 행정

구제 절차(원상회복주의)와 별개로, 행위 자체에 대해 형사처벌(형벌주의, 3년 이하 징역 또는 3천만 원 이하 벌금)의 이중처벌 구조를 가지고 있다. 미국 및 일본과 달리 원상회복에 병용해 사용자에 대한 형사처벌까지 규정하고 있다. 결국 현행 노조법상 부당노동행위제도는 '사용자'만 일방적으로 규제할 뿐 아니라, 형사처벌(2년 이하 징역 또는 2천만 원 이하 벌금, 제90조)까지 실시하고(양벌규정 제94조), '노동조합'의 부당노동행위에 대한 법적 규율도 전혀 없는 것이다.

산업 현장에서는 정당한 징계나 노무관리, 단체교섭 등에서 사용자에 대한 압박의 수단으로 부당노동행위를 이슈화하고 고소·고발을 오남용하는 사례가 많다. 또한 노조 간부나 조합원의 부정한 행위나 불법행위에 대한 징계가 이뤄지면, 부당징계에 대한 구제신청과 부당노동행위 문제를 함께 제기해 회사들은 정당한 노무관리나 의사표현도 제대로 할 수 없는 현실에 놓여 있다.

또한, 노동계는 신설노조 조직화의 대상으로 지목한 이른바 '무노조 대기업'의 노조 설립 과정에서 부당노동행위 관련 이슈를 적극적으로 제기하고 있다. 하지만 이러한 부당노동행위 관련 고소·고발 및 노동위원회 진정 사건의 대부분은 혐의가 없는 것으로 밝혀지고 있다. 이에 이러한 산업현장에서 발생하는 부당노동행위를 둘러싼 갈등과 오용 및 남용을 막기 위해서는 부당노동행위 제도의 개선이 시급한 상황이다.

부당노동행위의 입법적 규율방식과 관련해 원상회복주의와 처벌주의를 병행하게 됨에 따라, 그 운영의 묘를 어떻게 살리느냐는 당시에 주어진 과제였다. 노사관계에서 사용자의 대응행위만을 범죄행위로 보아 위축시킴으로 노사간 힘의 균형이 심각하게 저해되고 있다. 이에 경제계는 오랜 기간 동안 선진국(미국, 일본 등)과 같이 부당노동행위의 사용자 형사처벌규정의 삭제 등을 통해 노동계로 크게 기울어진 운동장을 개선해 줄 것을 간절히 요청했지만, 제대로 된 반응은 없었다.

노동조합의 부당노동행위를 왜 규제해야 하는가

헌법상 보장된 노동3권(제33조 제1항)에 대한 사용자의 침해(지배·개입)는 원래 노동조합이 스스로 방어해야 한다. 하지만 노동조합 운동의 초기에는 국가가 개입해 사용자의 부당노동행위를 금지시켰다. 근자에는 노동조합이 부당노동행위제도의 본래 취지와 다르게 이를 남용하거나 다른 요구의 관철을 위한 도구로 활용하는 경향이 강하다. 산업현장에서 노동조합은 사용자의 정상적인 경영활동도 부당노동행위라면서 무분별한 고소·고발·진정으로 소모적인 분쟁만을 일으키고 있다. 결국 노사 간의 불신과 갈등관계가 고착되어 협력적 노사관계의 구축은 어려워진다.

어쩌면 새삼 우문현답(愚問賢答), 즉 우리의 문제는 현장에 답이 있다. 개별기업 현장에서 매년 노동조합에 의한 단체교섭 전(全) 과정을 돌아보면, 노사 간에 실질적으로 대등한 위치인가에 대해서는 노동조합 측에 이미 '기울어진 운동장'임을 알 수 있다. 실제로 노동조합은 회사에 투쟁적인 노동운동을 펼치고, 불균형을 촉발한 노동법의 맹점을 활용한다.

이에 반해, 현장에서 노동조합은 단체교섭의 압박수단으로 적극적으로 활용해왔다. 회사가 부득이한 경영 형편으로 교섭을 연기하려 하면 '교섭 해태'의 부당노동행위로 고소해 악용(惡用)한다. 또한 노동조합이 수개월 동안 교섭대상이 아닌 인사·경영권의 쟁점을 제기한다. 심지어 노동위원회에서 정당한 해고로 판정받은 사안까지 해고자의 복직을 끈질기게 조른다. 회사의 단체교섭과 무관한 쟁점에도 노동조합은 '불이익취급'의 부당노동행위로 고소해 기선을 제압한다. 그리고 노동조합이 교섭 중에 갑자기 결렬을 선언한 후 파업을 예고해, 회사 경영진은 화들짝 놀라서 경영 형편이 어려우니 대화로 해결하고, 공장 가동을 간청해도 부당노동행위라고 구체 신청을 한다.

나아가 연례행사로 노동조합은 교섭부터 타결까지 공세적인 압박 도구로 부당노동행위라고 남발한다. 노동조합의 전투적인 교섭전략 및 분별없는 고소・고발・진정으로 소모적인 분쟁이 허다하다. 노동조합 측의 무리한 요구・행위와 회사 측의 무리한 대응을 원천적으로 최소화해야할 문제가 있다. 노동법상 노동권에 대한 과도한 보호로 '힘의 불균형'에서 노사 갈등은 확대・반복된다. 현행 노조법은 사용자의 부당노동행위가 발생하면, 원상회복을 위한 노동위원회의 구제절차뿐만 아니라, 형사처벌의 이중구조는 지나친 제도의 제한이다.

부당노동행위제도의 외국 입법례는 : 미국, 일본

부당노동행위제도에 관한 외국의 입법례를 살펴보면, 미국의 경우는 프랭클린 루즈벨트 대통령이 당시 대공황의 대책으로 내세운 뉴딜정책의 하나로 도입된 노동헌장인 1935년 연방노동관계법(NLRA, Wagner Act 1935)을 제정하면서 사용자의 부당노동행위제도를 신설하였다. 그 후 1947년 태프트・하틀리법(Taft Hartley Act, 1947)에서는 '노동조합'의 부당노동행위 규정을 추가하였다. 시대적인 배경에는 와그너법 제정으로 미국 노동조합이 사용자의 교섭력보다 우위로 성장했다. 하지만 1945년 제2차 세계대전 이후 경제 불황으로 노사간 분쟁이 심해지자 노사간 교섭의 균형을 회복할 필요가 따라, 당시 트루만 대통령의 거부권 행사에도 불구하고 재의결해 태프트 · 하틀리법이 탄생하였다. 이 법에는 클로즈드 샵 금지, 공무원의 파업금지, 노조 간부가 공산당원이 아니라는 선서 제출 의무화 등도 있었다.

노동단체(노동조합)의 부당노동행위 주요 규정(미국 연방 노동관계법 NLRA 제8조 b)에서는 ① 근로3권으로 보장된 근로자의 권리행사를 제한 · 강요하는 행위, ② 사용자로 하여금 근로조건 등 차별행위를 유발 · 시도하는 행위, ③ 사용자와 성실한 단체교섭을 거부하는 행위, ④ 특정한 목적을 관철하기 위해 금지된 파업 및 보이콧 행위, ⑤ 과도한 또는 차별적 조합(가입)비를 요구하는 행위, ⑥ 부당한 금품 지급 요구, ⑦ 조직화 · 승인을 요구하는 피케팅 행위 등을 두고 있다. 특히, 노조전임자에 대한 급여는 원칙적으로 소속 노동조합이 부담한다. 노동조합의 운영비 지원행위도 마찬가지이다. 나아가 사용자와 노동단체가 핫 · 카고(hot cargo) 협정을 체결하는 경우도 부당노동행위라고 한다. 그리고 미국은 독립적인 행정기관인 연방노동위원회에서 단결권과 단체교섭권 및 부당노동행위 사건에 대한 독점적 관할권을 갖고 구제의 실효성 확보에 중점을 두고 운영되며, 부당노동행위 자체에 대한 처벌 규정은 없다. 캐나다 · 호주도 마찬가지이다.

일본의 경우는 1945년 제2차 세계대전에서 패전한 이후, 1949년 노조법 전면개정시 연합군사령부(GHQ)에 미국의 와그너법에 기초한 부당노동행위(불공정 노동행위)가 도입되었다. 이것은 당시의 복잡한 사정을 반영한 결과로서 미국의 부당노동행위제도에 근접하게 되었다. 일본의 부당노동행위제도의 목적은 사용자와 노동조합을 대등한 교섭상대방으로 승인, 존중하고, 이들과 단체교섭관계를 영위해야 한다는 노사관계의 기본 룰(단결권)을 옹호하는 데 있다.

이러한 룰에 입각하여 향후 '노사관계의 정상화'를 도모하는 것이다(공정한 노사관계질서설). 이에 부당노동행위는 공정한 노사관계 질서에 위반하는 행위이고, 부당노동행위 구제제도는 질서위반 행위의 시정절차라고 본다. 일본의 경우는 미국과 달리 노동조합의 부당노동행위 규정은 없다. 그리고 노동조합에 대한 경비원조와 관련해, 특히 노조전임자의 임금지급 여부이다. 민간기업에서는 노조전임자에 대한 관련 법규정이 없고, 노사관행(단체협약)으로 인정하고 있다. 다만, 단체협약상 노조전임자에게 임금지급행위는 노동조합의 결격 사유에 해당하고, 경비원조에 해당해 부당노동행위가 성립한다. 공공부문에서는 노조전임자를 원칙적으로 금지한 후, 소속청장의 허가를 받은 경우에만 인정하고 있다.

일본은 부당노동행위의 구제제도로서 과벌주의를 폐지하는 대신에 준사법적 행정구제절차로서 노동위원회가 부당노동행위 사건에 대한 관할권을 갖고 구제명령을 내리는 구조이며, 부당노동행위 자체는 형사처벌 대상이 아닌 부당노동행위가 없었던 상태로 회복시키는 원상회복주의를 채택하고 있다.

그리고 인도는 부당노동행위제도를 1982년 노동쟁의 개정법에 두었다. 이 법률에서 사용자, 사용자단체, 근로자 및 노동조합(등록 노동조합에 관계없이)에 부당노동행위가 금지되었다. 반면에 유럽에는 부당노동행위제도 자체가 존재하지 않으며, 단결권 보호 차원에서 사용자의 불이익 취급(부당해고 등)을 금지하고 있을 뿐이다. 이러한 외국의 입법 동향은 노사교섭력의 균형을 회복한 사례를 제시해 준 것으로 이해한다면, 우리나라의 부당노동행위제도가 나가야 할 이정표를 알려주는 데 매우 유익하다고 판단된다.

[표 3] 외국의 부당노동행위제도 비교

한국	• 사용자의 부당노동행위만 규율 • 원상회복주의(구제주의) • 형사처벌규정(2년 이하 징역 또는 2천만 원 이하 벌금)
미국	• 사용자 및 노동조합의 부당노동행위 규율 • 원상회복주의 • 형사처벌 규정 없음
일본	• 사용자의 부당노동행위만 규율 • 원상회복주의 • 형사처벌 규정 없음

부당노동행위제도의 처벌조항 '삭제'

위에서 언급한 것처럼 현행 부당노동행위제도는 국가가 노동3권을 보장하고, 사용자의 기본권을 조화시켜서 공정한 노사질서의 침해행위에 개입하는 것을 인정받고 있다. 사용자만의 부당노동행위에 대해서는 형사처벌 규정을 두고 있다. 그렇지만 부당노동행위에 대해 원상회복을 넘어 형벌(처벌조항)까지 부과하는 것은 법체계상 문제, 제도의 취지와의 부조화, 과잉 형벌 및 위헌소지 등의 논란이 있다. 부당노동행위제도의 처벌주의와 원상회복주의는 사용자의 부당노동행위의 위법행위 내지 노동3권 침해행위에 대한 대처방식의 차이일 뿐이고, 노사간 대등하고 '공정한 노사관계 질서'를 실현해야 한다.

우리나라도 노조법의 변천 과정을 살펴보면, 초기에 처벌주의에서 원상회복주의로 바뀌었다가, 그 후 원상회복주의에 기반해 반의사불벌에 기초한 처벌주의를 병과하는 방식(병용주의)으로 전환했다. 다시 반의사불벌 부분만을 삭제함으로 부당노동행위의 대처방법이 사전 예방에서 사후 구제 쪽으로 전환했다. 현행 노조법은 사후 구제와 사전 예방도 중시하게 됨으로써, 부당노동행위의 대처방식이 다양화되고 적극성을 갖고 있는 것이다.

[표 4] 부당노동행위 처벌조항 법개정의 내용 변천

1953년 「노동조합법」 제정	1963년 법개정	1986년 법개정	1997년 「노조법」 제정
원상회복주의+ 형사처벌주의	원상회복주의 (형벌삭제)	원상회복주의+형사 처벌주의(반의사불벌죄)	원상회복주의+형사처벌주의 (반의사불벌 조항 삭제)

물론 부당노동행위제도는 노조의 단결권 행사, 단체교섭 등 일련의 집단적 노사관계를 형성하는 과정에서 발생할 수 있는 사용자의 대응행위를 규율대상으로 한다. 하지만 이를 형법상 범죄행위로 취급하는 것은 적절하지 않다. 현행 노조법이 규제하는 부당노동행위의 5가지 유형은 고의를 입증하거나 기수의 시기(결과에 도달한 시기)를 확정하고, 책임을 귀속하는 등과 관련해 전통적인 형법상의 범죄행위와 근본적으로 달라 형벌주의와 조화되기 어려운 것이다.

부당노동행위 유형은 잘 읽어보면 추상적으로 나열되어 있어 실제 어떤 행위가 범죄의 구성요건에 해당하는지 판단하기 어렵다. 그런데 이를 일괄적으로 범죄행위로 취급하는 것은 부당하다. 특히, 그 유형 중에서 '단체교섭을 정당한 이유 없이 거부하거나 해태하는 행위', '노동조합을 지배·개입하는 행위(경비원조, 운영비원조)'라는 구성요건은 매우 애매하고 추상적이어서 형벌의 죄형법정주의(명확성 원칙)에 위배될 수가 있다. 또한 부당노동행위에 대한 별도의 행정적 구제수단이 있음에도 형벌까지 부과하는 것은 형벌의 최후성·보충성 원칙에 비추어 지나치다. 나아가 확정된 구제명령에 위반한 경우에 대한 처벌규정과 부당노동행위의 처벌규정이 중복될 수 있어 이중처벌 금지 원칙에 저촉될 우려도 있다.

이에 우선 부당노동행위에 대한 '직접적 형사처벌'과 '노동위원회를 통한 행정적 구제'로 이중적으로 이루어지고 있는 제도를 개정해 부당노동행위에 대한 직접적인 형벌규정을 삭제하고 노동위원회를 통한 행정적 구제로 일원화해야 하는 것이 바람직하다. 외국의 입법례를 검토해 보아도 부당노동행위제도는 유럽은 원래 없고, 미국이나 일본은 근로자 보호에 적합하지 않다고 인식해 형사처벌 규정이 없다. 결국 노사간 힘의 균형을 달성하기 위해서는 현행 사용자에게만 부과된 '부당노동행위 형사처벌 조항'을 '삭제'해야 한다. 무엇보다도 상생의 노사관계를 구축하는 데 부당노동행위 자체를 범죄화해 사용자만의 형사처벌이 최적의 규율방식인지를 진지하게 고민해 볼 필요가 있다. 이를 통해 노사가 자율과 책임에 기반한 합리적인 노사관계를 구축하는 디딤돌이 될 것이다.

'노동조합'의 부당노동행위제도도 도입

그리고 부당노동행위제도를 가진 선진국의 동향은 '사용자'뿐만 아니라 '노동조합'도 균등하게 규율하고 있다. 특히 미국이 와그너법(1935년)이 지나치게 노동교섭력을 강화시켜 개별기업 및 산업 전반에 부작용이 나타나자, 태프트·하틀리법(1947년)으로 노조의 부당노동행위를 금지시키는 등으로 노사 교섭력의 균형을 회복한 경제 활성화에 도움을 주는 방향에서 노사자치 원칙, 노사간 힘의 균형을 맞추기 위해 노동조합의 권리 남용이나 불법적 행위, 노동조합의 지나친 권력화에 대한 규제도 필요하다.

노사관계 교섭과 실력 대결의 산업 현장에서 노사간의 교섭력은 노동법제도의 불공정성으로 인해 대등한 교섭력을 상실해 기울어진 운동장이 되어 버린 지가 오래되었다. 노사 쌍방 간에 실력 대결을 통한 공정성 내지 대등성의 상실은 계속해 심화되어 왔다. 노동권은 지나치게 보호되는 반면, 사용자의 재산권, 인사경영권이 노동권의 무리한 행사로 인하여 침해되었는데 보호를 받지 못하는 사례들이 늘어만 가고 있다. 법제도 및 관행에 대한 불필요한 변경은 집단적 노사관계에서 혼란만을 초래하여 그나마 자리 잡은 노사자치를 오히려 후퇴시킬 위험이 크다는 반대의 입장도 있다.

하지만 불법파업으로 인한 업무방해죄의 적용 범위는 계속 좁아져 간 반면에, 파업 중 대체근로를 불법으로 규정하는 범위는 계속 확대되어 갔다. 외국에 파업 중 대체근로를 허용하지 않아 우리나라에게만 있는 대체근로 금지는 대표적인 노사 불균형 제도이다. 그럼에도 불구하고 이러한 제도를 더욱더 엄격하게 적용하여 파업으로 인해 업무 제공을 중단하는 위탁업체 대신 다른 업체로 하여금 업무의 제공도 금지되는 대체근로라고 확장 해석하는 판례들이 나타났다. 또한 파업에 대하여 방어적으로 대항하는 직장폐쇄도 효력정지 가처분에 의해 무력화되는 사례들도 계속 나타났다.

실제 산업현장에서는 노동조합에 의한 부당노동행위 유형들이 나타나고 있다. 이를 테면 노동조합이 고의적인 교섭거부 및 해태를 하고, 특정한 임직원의 인사조치 요구 등 인사권을 침해하거나 각종 경비원조를 요구하는 등 불법적 행위가 있어도 제재수단이 없다. 또한 조합원 확보를 위한 노노간 갈등으로 다른 노조 조합원에 대한 폭언, 폭행, 위협적 행위, 노동조합에 의한 근로자의 노동조합 가입 강요, 파업 참여 등의 강요, 사용자단체 참여 강요 등도 문제된다.

이러한 노동조합의 부당노동행위가 현장에서 빈발해도 이를 바로 잡을 어떠한 법적 수단도 없는 상황이다. 그 결과 노조 측의 부당한 실력 행사는 제한 없이 허용되고 있고 노동조합 측의 지나친 실력 행사에 견딜 수 없는 경우 사용자의 재산권, 인사경영권이 지나치게 침해되는 결과가 많아질 수밖에 없다. 이에 사용자의 부당노동행위만 규제하는 현행 제도를 개정해 '노동조합의 부당노동행위'도 함께 규율해 노사간 힘의 균형을 도모해야 한다.

산업현장에서 흔히 발견되는 '노동조합의 부당노동행위'에 유형으로 ① 특정한 노동조합에의 가입 강요 및 위력을 사용한 파업참가의 강요, ② 사용자의 부당노동행위 강요, ③ 사용자단체의 결성 및 가입 강요, ④ 정당한 이유 없는 단체교섭 거부 또는 혜택, ⑤ 근로를 제공하지 않은 조합원에 대한 임금지급 요구, ⑥ 노조전임자에 대한 급여지급 요구, ⑦ 위법한 쟁의행위나 폭력·파괴행위 근로자에 대한 민사·형사상 면책 강요 등을 적극적으로 도입할 것을 검토할 수 있다.

노동개혁의 톱니바퀴는 돌고 있다

코로나 위기 사태와 디지털 기술발전의 역사적인 진화의 소산으로 현행 노동법은 이상과 현실에 부적합하고 제대로 기능하지 못하고 있다. 현실적인 절충이라며 노사간 실질적 상생 대안이라며 '짝퉁 입법'을 흉내낼 필요는 없다. 시대변화에 알맞는 합리적·균형적인 노사관계의 선진화를 달성할 묘안을 찾아야 한다.

사용자만의 부당노동행위에 대한 형사처벌, 파업 중의 대체근로 금지, 확대되는 노동조합 가입 범위, 노동조합 측의 실력행사의 면책 범위 확대 등은 과연 전체 근로자들의 권익을 향상시키는 데에 기여하는 것인가? 아니면 소수의 조직 근로자들만의 권익향상에 기여하는가? 위 노동법제도들은 개별 기업 및 산업 전체의 국제경쟁력 향상에 도움을 주는가? 아니면 해를 주어 결국 전체적 기업과 산업의 지속 가능한 경제성장을 막고 있는가?

노사간 힘의 공정성을 상실한 노동법제도가 초래하고 있는 참으로 답답한 우리나라 노사문제의 현주소이다. 성숙한 노사관계를 구축한 선진국에서 바로 잡은 지 오래된 파업 중 대체근로를 허용하고, 사용자만의 부당노동행위를 형사처벌하는 제도의 불균형성도 노동조합의 부당노동행위도 신설해 노사간 균형을 잡고, 형사소송을 배제하고 민사소송으로만 해결하려는 방향으로 법제도의 개선을 추진해야 한다.

아직도 노조법 개정을 논의하지 못한 채 노동개혁의 톱니바퀴는 돌고 있다. 조만간 정부는 부당노동행위의 형사처벌 삭제 및 노동조합의 부당노동행위의 신설, 그리고 노동관계법 처벌조항의 전반적인 정비를 위하여 조속히 노사단체가 참여하는 논의의 틀을 운용해야 한다. 국회는 미래의 성숙한 노사관계를 달성하기 위한 합리적인 노동개혁에 진력해 줄 것을 기대해 본다.

노동 입법은 국가정책의 최후수단이기에 최대 효과를 얻을 방책을 세워야 한다. 그야말로 노사간 공정성을 확보하는 시대의 요청에 부응하면 된다. 빠른 시간 내에 국회에서 노동법을 개편하게 된다면, 여야가 공론의 장을 열어 노사정의 요구 및 전문가의 권고를 '경청'하되, 성숙한 '협치'를 통한 노동입법의 신속한 통과를 소망해 본다.

4
포괄적 차별금지법 도입 신중

차별금지법 제정이 왜 논란이 되는가

21세기 우리나라는 고령화·저출산, 플랫폼 시대, 4차 산업혁명시대 및 정보기술, 인터넷 발전, 코로나19 팬데믹의 여파로 급변하는 경영환경 속에서 유례없는 경제 위기에 빠져있다. 동시에 우리 사회는 양적·질적으로 성장하면서, 다양한 집단과 개인이 함께 살아가고 있다. 현재 차별 사회의 일상에서 다양한 법제도를 고찰해 차별을 제거하는 방식이 정의의 본질에 가깝다. 차별과 관련한 성별(여성), 외국 이주민, 장애인, 성적 지향, 성별 정체성 등과 같은 인적 특성은 기본적으로 차별(불평등) 갈등의 원인의 될 수 있는 요인이다.

이러한 차별금지 사유는 기존의 구체화·개별화되는 소수자(minorities, 사회적 약자) 보호의 관점에서 차별, 구별(짓기), 선택 문제로 조명받고 있다. 여기서 소수자의 개념은 양적 소수자(장애인) 및 질적 소수자(여성), 상대적·절대적 소수자, 발굴되거나 발굴되지 않은 소수자라고 부른다. 또한 소수자를 구체적 유형으로 홈리스(노숙자·부랑인·쪽방거주자), 학업중단 청소년, 장애인, 트랜스젠더와 동성애자, 장기수, 정신병원 수용자, 해외(재외)동포, 화교, 국제결혼 배우자, 성매매 이주근로자, 탈북자, 국내 조선족, 외국(이주)노동자, 혼혈인, 양심적 병역거부자, 철거인, 가난한 자, 아동, 재소자, 정신장애인, 난민, 비정규직근로자로 구분하기도 한다.

이들은 사회 다양한 전선에서 헌법상의 '평등권'을 요구한다. 모든 국민은 법 앞에 평등하다(제11조 제1항). 누구든지 성별·종교 또는 사회적 신분에 의하여 정치적·경제적·사회적·문화적 생활의 모든 영역에서 차별을 받지 아니한다. 이러한 헌법상의 평등권은 '군가산점제도에 대한 위헌 결정'(1999)과 '호주제의 헌법불합치 결정'(2005) 등의 근거가 되기도 하였다. 자발적으로 차별 문화를 개선하기 보다는 통상 누군가의 불합리한 우대·배제·구별 또는 불이익 취급의 차별행위를 개선해야 한다(헌법재판소 2010.3.25. 선고. 2009헌마538 판결).

현대 사회의 근본규범인 차별금지(평등대우, 균등처우) 이념은 현실과 법, 인권과 실정법, 교육·고용, 서비스와 재화의 이용, 노동시장 전체로 확대되고 있다. 대법원(2019.3.14. 선고 2015두46321 판결)에서는 평등대우의 원칙은 헌법이 정한 국민평등의 원칙을 근로관계에서 실질적으로 실현하기 위한 것이므로 성별, 사회적 신분, 근로계약상의 근로 내용과는 무관한 다른 사정을 이유로 한 차별도 금지된다고 판시하고 있다.

현실 사회에서 차별 현상은 특정한 상황의 맥락과 문화 속에서 나타나는 문제이다. 차별의 판단기준은 가능하면 소수자의 관점에서 '인권'(human rights)의 요구를 헌법에서 포섭하고, 현실의 차별을 법적으로 해결하려고 한다. 인권은 자유롭고 평등한 존재로서 인간의 존엄에 대한 확인이자 보편적인 합의이다. 인권은 헌법상 헌법적 권리를 의미하는 '기본권'(constitutional rights)이다. 여기서 헌법적 권리는 인권과 함께 현실적 필요에 따라 각국의 헌법에 명시한 권리를 포함한다. 이에 인권의 보호영역이 비교적 명확해지고, 강제적인 관철이 가능해진다. 나아가 헌법을 통한 법과 국가의 목적은 인권을 보장하고 실현하는 것이고, 인권과 기본권이 중첩될 수 있다. 결국 인권은 공동체의 균형 잡힌 협상과 타협 방식으로 '사회적 합의'를 실현해야 한다.

또한 지금 사회에서 모든 일상의 다양하고 복잡한 차별(금지)의 사유 및 유형을 금지하는 다양한 법률이 존재하지만, 차별은 여전히 존재한다. 이를 테면, 현행 (고용)차별금지법은 '헌법'을 정점으로 '근로기준법', '남녀고용평등과 일・가정양립지원에 관한 법률'('남녀고용평등법'), '고용상 연령차별금지 및 고령자 고용촉진에 관한 법률'('고령자고용법'), '장애인차별금지 및 권리구제 등에 관한 법률'('장애인차별금지법'), 그리고 '기간제 및 단시간근로자 보호 등에 관한 법률'('기간제법')과 '파견근로자 보호 등에 관한 법률'('파견법') 등이 있다. 특히 기간제법과 파견법(소위 '비정규직법')은 비정규직의 차별금지 및 차별시정제도 등을 법제화하고 있다.

포괄적 차별금지법과 개별적 차별금지법의 논란

법이 관여해 차별의 경계를 설정한다는 것은 난제이다. 법제도는 다양한 규율 대상을 일반화하는 경향이 있고, 차별 여부의 법적 해결은 새로운 차별 사유를 초래할 위험이 크다. 이른바 '차별금지법'이란 합리적 이유 없이 전형적인 "성별・장애・병력・나이・출신국・민족・인종・피부색, 성적(性的) 지향성・성별 정체성, 언어·학력 등을 이유로 고용, 교육 및 직업훈련 등"에서 차별을 받지 않도록 하는 내용의 법을 말한다. 여기서 '차별'이란 우선 다르게 대우하는 모든 차별적 행위를 의미하고, 오로지 합리적 근거가 없는 차별적 대우만을 말한다. 시간근로자·기간제근로자·파견근로자 등과 같이 특정한 사유나 고용 등 개별 영역만을 다루는 '개별적 차별금지법'이 있다. 한편, 이제는 현행 개별적 법률에 차별 금지사유와 시정절차 등을 구체적으로 정비하고 보완해 통일적·체계적인 이른바 포괄적 '차별금지법'을 제정할 필요가 있다는 주장도 있다.

종전부터 '포괄적 차별금지법'보다는 '개별적 차별금지법'에 관한 연구가 많았다. 예를 들어 성별(남녀고용평등법), 연령(고령자고용법), 장애 여부(장애인고용법), 단시간·기간제근로자(기간제법), 파견근로자(파견법), 이주자(이민법), 성소수자 등의 개별적 '특별법'에 대한 연구가 주류였다. 이러한 개별 법령들은 다양한 상황과 맥락에서 부당한 차별이란 '차별 퍼즐'을 차별의 구체적인 형태를 제정해 운용해 왔다. 현재 쟁점이 되는 차별금지법안은 차별금지사유로 성별·신앙·국적·병력·나이·장애·인종·학력·고용형태·성적 지향·성별 정체성 등의 이유에 따른 정치적·경제적·사회적·문화적 생활 등 모든 영역에서 국민의 실질적 평등을 제시했다. 하지만 현실적으로 다양한 영역에서 발생하는 다양한 유형의 반(反)평등적인 행위를 규제하는 것은 한계가 있다.

UN 기구의 포괄적 차별금지법 제정의 권고

이에 입법 및 그에 기초한 사법·행정적인 구체적 조치에 선행되는 법으로서 헌법상 평등의 이념을 더욱 구체화하여 사회 전체를 규율하는 초석으로서 기능할 기본법의 필요성이 요구되어 왔다. 이러한 이유로 평등기본법인 포괄적 '차별금지법'의 제정을 촉구하는 여론이 지속적으로 있었다. 2012년 이래 UN(유엔) 인권이사회, 여성차별철폐위원회, 인종차별철폐위원회, 아동권리위원회, 경제·사회·문화적 권리규약 위원회 등과 같이 인권과 관련된 UN 기구들은 우리나라에 '차별금지법'의 제정을 지속적으로 권고해왔다.

2012년 UN 인권이사회(10개 국가)는 한국에 대한 제2차 국가별 정례 인권검토 심의 및 2017년 제3차 국가별 정례 인권검토 심의(미국, 캐나다, 오스트레일리아, 프랑스 등 24개국)에서 각각 차별금지법 제정을 권고했다. 또 한국 제3차 인권상황 정기검토UPR(2017)는 "인종, 젠더, 성적 지향, 성별 정체성을 이유로 한 차별을 포함하는 모든 형태의 차별(개념의 정의) 금지하는 포괄적 차별금지법 제정에 대한 필요한 절차를 진행해 나갈 것"을 권고했다.

국내의 포괄적 차별금지법 추진 동향

우리나라도 최근까지 포괄적 차별금지법에 관해 계속 연구해 왔다. 외국 사례의 연구동향은 '포괄적 차별금지법'으로 시행된 서구권의 경우 '평등권'을 중심으로 법학 및 실증적·구체적인 연구도 축적해왔다. 그리고 헌법의 평등이념에 따라 정치·경제·사회·문화·교육 등 모든 생활영역에서 합리적 이유가 없는 모든 형태의 차별을 금지하는 내용을 담고 있는 (포괄적) '차별금지법'을 제기하고 있다. 종전까지 국가인권위원회법 등과 같이 사실상의 인권보호 법안을 제정하는 움직임이 있었다.

그러나 '기독교 보수 성향'을 중심으로 인권으로 포장한 '동성애(성적 지향,

성별 정체성, 성소수자)'를 핵심 이슈로 문제 삼으며 강력하게 반대하고 있다. 이는 젠더 이데올로기의 실체와 투쟁이론과 관련해, 먼저 젠더는 사회적 성을 말해, 생물학적인 개념의 남성과 여성을 가리키는 '성'(sex)과 구분된다. 즉 젠더는 사회적으로 사라나년서 자신이 직접 선택할 수 있다는 의미로, 젠더 개념에는 LGBT(레즈비언, 게이, 양성애자, 트랜스젠더, 간성)를 포함한 다양한 종류의 사회적 성이 존재할 수 있다.

문재인 정부는 '제3차 국가인권정책 기본계획'(2017~2021)에서는 생물학적 성을 근거로 한 '양성평등'을 삭제하고 사회적인 성('젠더' 개념)을 기반으로 하여 모든 성을 포함시키는 '성평등' 관련 조항을 삽입하며, 젠더에 기반한 성에 대한 반대 의견이나 불편함을 표시할 경우 처벌받게 되는 (포괄적) '차별금지법'을 제정하도록 명시하고 있다. 심지어 서울특별시, 경기도 등 14개 지방자치단체가 '양성평등 조례'를 제정하는 과정에서 '양성평등'이 아닌 '성평등'으로 사용하고 있다.

외국의 차별금지법 관련 동향

먼저 초국가적 차별금지법과 관련해 국제법의 역할을 하는 UN(유엔) 규약 및 ILO(국제노동기구) 협약은 각각 선언적인 내용으로 규정되어 있다. 이에 가입 또는 비준한 국가는 최소한 강제성을 미치기 때문에 현대 국가 법구성상 차별금지와 관련된 기본적인 내용을 제시한다고 평가할 수 있다. 특히 고용 및 근로조건 등과 관련해, 성별 등을 이유로 하는 각종 차별행위로부터 기본권이나 인권으로서 근로권을 보호하기 위한 각종 규범이 일찍부터 만들어졌다. 이러한 점에서 개별 국가의 차별금지법이 제·개정되는 디딤돌의 역할을 해왔다. 그리고 차별금지의 내용에 대해 지속적으로 변화를 추구하며 미준수 국가에 대한 권고 등을 통하여 평등권을 실현하는 데 앞장서고 있다.

또한 EU(유럽연합)의 각종 지침은 지역적 차원에서 유럽 회원국에 대하여 구체적인 가이드라인을 제공하면서, 이를 준수하도록 비교적 큰 영향력을 발휘하고 있다. 이러한 점에서 상당한 강제력 있는 국제법의 기능을 실시하고 있다.

미국의 경우 다인종 사회의 특성상 최초의 차별금지법인 '민권법'(Civil Rights Act 1964) 제7장을 중심으로 다양한 차별 영역에 대한 구체적인 차별 관련법을 제정하고 있다. 다만 판례법에 따른 법제의 특성상 법문 자체에 의한 규율보다는 개별 차별 영역에 따른 사건별로 축적된 판례 법리에 따라 기능하는 부분이 많다.

영국의 경우 미국의 차별금지 제도를 적극적으로 계수해 유럽에서는 조기에 차별금지법을 제정했다. 다만 포괄적 차별금지법인 '평등법'의 제정은 다른 유럽과 마찬가지로 관련 EU지침 등이 수립된 후에야 진행되었다.

독일의 경우 성문법 국가로서 개별적 차별금지법을 일찍이 입법했다. 이에 따른 판단해 오고 있었으며, 유럽에서도 포괄적 차별금지법의 제정 자체는 늦게 이루어졌다. 여기에 다른 국가와는 달리 연구소 형태의 독립적 인권기구를 두고 있어, 구제제도보다는 강학적인 연구 및 그에 따른 제도 마련에 보다 초점을 두고 있다.

반면에 일본의 경우 우리나라와 마찬가지로 포괄적 차별금지법이 아직 제정되지 않은 상태이다. 특히 성차별이나 혐오 표현 등에 대한 일부 법을 제외하고는 구체적인 개별적 차별금지법도 미흡한 측면이 있다. 이러한 점에서 소수자 인권에 대한 빠른 개선이 요구된다. 최근에는 다양한 방식으로 차별금지법제를 국제 수준에 맞게 정비하려는 동향이 있다.

대부분의 국가는 헌법상 기본권 중에 '평등권' 규정이 있다. 이에 근거해 세계화에 따라 인구의 다양성이 늘어나면서 '사회적 약자'를 보호하기 위한 차별행위 및 그 폐해를 인식하고 있다. 이를 개선하기 위하여 많은 국가가 개별적 '차별금지법'을 이미 제정하였거나 입법을 시도하는 유사한 움직임이 있다. 또한 인권인 평등권을 보다 구체화하기 위한 기본법인 차별금지법을 제정하였거나 제정하려는 동향도 비슷하다.

최근에 '인종차별' 문제가 사회 전반에 계속적인 이슈가 제기되면서, 다양성이 높은 구미국가 등 대부분의 국가에서는 '국적', '민족', '인종' 등에 따른 차별대우를 규제하고 있다. 또한 선진국은 평등의 이념에 기초해 포괄적 차별금지법을 통해 기본권 보장의 입법을 마련하고 있다. 반면 일본 및 한국 등의 아시아의 경우 평등권에 대한 사회 이해가 상대적으로 낮고, 근대까지도 인종이나 민족에 따른 배타성이 높았기 때문에 단일민족 국가로서 포괄적 기본권 보장의 성격보다는 개별법의 제정 형태를 취하고 있다.

이처럼 일부 해외 국가의 경우 이미 개별적 차별금지법과 포괄적 차별금지법 간의 정의 규정이나 구제·처벌 등의 충돌을 법 개정을 통해 없애거나 완화한 상태이다. 하지만 우리나라의 차별금지법의 경우 다른 개별적 차별영역에 관련된 법규와의 관계를 진지하게 연구하지 못한 한계가 있다. 특히 외국에 비해 개별법에 따라 차별 영역을 오랫동안 규율해 왔다. 이에 이미 차별 영역별로 확립된 법논리 및 판례 법리 등이 실시하고 있다. 이러한 내용을 단시간에 포괄적 차별금지법의 내용으로 개정하기란 어려움이 크다.

[표 5] 외국의 입법례

국가	관련법제	차별개념
UN	세계인권선언, 자유권규약, 사회권규약 등 선언적 내용	–
ILO	기본협약, 거버넌스협약, 전문협약으로 구분되는 선언적 내용	–
EU	‘고용 및 직업에 관한 평등대우의 일반적 구성’, ‘인종 또는 출신민족의 구별없는 사람들 사이의 평등대우원칙의 이행’ 등 각종 지침	간접차별의 판단기준 제시(객관적 정당화의 정도에 따라 판단), 혐오표현 근절권고 등
미국	민권법 제7장 외 동일임금법, 재활법, 장애인법 등 개별법	차별적 영향 이론, 적대적 근무환경에 의한 괴롭힘 간주
영국	2010 평등법, 평등임금법, 성차별금지법, 인종관계법, 장애차별금지법 등 개별법	유럽 최초 간접차별법리 도입
독일	독일 일반평등대우법, 취업자보호법, 사업장협의회법 등	직접차별, 간접차별, 괴롭힘 및 성희롱(성적 괴롭힘), 근로자 범위 확대
일본	헌법, 노동기준법, 남녀고용기회균등법, 헤이트스피치해소법 등 개별법	인종, 신조, 성별, 사회적 신분 또는 문벌(門閥)에 따른 규율

차별금지법의 입법 추진 현황

현행 ‘국가인권위원회법’은 포괄적 차별금지법(평등법)으로 인정할 수 있다. 물론 2007년 이후 몇 차례나 국회에 유사한 미완의 법인 ‘차별금지법’의 제정을 계속 추진해왔다. 하지만 아직도 미진한 부분이 있다. 지난 2020년 4·15총선 이후 거여야소로 제21대 국회가 출범한 후, 2020년 6월 포괄적 ‘차별금지법안’[장혜영 안(정의당)], 2021년 6월 ‘차별금집법안(평등법안)’[이상민 의원(더불어민주당)]을 발의한 상태이다.

차별금지법안을 둘러싼 국민의 법 감정과 입법자의 합의도 되지 않아 그 동안의 입법 시도는 논의했지만 국회 회기 만료로 자동폐기되곤 했다. 제19대 국회에서 김한길 및 최원식 의원이 각각 법안을 발의하였다가 철회한 이후, 거의 7년만에 제출된 차별금지법안이다. 그러나 이러한 입법은 학력에 따른 차등화가 불가능해지므로 능력이나 노력의 결과물을 부정하는 입법이 기업에 부담이라는 우려 등의 과잉 입법이라는 지적하면서, 국민적 합의에 기초한 차별금지 사유와 영역을 개별 규정하는 '개별적 차별금지법'으로 전환해야 한다는 입장도 있다.

차별금지 사유의 확대

차별금지법안에서 나열된 '차별금지사유의 21개'는 국가인권위원회법상의 '18개의 차별금지사유'에 '출신국가, 성별 정체성, 고용형태'의 '3가지 차별금지 사유'를 추가한 것으로 사회변화에 따라 유연하게 적용할 수 있도록 예시규정으로 볼 수 있다([표 4] 참조). 헌법상 3가지 차별금지 사유(성별・종교・사회적 신분)를 열거하고 있다. 위에서 열거한 차별금지사유에 대해서는 경영계에서는 '학력'과 '병력' 등에 대해 자유로운 기업활동을 저해한다고 반대하는 입장이다. 또한 보수 기독교계에서는 '성적 지향(동성애)'와 '성적 정체성'에 대해 한국 사회의 의식 수준과 정서상 합법화라는 이유로 각각 반대하였다.

차별금지 사유에서 표현에서 3가지 변화가 있는 것으로 ① 출신지역[←출신지역(출생지, 등록기준지, 성년의 되기 전의 주된 거주지 등을 말함)], ② 혼인여부(←기혼・미혼・별거・이혼・사별・재혼・사실혼 등 혼인 여부), ③ 병력 또는 건강상태[←병력(病歷)]와 같이 유사한 표현으로 달라졌다. 이러한 법안의

'차별'의 정의 조항들은 현행 '개별적 차별금지법'의 한계였던 '용어 및 개념'의 불명확성을 개선하기 위해 세부적이고 구체적인 내용을 정리하고 있다.

그러나 법안의 '차별금지 21개 사유들'이 '예시 사유'를 불문하고 모든 '분리 등'이 우선해 차별로 인식하고, '정당한 사유'의 해당 여부를 심사해 적용할 차별 영역 내에서 모든 분리라는 '정의로운 분리'가 있다. 이것을 모두 차별로 인식한다는 지적이 있다. 이것은 여전히 차별의 '용어 및 개념'의 모호성을 극복하지 못한 것으로 노동법령을 적용할 때에 한계가 있다. 이를테면, 차별금지사유에 사용되는 '개념' 정의를 규정하고 있다.

이것에 대하여 개별적으로 보완·추가해 보면, ① '장애'는 '사회적 요인'의 추가 여부, ② '학력'은 통상적인 학벌의 개념에 '수학경력'의 표현이 적절한지 여부, ③ '근로자'·'사용자'는 근로기준법의 '근로자'·'사용자'의 정의를 확장하는 것이 타당한지에 대하여 구체적으로 논의할 필요가 있다.

[표 6] 차별금지사유의 비교

구분	차별금지법안 (법무부, 2007)	국가인권위원회	차별금지법안(2021)
차별 금지 사유	성별, 연령, 인종, 피부색, 출신민족, 출신지역, 장애, 신체조건, 종교, 정치적 또는 그 밖의 의견, 혼인, 임신, 사회적 신분, 그 밖의 사유(이하 "성별 등"이라 한다)	성별, 종교, 장애, 나이, 사회적 신분, 출신지역(출생지, 등록기준지, 성년이 되기 전의 주된 거주지 등을 말한), 출신국가, 출신민족, 용모 등 신체조건, 기혼·미혼·별거·이혼·사별·재혼·사실혼 등 혼인 여부, 임신 또는 출산, 가족 형태와 상황, 인종, 피부색,	성별, 장애, 나이, 출신국가, 출신민족, 인종, 피부색, 출신지역, 용모 등 신체조건, 혼인여부, 임신 또는 출산, 가족 및 가구의 형태와 상황, 종교, 사상 또는 정치적 의견, 형의 효력이 실효된 전과, 성적 지향, 성별정체성, 학력(學歷), 고용형태, 병력 또는 건강상

		사상 및 정치적 의견, 형의 효력이 실효된 전과(前科), 성적(性的) 지향, 학력, 병력(病歷) 등	태, 사회적신분 등(이하 "성별 등"이라 한다)
차이점 ①②	출신국가, 가족 형태 및 가족상황, 형의 효력이 실효된 전과(前科), 성적 지향, 학력, 병력(6개)		
차이점 ①③	출신국가, 가족 및 가구의 형태와 상황, 사상 또는 정치적 의견, 형의 효력이 실효된 전과, 성적 지향, 성적 정체성, 학력, 고용형태, 병력 또는 건강상태(8개)		
차이점 ②③		출신국가, 성별 정체성, 고용형태(3개)	
개수	13개	18개	21개

일반적인 차별행위의 예외

법안에서 '일반적인 차별행위의 예외 사유'가 되는 '정당한 이유'를 각호에 규정함으로 현행 근로기준법 등의 '합리적인 이유'보다 더 강화된 사유를 요구하고 있다. 그런데 우리 법제는 결과의 평등이 아닌 과정의 평등을 지향하고 있기 때문에 어떠한 경우에도 차별적인 대우를 금하는 절대적인 차별을 금지하고 있지 않다. 이에 많은 법령에서 '합리적 이유'가 있는 경우 차별행위가 있어도 정당화하고 있다.

이러한 '차별의 예외사유'는 차별행위에 '정당한 이유'는 그 차별행위에 따라 사용자의 재산권을 지나치게 침해하지 못하도록 하는 기능을 한다. 물론 '정당한 이유'에 대해서 구체적으로 규정한 바가 없기에 차별의 유무를 판단하는 과정에서 일정한 재량이 발생할 수 있다. 당해 근로자의 근로의 내용을 종합적으로 고려할 것이나 중점적 요소가 무엇인지가 구체적으로 적시하고 있지 않다.

'차별의 예외'로서 '합리적인 이유'를 규정하는 데 명확한 기준이 필요하다. 특히 포괄적 차별금지법은 그 차별금지의 사유가 다양하기에 적정한 기준을 설정하는데 큰 어려움이 있다. 실제로 다양한 차별을 명문화해 규율하는 것은 어렵다. 물론 어떠한 행위가 차별이며 평등권과 자유권의 조화를 위하여 요구되는 '합리적인 이유가 있는 차별'에서 합리적 이유에 대한 명확한 정의가 필요하다.

또한 현실에서 다양한 차별 상황을 일률적·제한적인 법안의 개별 규정의 한계에 따라 법안의 적용에 대한 판례 및 행정해석 간의 충돌문제가 발생할 수 있다. 그런데 이러한 일반적인 차별금지의 예외 사유 이외에 고용, 교육 등 각 차별금지 영역별에서도 차별금지 예외 사유를 구체화하는 방안을 검토해야 한다.

개별적 차별금지 조항 및 차별 영역의 신설

차별금지법안의 개선방안 중에서 ① 개별적 차별금지조항 및 차별 영역의 신설, ② 성적 소수자, 경향사업 등 기존 질서를 고려한 정비에 대한 대응방안을 살펴본다.

포괄적 차별금지법이 아닌 개별법에 차별금지 조항을 마련할 경우 전형적인 건강상태, 직업, 문화, 경제적 상황, 유전정보 등과 같이 차별사유를 새롭게 정의

해 낼 때마다 더 추가할 수 있다. 새로운 차별금지사유를 마련하려면 현실적으로 명확한 평등 규정을 먼저 정의하고, 전체 사회 구성원이 합의한 평등의 방향으로 다양한 차별문제를 해결해야 한다.

일반적으로 평등의 개념에는 ① 형식적 평등(formal equality : 같은 것은 같게 취급해야 한다는 아리스토텔레스적 개념), ② 결과적 평등(과거 또는 현재의 차별로 동일하게 취급하고 대우하는 것이 오히려 불평등을 강화할 수 있는 것에 일정한 결과의 달성을 기준으로 판단하는 차별), ③ 기회의 평등(평등하게 경쟁할 수 있도록 동일한 기회를 부여하는 것) 등이 있다. 어떠한 평등의 개념을 기준으로 삼을 것인지는 더욱 명확화해야 한다.

또한 '차별금지 사유'에 대한 사회적 합의에 기반해, 구체적인 차별금지 방안을 만들고, 이것을 기존의 특별법에 구체적으로 명시해 현실적인 '핀셋형 조치' 방안을 강구해야 한다. 채용·근로조건 등과 관련해 노동시장의 차별금지는 관련된 하위·특별법령 제·개정으로 구체화해야 한다. 차별행위의 경우에도 포괄적인 법안 상정보다는 산업안전보건법-산업재해보상보험법-근로기준법의 각각의 개별법에 구체적인 규정을 두어 규제해야 한다. 이것이 차별행위의 예방·구제·보상 및 차별행위자에 대한 처벌까지 구체적으로 규정할 수 있는 방안이기 때문이다.

관련해 현행 근로기준법상의 '직장내 괴롭힘'의 기준은 신체적·정신적 고통이나 근무환경의 악화로 규정하고 있다. 여기서 '차별 등을 이유'로 행하는 물리적 행동과 정신적 피해도 포함하고 있다. 직장내 괴롭힘의 규제는 ① 산업안전보건법에 따라 정부의 책무로서 사전예방을 위한 조치기준을 마련, ② 산업재해보상보험법에서 규정된 여러 보험급여를 통해 차별행위로 인한 피해에 대해 사후적인 보상, ③ 근로기준법에 따라 이러한 직장내 괴롭힘의 금지와 사업장 내부의 구제절차와 의무를 규정하고 있다.

그리고 법안의 '차별금지 예외'와 관련해, 일반적 차별금지 예외사유 외에 '고용, 교육, 재화 및 용역의 이용이나 제공, 행정서비스' 등 각 차별금지 4가지 영역별로 차별금지 예외 사유를 구체화하는 방안을 검토해야 한다. 또 '간접차별'의 개념은 차별행위자의 의도와 관계없기에 선의로 행위한 자도 처벌의 가해자가 가능하기에 '장애인차별금지법'과 같이 '정당한 사유' 등과 같이 추가 요건 등으로 간접차별의 요건을 보완해야 한다.

[표 7] 주요 개별적 차별금지법의 규율 범위

<table>
<tr><th colspan="2">사유
영역</th><th>성별, 혼인,
가족지위,
임신출산</th><th>장애</th><th>나이</th><th>고용형태
일부</th><th>그 외 사유
(인종, 민족, 지역,
성적지향, 학력 등)</th></tr>
<tr><td rowspan="2">고
용</td><td>모집 · 채용</td><td rowspan="2">남녀고용
평등법</td><td rowspan="2">장애인
차별금지법</td><td rowspan="2">연령
차별금지법</td><td rowspan="2">기간제법
파견법</td><td>(근로기준법
일부 적용)</td></tr>
<tr><td>근로계약
체결이후</td><td>(근로기준법
일부 적용)</td></tr>
<tr><td colspan="2">교육</td><td>(근로기준법
일부 적용)</td><td>장애인
차별금지법</td><td>(근로기준법
일부 적용)</td><td>(근로기준법
일부 적용)</td><td>(근로기준법
일부 적용)</td></tr>
<tr><td colspan="2">재화 · 용역</td><td>(근로기준법
일부 적용)</td><td>장애인
차별금지법</td><td>(근로기준법
일부 적용)</td><td>(근로기준법
일부 적용)</td><td>(근로기준법
일부 적용)</td></tr>
</table>

성적 소수자, 경향사업 등의 정비

최근에 '성전환 부사관'이 자신의 '강제 전역의 취소'소송을 제기한 사건("육군, 성전환 부사관 '인사 소청' 기각… '소송 제기할 것'") 및 '성전환 여대생'(숙명여대)의 입학합격 관련 논란으로 해당 합격자의 입학 포기 사건이 있다("'입학 포기하겠다' 숙명여대 성전환 합격자 결국 입학 포기"). 이것을 통하여 '성적 지향' 및 '성적 정체성'을 이유로 하는 차별로 금지할 것인지, 금지한다면 어떤 방식으로 할 것인지 등을 신중하게 살펴볼 필요가 있다.

차별금지법안의 차별금지사유 중에서 핵심인 성소수자(LGBT)의 '성적 지향'(Sexual Orientation) 및 '성별 정체성'(Gender identity)의 인정은 국내외적 경향을 반영하였다. 여기서 LGBT는 레즈비언(lesbian)과 게이(gay), 양성애자(bisexual), 트랜스젠더(transgender)의 앞 글자를 딴 것으로 성적 소수자를 말한다. 하지만 그에 따른 심각한 쟁점도 제기된다.

국내에서는 성소수자의 차별금지의 찬반양론이 뜨거운 '현실 정치 내지 사회 문제'의 성격도 가진다. 먼저 '성별 지향'은 어느 개인이 성적이나 정서적으로 어떠한 상대방에게 끌리는지 문제이다(예 : 이성애, 동성애 · 결혼, 무성애). 또한 '성별 정체성'은 어느 개인이 자신을 어떠한 성별로 느끼고 살아가는지를 말한다(예 : 트랜스젠더 남성 · 여성, 논바이러니 트랜스젠더 등). 여기서 '성적 지향'은 국가인권위원회법에 이미 차별금지 사유로 열거해 두었고, 또한 국가인권위원회에서는 '성별 정체성'을 이유로 한 차별도 차별이라고 결정한 바가 있다.[1] 이에 '성별 정체성'을 법안에 추가해, 법적 형태로 확인하고 있다.

또한 우리 정부는 앞서 지난 2009년 UN사회권 규약위원회가 일반논평 20호에서 '성적 지향'과 '성별 정체성'을 차별사유로 인정하고, 2010년 '비사법적, 약식, 자의적 집행에 관한 결의안', 2011년 UN 인권이사회가 '인권, 성적 지향 및

1) 대법원 2006.6.22. 선고 2004스42 판결(트랜스젠더의 이름 · 성별 변경을 허용함).

성별 정체성' 결의안 등을 통해 찬성 의견을 표명한 바가 있다. 특히 2015년 UN 자유권위원회는 우리나라의 '성소수자'의 인권 현실을 특별히 언급하면서 적절한 조치를 권고하였다.

한편, 기업·학교에서 최근 도입하고 있는 '다양성 경영'(diversity management)의 관점에서는 성소수자를 적극적으로 영입·찬성하는 성격으로 차별금지정책을 명시해 운영하기도 한다. 이것은 기업의 이윤에 실질적인 도움이 되고, 사회적 책임(CSR)으로서 인권을 증진시킬 수 있기 때문이다.

또한 법안의 합리적인 이유가 없는 차별을 부정해도, 현대 민주주의 사회는 다양성의 시대인데, 역사와 전통, 문화와 신념을 가지고 공정성을 실현하면 차이, 심하지 않은 불평등, 다양성에 따른 '성적 지향' 및 '성별 정체성'에 따른 차별문제는 인정해야 한다는 입장도 있다. 민주사회의 기본원리로 누구도 종교를 이유로 차별금지원칙을 채택하고 있다[헌법 제11조(평등권, 차별금지), 제20조(종교의 자유-정교분리)].

그러나 위의 흐름과는 반대의 입장에 서서 성적 지향 및 성별 정체성을 포함해 성소수자에 대한 사회적 편견(고정관념)과 중첩된 차별(혐오), 과잉 예견 현상을 내재화 내지 공고화해 강력하게 비판하고 있다. 반대하는 입장에서는 종교적 신념과 차별금지 원칙과 충돌할 때에 문제로 '동성애 반대 교리 설교' 등의 '표현 및 종교활동 자유의 침해'한다는 이유를 내세운다.

이러한 개념은 '반성경성과 반사회국가성'이라고 비판한다. 성서의 축자적 해석에 따른 문제라는 입장도 있다. 일부 보수 기독교계는 '동성애는 죄, 에이즈의 원인', '피땀흘려 세운 나라 동성애로 무너진다' 등 성소수자가 사회의 해악이라는 내용을 조직적·공격적으로 선전하며 반대한다. 인종·성·성소수자의 차별 역사로 반복되고, 경직된 위계질서와 배타성을 내재한 교리들이 상충해 향후 언제 종식할지 알 수가 없다. 또한 법안은 헌법상 보장된 종교의 자유와 표현의 자유는 타인의 존엄을 훼손하고 부당하게 차별할 자유까지 포함하지 않는다(헌법 제10조). 혹자는 성소수자의 내용만을 제외하고서 차별금지법을 제정하면 어떤지를 제안하기도 한다.

그리고 우리 사회에는 정당 · 종교 · 정파나 사상 · 신념 · 이념 · 신앙 등을 공유 · 전파하기 위한 '경향사업'이 있다. 예컨대 경향사업의 경향성이 뚜렷한 정당, 종교교단, 사립 남(여)학교, 군무 · 공무와 관련된 일부 단체가 이에 해당한다. 이러한 경향사업은 신앙 등에 따른 차별금지의 예외로 인정되어 근로기준법상의 '균등처우원칙'(제6조)을 적용하지 않고, 해고 등 불이익처분이 허용된다.

참고로 독일에서의 '경향사업'은 정치 · 노동조합 · 신앙 · 과학 · 예술 · 자선 · 교육, 그 밖에 이러한 사명을 수행사업을 말한다. 이것은 근로자의 신앙 · 사상에 따른 인격 · 행동이 그 사업의 특수성과 조화되지 않은 해고는 정당하다. 만약에 경향사업도 그 경향성을 무시하고 포괄적으로 모든 분야에서의 평등을 적용하게 되면, 이는 헌법상 기본권인 '표현의 자유'(제21조)와 충돌할 수 있다. 그리고 종교의 자유라는 이름으로 고용 · 고용 · 재화 · 용역의 이용 · 공급에서 사업을 경영할 경우에는 문제가 된다. 이에 경향사업을 명확하게 규명해 차별금지법을 적용할지 검토해야 한다.

차별금지법의 나침판

차별금지법의 제정은 외국의 사례에서도 매우 장기간의 준비 및 논의가 있어

왔음을 알 수 있다. 특히 미국이 1964년 민권법 제7장을 통해 현대적인 포괄적 차별금지법을 입법화한 이후 40여 년이 경과한 후 유럽에 포괄적 차별금지법이 제정되었다. 이와 같이 차별금지법은 그 차별의 정의나 적용 영역 등 범위, 적용대상 및 그 구체적인 정의와 내용, 가해자에 대한 실효성 있는 처벌방법 및 피해자에 대하여 차별행위를 근본적 수준에서 개선할 수 있는 구제방법 등을 포함해야 한다. 이에 모든 사회 분야에서의 매우 복잡하고 진지하게 연구해야 할 종합적인 법제라고 할 수 있다.

우리나라는 오랜기간 개별법에 따라 차별금지를 규율해 왔기 때문에 추가적인 차별금지법 제정을 그것도 단기간에 추진하는 것은 오히려 사회 혼란을 증가시킬 것이다. 실제로 국제기구의 압력 등으로 국가인권위원회가 설립된 이후 20년 정도 포괄적 차별금지법을 제정하기 위해 논의해왔다. 하지만 많은 입법안 중 개별적 차별금지법의 진전은 있으나 포괄적 차별금지법으로 입법화되지 못하고 있다. 그만큼 차별금지법에 대한 연구가 이해관계자의 사회적 합의 등을 충족해야 한다는 반증이기도 하다. 사실과 논리에 따라 상이한 입장이 줄어들면 그 후 이해관계를 조정해 비교적 사회적 합의를 쉽게 내릴 수 있다.

차별금지법의 제정은 그 규율 영역이 워낙 광범위하여 사회 전반에 엄청난 영향을 미친다. 이에 차별금지안의 입법화는 심사숙고해 추진해야만 한다. 입법정책을 결정하는 데 이념이나 이해관계에 따라 이견이 있다. 전문가 사이의 합의 형성은 불가능하다. 입법 결정에는 자칫 그 폭넓은 내용을 정립하는 데 선언적 의미에 그칠 수 있다. 이에 어떠한 부분에 특히 주안점을 두고 차별금지법의 목적과 내용을 구축하도록 추진해야 한다.

차별금지법의 향후 과제

헌법상 보장된 기본권인 평등 이념의 확대라는 차원에서 차별금지에 대한 포괄적인 차별금지법안을 논의가 있어왔다. 이 법안은 일반법으로서 다른 노동법령과 개별법에 영향을 미치고 있다. 법안은 다양한 21개의 차별금지사유에 따른 행위 및 기존의 '임금', '근로조건' 외에 '고용', '교육훈련' 및 '각종 서비스의 제공' 영역에서 차별을 금지하고, 규율과 구제를 통한 법적 효과는 중차대하다.

그러나 차별금지법안의 한계로서 ① 차별사유와 차별행위, 관련된 '정당한 사유'를 기존의 법안과 축적된 판례와 행정해석을 입법으로 규율한 점, ② 개별적 차별금지사유로 구체적인 차별의 내용을 규정한 점, ③ 근로계약 및 근로조건에서 '열거 규정'을 통해 인사권을 제약하고 있는 점, ④ '구체적인 차별금지사유'의 내용과 관련해 포괄적 차별금지법안을 마련한 점 등을 들 수 있다.

또한 외국의 입법례에서 많은 국가는 포괄적 차별금지법은 상위법으로 법적 개념의 역할을 하고 있다. 이에 구체적인 하위법의 제정방식으로 영역별 규제, 피해자의 구제를 실시하고 있다. 하지만 구체적인 차별의 표지나 행위, 그에 대한 구제·처벌 등의 내용은 하위 개별법에서 다루는 것이 올바른 입법의 방향이다.

그리고 향후 거시적 관점에서 단순한 차별금지법안 외에 상향식 개선방안을 통해 근본적으로 차별과 그 불합리성을 축소하는 법안을 마련해야 한다. 이를테면 개별적 차별금지조항 및 차별 영역의 신설, 성소수자 및 경향사업 등 기존 질서를 고려한 정비, 역차별 해소시스템 신설, 처벌주의와 구제조치의 병행 입법, 증명책임의 전환, 양벌규정 및 징벌적 손해배상 문제가 논의가 필요하다. 사회적 공감대가 없이 일방적인 하향식 법안은 국민의 법적 감정에 반할 수 있다. 아울러 피해자의 구체적인 구제방안은 관련 법과 유기적으로 연계함으로 피해자를 더욱 실질적 사전·사후 보호조치를 마련해야 한다.

결국 국회에서는 고용 및 모든 사회 분야에서 엄청난 영향을 끼칠 수 있는 차별금지법안을 보다 신중하게 분석해 최선책을 마련해야 한다. 협의체를 구성해 심도 있는 토론을 통해 공감할 수 있는 범위를 이끌어 내야 한다. 그 후 현안 입법 과제에 대하여 충분한 '사회적 숙고' 및 '사회적 합의'를 선행해야 한다.

제6장

노동기반 복지개혁

"2030을 위한 NEW LABOR 일자리 개혁"

1. 사회보장은 어떻게 실패하나
2. 노동과 복지는 별개가 아니다 : 문재인정부는 어떻게 실패했는가
3. 복지제도의 방향
4. 사회보장제도의 지속가속성

1 사회보장은 어떻게 실패하나

우리는 생산을 기반으로 하는 산업사회에 살고 있다. 모든 산업사회의 구성원들은 노동을 통하여 사회경제적 안정을 구하게 된다. 그러나 일자리가 항상 그들을 위하여 대기하는 것이 아니다. 일부는 스스로 일자리를 만들어야 하고, 그리고 나머지는 만들어진 일자리에서 자유로이 노동을 해야 한다. 노동시장의 불완전성은 국민들의 일자리를 불안정하게 하고 사회적 불안정으로 이끈다. 이에 따른 사회적 안정을 위하여 정부와 민간의 사회안전망이 형성되고 사회적 안정과 균형을 이루게 된다. 사회안전망의 구축은 필연적으로 재원이 필요하게 되는데 지나치게 정부를 중심으로 이루어지게 되면 개인들은 정부에 의존적이 된다. 그리고 이러한 추세가 이어지면 노동에 대한 유인이 감소하고 결국은 다양한 형태의 사회 경제적 불안정이 나타나게 된다. 결국 노동시장에 사회안전망을 내재시킴으로써 사회안전망을 구축하는 것이 가장 효율적이 된다.

포퓰리즘으로 사회안전망 구축이 증세없이 이루어지게 되면 무임승차 형태의 사회적 안정으로 이어지게 된다. 취약계층들은 굳이 일할 필요가 없게 되고 이러한 현상은 비빈곤층에도 확산되어 결국은 사회안전망의 위기로 이어진다. 어떻게든 자신의 기득권을 지키기 위하여 다른 사람들에게 비용을 전가하게 되는데 가장 손쉬운 대상이 고소득층 혹은 다음세대가 된다. 즉, 복지 기득권층을 중심으로 집단적 착취가 일어나게 된다.

사실상 고소득층은 사회안전망의 핵심적 자금원이지만 자신이 받는 다양한 서비스 이상의 부담을 거부하게 될 것이며 이를 어떻게든 회피하게 된다. 예를 들면, 일반적으로 생산활동에 대한 참여를 줄이거나 투자를 줄인다. 선진국의 경우 해외이주나 탈국적 현상으로 나타난다.

반면 다음세대에 대한 이전은 이들이 존재하지 않으므로 부담을 전가하는데 큰 문제가 없다. 대표적으로 적자구조의 국민연금제도를 통하여 보험료를 적게 내고 연금을 더 많이 타게 한다. 연금적자는 결과적으로 국가부채가 된다. 다음 세대들이 이러한 국가부채의 상환에 대한 부담을 느낄 수 있지만 이를 스스로 해결할 수 있는 방법은 거의 없다. 결국 국가가 모라토리움을 선언하고 경제가 완전히 붕괴되어야 연금제도의 개혁이 본격화되면서 정상화된다. 예를 들면 칠레, 아르헨티나, 브라질 등을 들 수 있다. 이를 억제하기 위하여 선진국들은 끊임없이 연금개혁을 성공적으로 추진해 온 것이다. 혹은 저출산이나 이민 등으로 대응하게 된다. 어느 경우든 젊은 층을 희생시킴으로써 이들의 인적자원의 유실을 감당하지 않을 수 없다.

지금까지의 비교적 완만한 상황의 변화와 다르게 4차 산업혁명 및 최근의 코로나 사태로 노동시장의 붕괴 및 급변에 따라 사회적 변화에 따른 사회보장요구가 더 높아질 것이다. 반면 사회보장의 확대에도 불구하고 그 성과는 더 떨어질 가능성이 높고, 사회보장 부담에 따른 증세는 경제성장률도 낮추는 결과를 낳을 것이다.

특히 복지 기득권층들은 빈곤층이든 아니든 이러한 변화에 따른 사회보장 개혁에 대하여 매우 강하게 저항하면서 사회적 갈등을 해소하기가 매우 힘들어진다. 특히 최근 급진적 정치인들이 기본소득을 통하여 사회안정을 해결할 수 있다는 선동 등은 문제의 해결을 더욱 어렵게 할 것이다. 즉, 기본소득은 국민들의 사회보장욕구를 결코 해결할 수 없다. 정부의 부담능력을 고려한 복지정책을 수립하여 노동시장이 건전한 근로유인으로 성장하면서 경제성장에 기여할 수 있게 해야 한다.

2
노동과 복지는 별개가 아니다 : 문재인정부는 어떻게 실패했는가

코로나19를 포함한 사회적 변화에 따라 노동의 형태와 복지의 니즈가 변화하고 있다.

노동시장의 양극화가 소득양극화로

첫째, 근로자 보호를 목적으로 하여 장기간 지속된 노동시장의 경직성으로 인하여 고용시장이 불안해 지고 이는 양극화의 심화로 이어지고 있다. 시간당 1만 원을 목표로 하는 급속한 최저임금인상, 주 52시간 법정화, 비정규직의 제로화 등은 결과적으로 노동시장의 이너서클에게만 혜택이 갈 뿐 이러한 제도의 적용 대상이 되지 않는 노동시장의 주변 근로자들에게는 혜택이 없다. 오히려 이러한 부담을 느낀 기업들은 생산성이 낮은 이들을 해고하게 하여 실업으로 이어지게 한다. 제도권의 근로자들은 소득도 늘고 생활의 여유가 생기는 반면 그렇지 않은 취약계층 근로자들은 소득이 없어지고 당장 새로운 일자리를 찾아야 한다. 그동안 유지되던 일정 수준의 소득격차는 더 벌어지면서 양극화가 심화되게 된다.

최저임금의 인상은 정규근로자들이 저임금 근로자들의 임금인상분 만큼 자신들의 임금도 더 인상해달라는 구실이 된다. 이는 노조가 내부에서의 임금차별을 오히려 더 강화하는 것으로 그들이 임금평준화를 명분으로 내세우는 것과 상반된 요구가 된다.

주52시간제의 도입은 정규근로자들에게는 근로시간의 저하에 따른 총액임금의 감소에 저항하게 하여 소득의 감소 없는 근로시간 축소 이어지게 된다. 즉 기업에게 또 다른 비용상승의 요인이 된다. 한편 근로시간의 감소로 늘어난 여가시간에 대하여는 퇴근 후 부업이 가능하게 한다. 이는 경우에 따라서 소득이 더 늘어날 수 있으나 두개 혹은 세 개의 직장을 전전하게 하여 피로도와 집중도를 낮추어서 산재위험을 높일 수 있다.

비정규직의 제로화의 경우도 고용주에게는 모든 근로자들을 정규직으로 채용해야하는 문제가 된다. 현재와 같이 해고가 어려운 노동법제 하에서 기업은 정규직 고용을 더 늘릴 이유가 없다.

반면, 외부서클(outer circle)에서는 이와 반대의 현상이 발생한다. 최저임금의 인상은 생산성이 낮은 근로자들로부터의 수익과 격차를 벌려서 해고의 원인이 된다. 주 52시간제는 일자리 나누기를 염두에 둔 제도이나 기존의 근로자들에 대한 생산성 제고를 유도하는 경영전략으로 일자리 나눌 여지가 줄어든다. 비정규직의 제로화도 기존의 비정규직의 일부는 정규직으로 전환될지는 몰라도 경영이 크게 개선되지 않는 이상 추가적 정규직을 유지하지 않는다. 결과적으로 친노동 사회정책은 취약계층을 실업으로 몰면서 소득을 감소시킨다.

이상에서 기술한 노동시장의 현실을 감안할 때 이너서클과 외부서클의 고용환경과 소득 격차는 더 크게 벌어지게 된다. 문재인정부의 노동정책은 기존의 양극화 추세를 더 악화시켜왔다. 게다가 코로나-19사태로 인한 사회적 격리는 저소득 자영업자 및 그들이 고용하는 저임금 취약계층의 일자리를 소멸시키는 결과를 낳아서 양극화는 더 심화되었다.

복지 만족도가 낮아지고 있다

둘째, 복지정책의 목표는 빈곤박멸(poverty eradication)이다. 그러나 문재인정부의 복지목표는 양극화해소이다. 그리고 핵심적 정책수단은 고소득층의 과세를 통한 재원으로 빈곤층에게 배분하는 것이다. 더 나아가 정치적 포퓰리즘으로 보편적 복지를 명목으로 비빈곤층에 대한 배분으로 이어지면서 1:99의 갈등을 유발하였다. 그리고 복지재원이 차상위계층 이상의 국민들 모두에게 배분되면서 빈곤층에게는 상대적으로 복지혜택이 확대되지 않았다. 비빈곤층에 대하여는 현금중심의 보편적 복지혜택이 늘어났지만 서비스의 개선이 없는 현금지원은 사실상 복지만족도를 개선시킬 수 없었다. 이에 따라 복지 정책의 불만족이 심화되고 있다.

정부는 예산의 30% 이상을 복지정책에 지출하고 있다. 그럼에도 불구하고 양극화는 실질적으로 개선되지 않고 있는 것은 앞서 기술한 친노동시장으로 인한 양극화 정도가 더 심각하기 때문이다. 친노동정책의 양극화 문제를 극복하기 위하여 문재인 정부는 지속적으로 현금중심의 복지정책을 추구해 왔으며 이러한 성향은 선거철에 즈음하여는 더 정교해 져왔다.

현금중심의 복지제도로 노인층을 위한 기초연금을 비롯해서 젊은 부부들을 위한 출산수당과 아동수당, 청년실업자들을 위한 청년수당 등을 들 수 있다. 그러나 이러한 수당들은 수혜자들의 소비지출에 대한 효용을 높일지는 몰라도 생활 만족도와는 관계가 없다. 기초연금 등은 노인들의 생활을 개선할 수 있는 이동성이나 의료접근도를 실질적으로 높이는 것이 아니다. 오히려 어려운 손자녀들에 대한 용돈이나 생활비로 지출된다.

출산수당이나 아동수당은 자녀들의 학력을 상승시키거나 미래에 대한 비전을 넓혀주는 것이 아니다. 사실상 생계비 지원에 가깝다고 보아야 한다.

청년수당은 취업준비를 하는 청년들의 취업준비기간을 연장시킬 가능성이 높다. 현재도 많은 청년들이 대학 졸업 후에 공무원 및 공기업 등의 취업준비에 집중하고 있다. 이는 거액의 개인적 사회적 투자로 양성한 인적자원으로서의 청년들을 포기하고 있는 것이다. 청년수당보다 이들에게 직장을 마련해주는 데 예산을 전환시켜야 한다.

즉, 생활수준의 개선 없이 현금을 살포하는 것은 일시적 소비만족도만 높일 뿐이다. 복지만족도는 복지서비스의 공급에 있어서 질적 개선이 이루어져야 높아질 수 있다. 현재의 복지제도 하에서 복지지출을 통한 사회문화적 안정이 이루어져야 하는데 오히려 사회적 갈등만 더 고조되고 있다. OECD가 조사한 주관적 복지불만족 인구비율은 19.2%(2019)로 OECD 주요선진국의 2~3배 수준에 이른다. 이는 우리나라 복지제도의 구조적 개혁이 절실함을 보인다.

재정이 불안정해지고 있다

복지비 부담이 재정불안정으로 전이되어 경제적 위기로 이어질 가능성이 높아지고 있다. 정부의 복지비지출을 선거에 이용하여 여론을 형성하는 수당정치는 정부의 예산을 증대시키는 주요 원인이 되었다. 그리고 전 국민을 대상으로 하는 각종 수당들은 사실상 정부의 의무지출이 되어 줄일 수 없고 지속적인 적자재정의 원인이 되고 있다. 그리고 그 규모는 막대한 예산의 편성에도 불구하고 고령화의 급속한 진행, 저출산의 지속, 그리고 실업의 악화로 계속 폭증하고 있다.

문재인정부가 집권한 2017년부터 2020년까지 국가채무는 186.7조 원이 증가했다. 이중 적자성 채무는 142.2조 원으로 이의 증가는 복지지출의 증가로 인한 것으로 보면 된다. 정도의 차이는 있지만 박근혜정부도 기초연금 등 복지지출을 늘인 것도 사실이다. 2013년부터 2016년까지 국가채무는 136.9조 원이 증가했고, 이 가운데 106.8조 원이었다. 3년이라는 통치기간을 기준으로 볼 때 주로 복지비 지출로 인한 적자성 채무는 문재인정부에서 31.4조 원이 더 늘었다. 2021년과 문재인정부가 마지막 예산편성을 하는 2022년에 대통령선거와 지방자치단체장 선거용으로 더 많은 복지지출을 할 것으로 예상되는 바 이에 따른 재정불안정은 자칫 회복될 수 없는 경제위기로 이어질 수 있다.

복지예산의 증가와 함께 이에 관련된 공무원 고용의 증원에 따른 복지관리비의 상승이 심각하다. 공공복지시설에 대한 고용증가 및 취약계층 소득지원을 위한 공공일자리의 증대 등에 따른 복지비 지출이 크게 늘었다.

공공기관 비정규직의 정규직화와 복지부분 공무원의 증원이 있었다. 문정부 출범이후 공무원은 9만2천 명이 늘었다. 이는 1998년 IMF이후 2017년까지 증원한 인원 8만7천 명보다 더 많다. 이는 행정비용을 줄이는 선진국들과 큰 차이를 보인다. 더 큰 문제는 이들을 공무원연금 가입자가 되어 적자구조인 공무원연금의 충당부채를 큰 폭으로 증가시키는 결과를 낳아서 장기적으로 국가부채의 잠재적 증가요인이 된다. 정부의 무절제한 친노동정책, 기업규제 강화, 법인세 인상 등은 민간부문의 수익성을 위축시켜서 고용을 늘일 수 없다. 이를 보충하기 위한 정부의 공공고용에 따른 임금은 결과적으로 더 많은 세금으로 충당하게 되어 또 다른 심각한 재정악화의 요인이 된다. 공공일자리사업에 따른 고용은 노인을 중심으로 이루어지고 있는데 이들의 일들은 사실상 임금에 미치는 생산성을 기대하기 힘들다.

또한 복지시스템의 부실관리가 심각하다. 정부의 지속적 복지확대에도 불구하고 정작 복지가 필요한 취약계층의 생활은 개선되지 않으면서, 한편으로 중복급여 등의 문제가 심각하다. 복지수혜로부터 탈출시킬 수 있는 유인이 없는 지출이 늘고 있다.

개별 복지제도로 보면 적용대상에 포함되지 않는 사회보험의 사각지대가 줄지 않고 있다. 사회보험은 근로자의 급여에서 걷혀지는 임금세(물론 명칭은 보험료라고 하지만 임금세가 더 정확한 의미이다)와 자영자들의 임의적이고 자발적인 낮은 소득신고에 기초하여 걷어지는 보험료로 조달된다. 이에 따라 노동시장에서 자영자의 비중이 높은 우리나라의 경우 상당수의 근로자들이 사회보험의 부담을 하지 않으려는 경향이 강하다. 사회보험료를 납부하지 않더라도 다른 복지제도를 통한 수혜를 기대하는 성향이 강하게 나타나고 있다. 자영자의 임의적 보험료 부담은 사회보험재정에서 근로자에게로 전가되는 성향이 강하다. 특히 비정규직의 증가 및 근로자들의 음성적 노동시장으로의 이탈은 보험재정을 더욱 악화시키고 있다.

중앙정부와 자치단체간의 유사한 중복급여는 포퓰리즘에 따른 영향이 강하다. 자치단체장의 재선을 위한 복지지출은 전체 주민에 대한 재난지원금 지급

등으로 더 심각해지고 있다. 적어도 유사한 복지제도에 대하여는 중앙정부가 감액지원을 해서라도 억제해야 하나 정치적 이익을 위하여 조정은 거의 이루어지지 않고 있다. 이는 공시족 등 청년 노동시장 참여 대기자들이 취업을 미루고 실업을 증가시키는 요인이 되고 있다. 가장 활발한 경제활동을 해주어야 하는 국가경제의 측면에서 심각한 자원낭비이며 더 심각하게는 이들이 오히려 세금을 낭비하는 자원으로 전락한다는 것이다. 이는 궁극적으로 경제의 활력을 저하시켜서 장기적으로 국가경쟁력의 하락으로 이어질 수밖에 없다.

근로자 중심으로 운영되는 사회보험이 불안하다

사회보험의 구조적 재정 부실화가 실현되고 있고 새로운 경제사회적 환경에 부적합한 제도가 되어가고 있다. 4차 산업혁명의 확산과 코로나사태로 인한 경제구조의 변화 등에 따라 노동시장은 급변하고 있다. 신기술이 접목되어 사회보험의 개혁과 서비스의 개선, 재정안정을 기하려는 노력이 없다. 복지는 물론 사회보험도 노동집약적인 서비스의 성격이 강하다. 그러나 ICT, 모바일 및 인터넷 등의 발달은 사회보험을 자본집약적인 서비스로 변환시킬 수 있다.

국민연금은 확정급여형으로 운영되는 구조적 적자다. 평균적 수익비는 1.8로 추정되고 있다. 기여금의 80%에 해당되는 금액은 다음세대가 세금으로 부담해야 하는 폰지게임이다. 그럼에도 불구하고 낮은 급여는 노후생계를 보장하지 못한다. 국민연금은 노후소득의 일부이고 개인의 퇴직연금, 개인연금, 별도의 개인저축, 그리고 노동시장 참여로 노후 자금을 충당해야 한다. 그럼에도 불구하고 정부는 국민연금이 노후소득을 보장하는 것으로 정치적으로 선전함에 따라 국민들의 노후준비를 호도하고 있다. 적어도 근로능력이 있는 노인들에 대하여는 연령차별 없이 노동시장에 참여해서 소득을 얻을 수 있도록 보장해야 하나 정부의 고용정책은 오히려 이들을 공공고용의 낮은 저임금으로 수당 수준의 보상만 할 뿐 실질적으로 노동시장에서 쫓아내고 있다.

건강보험과 노인장기요양보험은 노후에도 대상이 될 수밖에 없는 사실상의 종신제도이다. 따라서 노후가 되면 경제적 능력이 줄어들기 때문에 이들 제도의 재정부담은 전적으로 근로계층이 부담할 수밖에 없다. 국민연금과 유사한 종신제도이나 이들 제도는 반드시 일정수준을 요구하는 시설과 인력을 확충해야 한다. 국민들의 의료 및 요양서비스의 욕구는 기술발전과 함께 지속적으로 증가한다. 그리고 서비스의 공급자들은 유도된 소비를 통하여 보험지출을 지속적으로 늘인다. 이는 결과적으로 재정위기로 이어지고 보험료의 인상이 불가피해진다. 그럼에도 불구하고 낮은 수가로 수익을 내야하는 시설의 특성상 서비스의 만족도는 크게 개선되지 않는다. 더욱이 고령화로 노인인구가 증가하면서 이들 보험의 적용대상자도 급증하고 있다. 이는 근로자들의 부담이 가중됨을 의미한다. 노동시장에서 요구하는 완전한 의료보장은 이러한 부담의 증가를 감춘 정치권의 포퓰리즘에 따른 것이다. 건강보험과 노인장기요양보험의 재정안정은 보험시스템의 효율화 및 기술혁신, 가입자 개개인들의 자발적 건강관리, 그리고 이에 대한 보상이 병행될 때 비로소 가능하다.

고용보험은 실업급여와 고용안정 및 직업능력개발사업으로 구성된다. 소득주도성장정책의 친노동정책과 코로나사태는 큰 폭의 실업률 상승을 낳으면서 2017년 10조 원에 이르렀던 고용보험기금을 적자로 전환시켰다. 고용보험의 관점에서 소득주도성장은 정치가 낳은 인재이고, 코로나19 사태는 불가항력적 자연재난에 속한다. 코로나사태로 인한 추가적 실업급여 및 고용안정사업 급여지출들은 고용보험이 감당할 수 있는 리스크의 범위를 넘어선 것이다. 따라서 이에 따른 비용은 보험료의 인상이 아니라 세금으로 충당되어야 한다. 앞으로도 코로나와 같은 자연재난이나 4차 산업혁명에 따른 구조적 실업 증가는 주기적으로 발생할 수 있다. 따라서 이에 따른 고용안정사업은 증세를 통하여 조달된 정부예산으로 충당되어야 한다.

마지막으로 정부의 높은 복지지출 증가율에도 불구하고 나타난 복지제도에 대한 만족도 정체 및 저하는 정치권의 포퓰리즘으로 기본소득의 도입요구로 이어지고 있다. 이는 기본소득이 도입되면 복지만족도가 개선된다는 것을 전제로 하는 주장이나 지금까지 단순한 금전적 지원은 복지만족도를 개선시키지 않았고 오히려 양극화만 심화시켰다. 기본소득에 대한 논의는 기존의 복지제도를 완전히 대체시키는 개념이었으나 우리나라 정치권의 기본소득은 기존의 제도는 그대로 놓아둔 채 추가적으로 일정의 수당을 제공하는 것이다. 기본소득은 소득 수준에 관계없이 모든 국민들을 대상으로 하는 보편적 복지의 추가일 뿐이다.

결론적으로 산업사회에서 복지는 노동시장에서의 낙오자(left-behind)에게 기회를 주는 수단의 하나이다. 따라서 노동시장에서의 취약계층이 정상적 생활에 복귀하도록 하는 것이 복지의 목표가 되어야 한다. 이러한 관점에서 복지제도는 노동유인을 감소시켜서는 안 된다. 문제인정부의 친노동정책은 노동시장의 취약계층을 양산함으로써 생계유지형 복지수요를 창출하고 재정을 악화시키고 있다.

3
복지제도의 방향

복지제도에 스트레스 테스트를 해서 고치자

우리나라 복지제도는 단순히 1950년대 농경사회이면서 외국의 원조로 경제가 이어지던 사회사업의 개념을 벗어나지 못하고 있다. 무조건 나누어주는 데만 익숙한 제도다. 이에 따라 조건 없는 지원이 복지이고, 수혜자는 복지의 재원이 어떻게 마련되든 개의치 않는 제도로 발전해 왔다. 본인 부담이 없다면 다다익선이 되는 제도가 후진국형 우리나라 복지제도이다. 문제는 이러한 습성이 수십년간 지속되면서 일상생활에서도 이기심과 상대적 질투심을 자극하는 복지제도에 대한 의존도가 점차 높아지고 있다. 결국은 무상복지가 국민들로부터 지지받으면서 사회전반에 뿌리를 내리고 고착화되고 있다.

우리사회는 농경사회가 아닌 고도의 산업사회이며, 대외원조는 끊어진 지 오래고 오히려 해외원조를 제공해야 하는 세계 10대 경제강국이다. 따라서 현행 복지제도가 산업사회의 지속가능한지에 대한 타당성 검토가 지속적으로 이루어져야 하고 새로운 복지제도에 대하여도 이러한 시스템이 정착되어야 한다. 고도의 산업사회와 경제강국으로서의 복지개혁을 위해서는 적어도 산업사회의 발전을 이룰 수 있는 내생적 복지제도에 필요한 스트레스 테스트(stress test)를 모두 통과할 수 있어야 한다.

첫째, 빈곤을 해소할 수 있는가? 빈곤해소는 사회안정과 사회발전의 핵심요소이다. 정부의 역할은 안정이 우선이며 이에 가반한 성장을 통해서 균형적 사회발전을 이루는 것이다. 따라서 빈곤을 기준으로 하여 복지제도는 우선적으로 절대적 및 상대적 빈곤율을 낮추어야 한다. 우리나라는 예산의 1/3 이상을 복지부분에 지출하면서도 상대적 빈곤율을 거의 개선하지 못하고 있다.

둘째, 양극화를 해소할 수 있는가? 정부의 역할은 빈부격차를 해소함으로써 사회적 조화를 목표로 해야 한다. 양극화는 빈곤층이 선거제도의 노예가 될 가능성이 높아지므로 국민들의 건전한 민의가 모여지는 민주주의를 성공적으로 수행하기 위하여도 해소되어야 한다. 이는 지니계수나 5분위 배율 등을 통한 평가로 가능하다. 이 역시 선진국에 비하여 큰 기여를 하지 못하고 있다.

셋째, 국민들의 복지 만족도를 개선할 수 있는가? 경제성장에 따라 국민들의 욕구는 계속 증가하고 최저 수준의 생계보장이 이루어지면 단순한 복지 수혜보다는 개인적 선호에 따른 만족도를 높이기를 원한다. 따라서 아무리 새로운 제도의 도입이나 복지수혜의 양을 늘려도 국민들은 사용을 포기하고 자신의 비용으로 자신의 선호를 찾는 개인적인 행태를 보인다. 즉, 오히려 사적 복지비용이 늘어나게 되고, 정부가 제공하는 복지제도는 개인들에게 큰 도움이 되지 않는 결과, 즉 사중적 손실(dead-weight loss)이 된다. 대표적인 경우가 교육과 의료이다. 교육 예산은 계속 늘어나는데 국민들의 사교육 열풍은 줄지 않고 있다. 정부는 문재인케어로 건강보험의 적용범위를 넓히고 있는데 의료보장률은 제자리에 있고 비급여지출은 줄지 않고 있다.

넷째, 장기적으로 생산성 향상에 기여할 수 있는가? 국가경제는 달리는 자전거와 같다. 정지하면 쓰러져서 다시 일어나지 못한다. 특히 최근 치열한 글로벌 경쟁시대에는 성장이 정체되면 경쟁국이 공급망에 끼어들기 때문에 이를 극복하는 것이 매우 어렵다. 그리고 내부적으로도 이에 대응하기 위한 구조조정이 불가피한데 이는 심각한 사회경제적 갈등을 불러오게 된다. 따라서 단순히 국민들의 여론에 따른 민주적 절차도 중요하지만 국민들을 충분히 이해시킬 수 있는 자신있는 리더십이 더 필요하게 된다. 복지제도는 생활이 어려운 빈곤층에게는 절대적으로 필요한 제도이지만 한편으로 근로유인을 통하여 재기할 수 있는 기회를 제공하지 않으면 필연적으로 도덕적 해이를 낳는다. 따라서 복지제도는 이들이 사회에 정상적으로 복귀할 수 있는 자조적 유인 프로그램을 함께 장착하고 있어야 한다. 그러나 현재의 수당제도들은 청년들에게는 취업준비기간을 늘이고, 실업자들에게는 실업기간을 더 연장시킴으로써 반복적인 수급과 오히려 부족을 호소하여 증액을 요구하는 부작용을 낳고 있다. 그리고 기타 기초연금이나 아동수당의 경우도 크게 다르지 않다.

기존의 보편적 복지제도는 이러한 스트레스 테스트를 거의 통과할 수 없다. 보편적 복지제도는 빈곤층을 대상으로 하는 제도가 아니다. 전체 국민들에게 같은 혜택을 부여함으로써 비빈곤층들에게도 복지혜택을 보장하기 때문이다. 오히려 빈곤층이 받던 급여(기초생활보장급여 등)를 공제함으로써 형평성을 기한다는 궤변의 정책이었다. 복지만족도에 있어서도 소득격차를 반영하지 않은 획일적인 제도로 시행함으로 인하여 국민들의 다양한 욕구를 충족시킬 수 없다. 보편적 복지제도는 모든 국민들에게 같은 혜택을 부여함으로써 어떤 근로유인이나 자조적 발전을 만들어낼 수 없다. 이러한 점에서 보편적 복지는 기본적으로 있으나 마나한 전국민 보너스에 불과한 제도이다.

이제는 이러한 스트레스 테스트를 통과할 수 있는 우리 사회에 적합한 복지 시스템을 구축해야 한다. 기존의 제도도 모두 이러한 스트레스 테스트를 시행함으로써 복지지출의 성과를 높여야 한다. 정부의 공공투자가 수익비용분석을 통한 타당성검토를 의무화하듯이 복지제도도 이제는 이러한 분석을 의무화해야 한다. 복지제도가 이상의 테스트를 모두 통화하는 것은 매우 어렵다. 이러한 점에서 복지개혁은 매우 섬세하면서 보수적으로 진행되어야 하며 선거철에 메뚜기 뛰듯 하는 무책임한 복지공약이 남발되어서는 안 된다. 특히 새로운 제도는 기존의 다른 제도의 효과성을 갉아먹는 경우가 매우 많기 때문에 복지정책의 지표를 개선하는 것은 쉽지 않다. 그럼에도 불구하고 선진국들은 이러한 과정을 인내로 견디면서 모든 국민들이 안정되고 사회경제 발전에 참여하게 하는 복지제도를 확립한 것이다.

기본소득의 도입은 복지제도의 제로섬 개혁에서 시작해야 한다

앞서 언급된 바와 같이 기본소득에 대한 개념은 크게 두 가지 유형으로 구분된다. 첫째, 기존의 복지제도를 전면 대체하여 수당으로 지급하는 유형, 둘째, 기존의 복지제도는 그대로 두고 수당을 지급하는 유형이다. 첫째 유형은 스위스 등에서 국민선거에서 부결된 제도이고 둘째 유형은 현재 우리 정치권에서 주장하는 제도이다. 따라서 우리는 기본소득이 어떤 형태를 띠어야 하는지 두 가지 유형 모두를 함께 논의해야 한다.

기본소득의 원형은 첫째 것이다. 스위스는 기존의 복지제도를 모두 폐지하고 월 300만 원을 주는 기본소득을 주민투표로 거부하였다. 기존의 복지제도를 제로베이스에서 개혁하고, 단순화시키면서 현금을 지급하자는 정책이다. 국민들이 추상적으로 인식하고 있는 기본소득은 '영원히 모든 국민이 똑같이 평생 조건 없이' 국가로부터 받는 환상적 제도일 뿐이다. 그러나 이에 대한 논의는 매우 다양하고, 도입에 매우 정치적 위험성을 내포하고 있다. 즉, 매우 다양한 이해관계자들이 연계되어 있어서 이들을 설득하는 것이 불가능할 뿐 아니라, 설득된다고 해도 국민들의 복지수준이 만족할 만큼 개선될 가능성이 거의 없다. 따라서 기본소득의 개념은 시장경제의 복지제도가 개선되는 촉매로서 끊임없이 변화되어야 한다. 그리고 적어도 우리사회가 발전하는 데 기여할 수 있어야 한다.

첫 번째 형태의 대체형 기본소득은 효과 없는 복지시스템을 단순화시켜서 현금으로 제공하는 복지급여다. 앞서 언급된 바와 같이 새로운 환경에서 기존의 복지시스템은 사실상 효과가 없다. 특히 우리나라의 경우 정부예산의 30% 이상을 복지비로 지출하고 있는데 소득분배효과나 빈곤층해소에 큰 변화가 없기 때문에 이를 제로베이스에서 기본소득을 전제로 한 제도개혁을 도모하는 것은 긍정적이라고 본다.

두 번째 부가형 기본소득으로는 핀란드의 사례를 들 수 있다. 핀란드는 2천명의 실업자를 대상으로 월 75만 원 정도의 기본소득이 성과가 없었다고 발표하였다. 그러나 핀란드의 기본소득에 대한 진영 간 평가가 엇갈린다고 해도 사실상 '실업부조'에 가까운 제도이다. 만족하지 못한 복지를 현금인 기본소득으로 해소할 수 있다면 좋겠는데 복지는 돈으로만 해결되는 것이 아니다. 수혜자들이 빈곤에서 탈출할 가능성이 높고 경우에 따라서는 다음 세대까지 세습되기 때문이다. 국민들이 만족할 만한 수준의 효율적이고 치밀한 인프라가 조성되어 빈곤탈출의 기회를 제공하는 것이 먼저다.

기본소득은 우리나라뿐 아니라 이미 실험을 거친 나라들 간에도 공통된 개념이 충분히 정리된 바 없다. 선거를 앞 둔 정치인들이나 연구자들이 주장하는 내용이 가지각색이고 일관되지도 않다. 경우에 따라서는 개념에 대한 합리성도 결여되어 공짜에 길들여진 국민들조차 매우 혼란스러운 것이 사실이다.

우리나라에서 기본소득에 대한 논의가 본격적으로 시작된 계기는 이재명 경기도지사의 선거공약이다. 그러나 사실은 21세기 중반 이후 4차 산업혁명의 진행과정에서 붉어질 실업의 위기와 양극화 심화를 해소하기 위한 대안이었다. 즉, 시장자본주의의 부작용으로서 나타나는 양극화의 문제를 해소하기 위한 것이다. 우리나라의 경우 문재인정부의 소득주도성장정책으로 실업이 계속 악화되고 있는 상황에서 4차 산업혁명으로 대량실업이 발생될 실업은 사실상 재난이라고 판단되기 때문에 극단적 처방이 불가피할 수 있다. 그리고 실업에 대한 두려움이 큰 미래세대에게 환영받을 수 있다. 그러나 4차 산업혁명이 과연 우리에게 실업대란이 될지 혹은 지속적 산업화의 촉매로서 고용창출의 핵심이 될지는 아직 판단하기 어렵다. 정치적 개입만 없다면 우리 사회와 경제계가 하기 나름이다. 끊임없는 일자리 창출 노력과 국민 복지를 위한 개혁이 우선 전제되어야 하고 기본소득의 '개념' 및 실체화는 정책 추진에 있어서 최후의 수단이어야 한다.

고용창출에 대한 고민 없이 지레 실업을 가상한 정책에 몰입하는 것은 결과적으로 경제발전의 후진을 낳을 뿐이고 그나마 막대한 세금으로 유지되고 있는 근로 유인형 복지시스템의 붕괴로 양극화는 더 심화될 것이다. 따라서 기본소득의 도입은 4차 산업혁명이 일상화되고 우리 경제가 궤도에서 이탈할 경우를 가정한 것으로 선불리 결정할 문제가 아니다.

기본소득 논쟁은 다양하게 진행되어야 한다

기본소득의 개념은 크게 다음의 다섯 가지의 범주로 요약될 수 있다.

첫째, 모든 국민들에게 조건 없이 지급되는 현금성 기본소득이다. 기본소득으로 지급되는 금액은 얼마가 되든지 별도로 결정되어야 할 요소다. 포퓰리즘하에서의 제도라면 선거 때마다 금액을 높여 갈 것이고 이에 따라 국가재정은 바로 파탄에 이를 것이다. 이를 억제하기 위하여 기존의 복지제도를 1:1로 상쇄시켜서 재원을 마련할 수 있다. 이재명지사의 정책제안으로서 새로운 토지나 탄소에 대한 세금을 더 걷어서 충당하는 데는 생산비용을 높이는 것이 되어 절대적인 한계가 있다. 혹은 적자재정으로 이러한 제도를 도입하는 데는 절대적으로 청년층들에게 부채를 넘기는 것이 되어서 반대에 부딪힐 것이다. 사실상 소득조사 없이 지급되므로 빈곤층에 대한 배려가 없어서 소득분배에 역진적이다. 이를 조달하기 위한 세수증대는 성장을 저해할 것이다. 그리고 거시적으로 기본소득의 지급에 따라 일시적 물가상승도 유발할 수도 있다.

둘째, 특정계층에게 지급되는 기초연금, 청년수당, 아동수당, 육아수당 등도 기본소득이다. 이들 제도 역시 소득수준에 관계없이 지급되기 때문이다. 이들 제도는 이명박 박근혜의 우파정부나 노무현 문재인의 좌파 정부 모두에서 추진되어 온 것들이다. 그리고 일부 제도의 근거는 장단기적 사회적 문제들을 해결하기 위한 목적이 있다. 기초연금은 고령화에 따른 노인들의 생계를 지원한다는 측면,

아동수당이나 육아수당은 출산을 장려하는 수단으로 활용되었다. 그러나 이러한 제도들이 노후생활의 안정이나 출산율을 제고했다는 근거는 미약하다. 문재인 정부는 코로나 이전부터 취업준비 청년들을 위하여 고용정책의 일환으로 다양한 청년수당을 도입해 왔다. 그러나 고용은 기업들의 일자리 만들기로 해결될 사안이지 노동 공급자들에 대한 지원으로 해결되는 것이 아니다. 오히려 청년들의 직업탐색기간을 늘려서 청년백수를 양산하는 결과로 이어지고 있다. 안정된 공무원이나 공공기관의 취업을 원하는 80만 명 이상의 취준생들은 우리 사회가 양성한 고급인재들이다. 생산에 기여할 기회를 포기함으로서 경제성장에 부담이 되고 있다.

셋째, 모든 국민들을 대상으로 소득조사 후 조건 없이 기본생활에 충분하게 지급되는 수당이다. 이는 사실상 기초생활보장제도로 이미 도입되고 있다. 국민기초생활보장법의 목적은 생활이 어려운 사람에게 필요한 급여를 실시하여 이들의 최저생활을 보장하고 자활을 돕는 것이다[동법 제1조(목적)]. 이는 사회보장제도의 목적과 사실상 일치한다. 오히려 기본소득의 목적이나 취지를 포괄하고 있다. 내용면에서도 소득인정액이 중위소득의 30~50%의 범위에 있는 개인들에 대하여 생계급여(중위소득의 30% 미만), 의료급여(중위소득의 40% 미만), 주거급여(중위소득의 45%미만), 교육급여(중위소득의 50%미만)가 지원된다. 2021년 기준 가구별 중위소득은 4인가구 기준 488만 원인데 월소득 146만 원 미만이면 생계급여의 혜택을 받을 수 있다. 생계급여액은 개인별 최저보장액에서 소득인정액을 뺀 금액으로 결정된다. 문제는 생계급여의 수급을 연장받기 위하여 경제활동을 숨기거나 혹은 경제활동을 포기함으로써 소득인정액을 낮추려는 도덕적 해이의 문제가 심각할 수 있다. 국민기초생활보장법의 목적 중의 하나는 이들에 대한 집중관리를 통하여 탈수급을 효율적으로 수행하는 것이다. 결과적으로 기초생활보장제도는 기본소득의 어떠한 목적도 충분히 달성할 수 있으며 이러한 점에서 정치권의 기본소득은 도입의 논리적 근거가 없다.

넷째, 개인들의 선호에 따라 지출이 가능하도록 정부가 지원하는 수당(혹은 부의소득세)이다. 개인들은 다양한 사회활동을 원하고 이는 사회안정과 발전에 기여할 수 있다. 그리고 생애에 따라 이러한 선호는 바뀐다. 청년기에는 육아 및 주택에 대한 관심, 중년기에는 교육에 대한 관심, 장년기에는 건강 활동에 대한 관심 등을 들 수 있다. 이러한 관심활동에 대한 지원은 우리사회의 안정에 기여한다는 점에서 지원이 필요하다. 그리고 의료비나 노후를 위한 연금저축도 매우 중요한 지출요인 중의 하나이면서 사회적 목적의 지원이 필요하다.

사례로서 부(-)의소득세(Negative Income Tax)로 세금을 내지 않는 계층에 내하여도 일정의 생활이 가능하도록 세액공제액 및 일정액의 지원금을 소득에 따라 조건 없이 환급한다. 예를 들면, 기초생활보장급여의 수급자들이 개인연금에 가입하면 15%의 세액공제액을 직접 환급한다. 더 나아가서 식품 구매를 하면 15%의 세액공제를 환급한다. 현재 도입 중인 근로장려세제(EITC)와 같이 근로를 조건으로 저소득층의 경제활동을 지원하는 수당도 이에 해당된다. 경제활동은 국민생산에 기여하므로 별도의 재원이 마련될 필요가 없고 기존의 세수로 충당한다. 이는 부의소득세(negative income tax)로서 선진국에서 이미 합리성이 인정된 제도이다.

실질적 대안으로서 이러한 지출에 대하여 정부가 세법상의 세액공제나 소득공제를 실시하여 결정된 납세액이 없더라도 소정의 금액을 실질적으로 지불하고 세후 소득기준액이 일정액 이하일 경우 추가적으로 생활안정수당을 지급하는 것이다.

요약하면, 현재의 다양한 복지제도를 효율적으로 개혁하면서, 저소득층의 소득을 더 개선시킬 수 있는 월 단위 부의소득세를 도입하는 것이 현재의 재정 상태로서는 기본소득의 욕구를 충족시킬 수 있다고 할 수 있다. 우리 국민들의 복지제도에 대한 불만은 양이 아니라 질이다. 현재와 같이 개인의 특성을 무시한 평등 중심의 공공복지 서비스가 지속되면 우리사회의 양극화는 더 심화되면서 다음 세대까지 세습될 수밖에 없다. 따라서 냉전시대의 산물인 자본주의사회의 복지제도를 이제는 개혁해야 한다.

근로기반의 복지제도가 필요하다

우리나라에서 기본소득에 대한 논쟁이 쉽게 시작된 것은 기초생활보장제도 이후 복지제도가 현금중심으로 전환된 것이 계기가 된다. 이전에 생활보호제도의 적용대상이 국민생활수준의 향상에 따라 줄어들고, 반면 상대적 빈곤이 심각해지면서 현금중심의 제도로 국민들의 최저생계비를 유지하게 하는 것이었다. 그러나 국민들의 복지욕구는 단순히 현금을 통한 소득보장이 아니라 기본생활에 필요한 양질의 서비스를 제공받는 것이 있다. 의료, 교육, 주가 등에 대한 욕구가 채워지지 않았고, 이에 대한 개선이 없었다. 이에 따라 의료급여, 교육급여, 주거급여가 소득수준에 따라 현금으로 지급되었지만 이에 대한 공급이 제한적이어서 욕구가 충족될 수 없었다. 따라서 복지서비스에 대한 만족이 떨어지는 거의 모든 국민들에 대하여 이를 현금으로 더 보상해 주고자 하는 것이 정치적 어젠다로서 기본소득으로 이어진 것이다.

따라서 향후의 복지제도는 일자리, 의료, 교육, 주거 등에 대한 기본서비스를 보장하고 충족시키는 기본서비스제도로의 전환이 필요하다. 이를 위해서는 서비스 공급이 원활하도록 다양한 공급체계를 구축해야 한다. 정부는 취약계층을 위한 기본적인 서비스를 제공하고, 비빈곤층을 위해서는 다양한 민간 서비스를 허용해야 한다. 경우에 따라서는 공공과 민간이 서로 질적 경쟁을 효율적으로 하는 시스템을 구축해야 한다. 다양한 공급체계의 유지는 근로자의 부담으로 하는 사회보험을 중심으로 형성해야 한다. 근로자층은 우리사회의 중산층으로서 자조자립의 복지제도를 스스로 유지 관리할 능력이 있다.

첫째, 안정적으로 소득을 창출할 수 있는 일자리를 보장해야 한다. 현재의 고용보험의 고용안정사업은 안정적인 일자리를 보장하지 못한다. 오히려 도덕적 해이를 낳아서 주기적 실업을 유발하고 있다. 실업급여는 실업기간 동안 구직활동을 원활히 하기 위한 것이지 일자리가 만들어지는 것은 아니다. 친노조정책은 노조원을 위한 정책만을 추구할 수밖에 없다. 따라서 비노조원이 되는 취약계층에게는 도움이 되지 않는다. 오히려 기업입장에서는 수익률을 낮추는 것이 된다. 친노조정책이 강화되는 한 고용주는 일자리를 만들 유인이 없다. 따라서 노동시장을 유연화하는 것이 일자리 창출의 기본이다. 고용안정사업은 정부가 예산으로 수행해야 한다. 이는 교육부와 산자부와의 협력없이 불가능하기 때문이다. 즉, 고용안정 및 일자리사업은 더 이상 고용부 고유의 영역이 아니다.

둘째, 건강보험은 필수의료 및 국민건강보장 중심으로 전환하고, 비필수의료나 개인의 선호에 따른 대안형 의료에 대하여는 민영건강보험으로 보완하도록 한다. 국민건강보험이 국민들의 모든 의료비를 부담하는 것은 결과적으로 국민들의 건강 노력을 저해함으로써 의료비를 증가시킨다. 요양기관에 대하여도 규제를 완화하여 다양한 서비스가 제공되도록 하는 것이 국민들의 의료만족도를 높이는 데 효과적이다.

셋째, 공교육에서 경쟁체제를 도입하고, 특성화 학교를 늘리면서 다양한 교육수요를 충족시켜야 한다. 평준화교육으로 교육수준이 하향 평준화하면서 교육에 대한 욕구가 더 심화되고 있다. 다양한 사회에 다양한 교육이 요구됨에도 이에 대한 서비스가 개선되지 않고 있다. 학생 수는 줄어들고 교육예산은 증가하는데 예산은 질적 개선보다는 급식비나 학생 수당 등 물적 부분에 집중되고 있다.

넷째, 국민들의 수요에 맞는 주택을 시의 적절하게 공급할 수 있는 시스템을 구축해야 한다. 주거안정에 대한 문제는 코로나로 인하여 더 심화되고 있다. 과거 단순히 자고 나오는 주택이 아니라 비대면으로 집에서 일하고 아이들과 함께 할 수 있는 공간이 필요해 졌다. 따라서 주택가격의 상승은 주택공급의 부족에도 있지만 안정적 주거의 필요성도 커져서 주택가격이 상승하는 것이다. 민간의 안정적 주거안정을 위해서는 이사가 자유로워야 하고 지역마다 가구 환경에 따른 공공주택이 제공되어야 한다. 자녀의 수에 따라 공공주택을 이용할 수 있는 시스템이 구축되어야 한다.

이상의 요소들은 안정적인 근로 복지 환경을 조성하여 생산성을 높이는 첩경이다. 따라서 이러한 니즈들은 국가의 기본적 복지서비스로 개인들은 자신의 욕구에 따라 민간시장에서 다양한 서비스를 구매할 수 있도록 해야 한다. 민간부문의 복지서비스에 대한 규제를 완화하고 이들이 효율적으로 서비스를 공급할 수 있게 해야 한다. 이를 위하여 4차 산업혁명의 도구라고 할 수 있는 로봇, 원격, AI 등을 활용할 수 있는 환경을 기본서비스에 제공해 주어야 한다. 이는 취약계층의 보호에 비용을 절감할 수 있게 할 것이고 결과적으로는 복지비 지출을 줄일 것이다. 이를 이행하기 위해서는 서비스를 공급하는 기득권층의 반발이 있을 것이다. 새로운 기술의 도입은 결과적으로 이들의 할 일이 줄어들 것을 알기 때문이다. 따라서 전체적으로 사회적 합의에 따른 대통합 논의가 이어져야 한다.

지속가능한 복지거버넌스가 필요하다

복지개혁은 협의 없이 불가능하다. 복지는 이미 사회적으로 합의를 본 사안이고 관행적으로 수행되어온 것이기 때문이다. 개혁에 대하여 복지 수급자나 복지서비스의 공급자나 기득권을 포기하지 않고 저항하게 되는데 이는 결과적으로 정부 혹은 사회적 신뢰의 문제로 이어질 가능성이 높다. 따라서 복지개혁은 국민 전체가 공감하는 사회적 절실함이 없으면 결국 너도 좋고 나도 좋은 포퓰리즘으로 이어지면서 매우 방만해지고 효율성이 떨어지게 된다. 따라서 뛰어난 리더십으로 끊임없는 소통과 윈윈형태의 타협이 복지정책의 핵심이다.

코로나사태를 겪고 있는 현재에도 진행되고 있지만, 이후에도 우리 경제구조는 매우 큰 사회경제적 변화를 겪을 것이다. 코로나사태로 변화된 근무행태 가운데 경제활동의 유지에 큰 역할을 한 원격, 재택, 배달에 관련된 사업들은 편의성이라는 측면에서만 보아도 그대로 고착될 것이다. 이 과정에서 배제된 상당수의 근로자들은 직장에 다시 돌아오지 못 할 것이다. 따라서 이러한 실업자들에 대한 구체적인 정책이 우선 수립되어야 한다. 이는 정부의 복지지출을 줄이는 첩경이기 때문에 최선의 복지시스템이라고 할 수 있다. 그리고 복지시스템의 구축에 있어서 보다 혁신적이어야 한다. 이에 따른 부작용들은 규제완화를 통하여 4차 산업혁명의 도구들을 적극적으로 활용함으로써 해소할 수 있다.

우선, 사회보험은 근로자들이 일자리로 돌아갈 수 있는 유인을 제공해야 한다. 일자리는 복지수요를 줄이고 궁극적으로는 기본소득과 같은 논쟁거리를 없게 할 것이다. 일할 수 있는 모든 근로자들을 위한 복지는 탄력적이고 재정안정직(built-in Stabilizer)인 사회보험을 기본으로 해야 한다. 사회보험예산을 정부예산에서 독립시켜서 균형재정을 유지하고 근로자 집단별로, 혹은 자치단체별로 스스로 자율적 통제가 가능하게 운영되게 해야 한다. 비정규근로자를 적극적으로 사회보험에 적용하는데 있어서 앱(App) 등의 신기술을 사용하여 이들의 소득이 자료화되게 해야 한다.

둘째, 고령사회의 복지는 노인고용을 전제로 해야 한다. 노인고용의 확대는 노후의 자립을 의미하며 이는 현세대 뿐 아니라 미래세대의 복지비 부담을 줄인다. 고령사회의 주인은 수적으로 가장 많은 노인들이다. 그래서 이들은 정치적·경제적으로 영향력이 매우 커진다. 따라서 노인들이 사회의 주인의식을 갖고 일할 수 있게 해야 한다. 노동시장에서 연령차별을 억제하기 위하여 정년을 폐지해서 능력껏 정당한 임금으로 일할 수 있게 해야 한다. 이는 새로운 성장동력이 될 것이다. 과거와 달리 노인계층은 매우 다양하게 변화하고 있다. 나이는 중요해지지 않는다. 그러나 평소 건강을 유지한 정도에 따라 일할 수 있는 노인과 요양대상 노인으로 분류된다. 그리고 인터넷을 하는 노인과 그렇지 않은 노인으로 분류된다. 이와 같이 건강수준에 따라 능력에 따라 매우 다양한 생산적 노인고용정책이 구상되어야 한다.

셋째, 사회복지와 함께 기업복지를 활성화해야 한다. 기업 내에서 노사는 일체가 되어야 한다. 노사관계는 계약으로 맺어진 단일체이다. 갈등하는 노사는 고용을 기피하게 하고 궁극적으로는 기업의 소멸을 의미한다. 우리나라에서 근로자를 중심으로 한 사회보장제도의 일방적 수용은 부작용으로 관행적으로 이어져 오던 기업복지를 복지시스템에서 구축(croweding-out)함으로써 노사관계의 중요성을 희석시켰다. 노사는 서로의 일체된 노력을 통하여 기업을 성장시키고 과실을 나눈다. 현재와 같은 적대적 노사관계는 고용을 더 줄이고 일자리를 해외로 내보내게 할 수밖에 없다. 노동시장의 유연화는 개인의 선택에 따른 개별계약이 사회계약에 우선할 수 있게 하는 것이다. 코로나 사태로 기업들은 생존을 위하여 다양한 노사관계와 노사가 서로 협력할 수 있는 기업복지를 구축할 수밖에 없다. 이는 사회복지의 수요를 줄여서 재정수요도 감소시킬 것이다.

넷째, 복지시스템에 4차 산업혁명을 접목시켜야 한다. 복지부문에 많은 공공부문 근로자들이 종사한다. 이들은 기득권층이다. 변화를 거부한다. 현실적으로 4차 산업혁명의 가장 큰 수혜자는 노동집약적인 성격의 복지제도이고 심신 측면에서까지 가장 취약한 계층인 고령자이다. 다양한 발명품들은 노인들의 이동성이나 노인들이 일 할 수 있도록 작업 환경을 개선하게 된다. 예를 들면, 자율자동차는 노인들이 직접 운전하지 않고 이동할 수 있도록 하고, 걷기 로봇은 걸을 수 없는 노인들이 이동할 수 있도록 해 준다. 핸드폰에 익숙한 노인들은 외출 없이도 거의 모든 일상을 해결할 수 있다. 다양한 핵심 원격 진단기기로 요양노인의 상태변화가 주앙모니터링센터에서 가능하고 응급처치가 신속해 진다.

다섯째, 고용 창출의 책임은 고용노동부가 아니라 생산을 직접 담당하는 산업통상자원부가 져야 한다. 산업 현장에서 일자리가 만들어지지 않는데 고용노동부가 고용의 책임을 질 수는 없다. 고용노동부는 또한, 일자리를 지키는 부서도 아니다. 산업통상자원부가 해당 산업들의 진흥을 통하여 실질적인 일자리를 만드는 부처다. 산업 진흥은 규제완화와 기술개발 등으로 이루어지고 이는 창업과 젊은 고용으로 이어진다.

4차 산업혁명은 매우 다양한 창조적 창업이 가능하게 하고 있다. 이는 새로운 근로계층을 형성하게 하게 있고, 창업자의 역량에 따라 유니콘 기업들로 성장을 이끌게 하고 있다. 대내외적으로 급변하는 사회에서 실업은 최대한 억제해야 하지만, 불가피하다면 선제적으로 교육이나 훈련을 통해서 안정적 직무 전환이 가능하도록 최선을 다해야 한다. 그리고 불가피한 실업은 복지제도로 유연하게 대처할 수 있도록 해야 한다. 복지는 계층에 따라 필수적인 욕구를 충족시킬 수 있는 제도가 되어야 하고, 적극적 노동정책은 필수적인 욕구가 필요한 취약계층에 집중되어야 한다.

코로나사태 이후의 경제적 위기를 극복하기 위해서 복지는 '보편적'이라는 규범적 장치에 머물러서는 안 된다. 치열한 경쟁을 지원하면서 일하고자 하는 모든 계층의 생계를 보장하는 경제적 장치가 되어야 한다. 모든 복지의 본질은 경제적 결핍을 메우기 위한 것이다. 따라서 이를 해결할 수 있는 자립형 근로복지정책이 복지의 기본이다. 나눠먹기식 복지정책으로는 경제적 결핍을 근본적으로 해결할 수 없다.

복지개혁은 사회적 대타협을 전제로 해야 한다

코로나사태 이후의 사회에서 4차 산업혁명의 도구를 접목함으로써 혁신적 복지모델이 구축되어야 한다. 미시적 복지개혁 이전에 [그림 3]에서 보이는 바와 같은 가계, 기업, 그리고 정부 간의 역할 및 관계가 정립이 우선되어야 한다. 이를 위해서는 '사회적 대타협'이 절대적으로 필요하다.

첫째 가계는 노동과 복지의 전환이 능동적으로 가능해야 한다. 노동과 복지는 서로 대체적이어서 노동이 가능해지면 복지혜택이 줄어든다.

둘째, 기업은 고용과 생산을 책임져야 한다. 생산에 정부가 끼어들어서는 안 된다. 대량실업의 가능성 속에서도 새로 고용을 창출하고 극대화함으로써 경제의 든든한 주축으로서 역할을 해야 한다.

셋째, 정부는 기업부문에 대하여는 탈규제로 경쟁을 촉진하고, 혁신을 창출하도록 해야 한다. 가계에 대하여는 효율적 분배를 통하여 안정적 생활이 가능하게 해야 한다.

가계-기업-정부는 서로 긍정적 역할을 담당하도록 관계를 설정해야 한다.

기업과 가계는 적대적 관계가 아니라 협력적 관계로서 고용을 극대화해야 한다. 기업과 정부는 새로운 기회를 창출할 수 있는 여건을 마련함으로써 생산과 성장을 극대화해야 한다. 정부는 가계의 최후 안정망으로써 사회적 위기에 철저히 대응하도록 해야 한다.

이러한 관계가 설정되기 위해서는 서로간 신뢰가 선결되어야 한다. 우리사회는 점차 복잡해지고 있다. 경제 활동은 데이터로서 집적되고 저장능력은 끊임없이 확장된다. 투명한 사회로서 가계-기업-정부의 신뢰가 강화되고 현재의 코로나사태에서 경험하고 있듯이 이러한 시스템은 건강한 사회를 바탕으로만 유지될 수 있다. 그리고 사회는 기업에 대하여 창의력을 요구하고, 정부에 대하여는 공정을 유지하도록 하고, 가계에게는 기회를 제공함으로써 조화롭게 발전하게 해야 한다. 즉, 사회 전체적으로 건강생태계, 경제생태계, 사회생태계가 유지되도록 해야 한다. 코로나이후 4차 산업혁명 사회는 이 가운데 한축이라도 무너지면 심각한 혼란을 겪게 된다.

[그림 3] 사회적 복지대타협

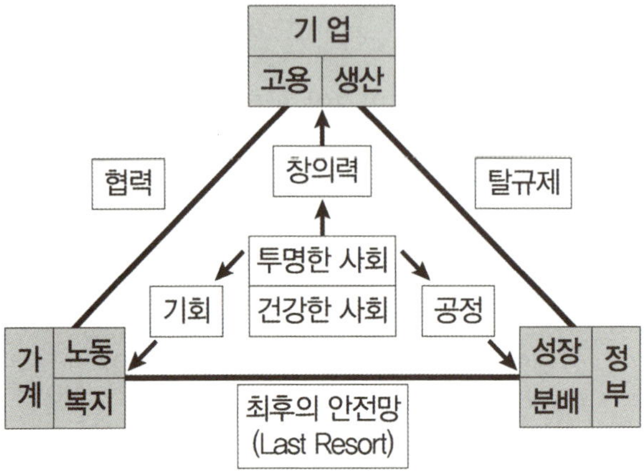

※ 출처 : 김원식, "뉴노멀시대의 복지제도 : 코로나극복형 사회적 대타협", 「코로나시대의 새로운 것들」, 한반도선진화재단, 2020, p.287.

4
사회보장제도의 지속가속성

우리나라의 복지제도는 60년대 자본주의와 공산주의간 체제경쟁 과정에서 자본주의의 한계인 빈곤층의 보호와 사회적 안정을 위하여 도입된 제도들을 선진국으로부터 채용한 것이다. 따라서 사회복지제도의 틀이나 사회복지의 기본 개념들이 현대사회와 큰 차이가 있다. 자본주의 사회는 많은 문제가 있음에도 불구하고 끊임없이 성장 발전해온 반면 공산주의는 시장원리를 무시한 체제 내의 모순으로 소멸했고, 북한 등 일부 독재국가에 제한적으로 존재할 뿐이다.

그럼에도 불구하고 복지제도는 빈곤문제를 상당부분 해결했으나 이제는 사회발전을 위하여 제도 운용상의 혁신으로 개선의 여지가 크다. 그러나 국민들의 복지 욕구가 다양하게 분출하면서 제도의 개혁보다는 집권을 위한 포퓰리즘으로 정부의 복지비 지출이 한없이 증가하게 되어 더 이상 유지할 수 없는 상황이 되었다. 특히 최근에는 4차 산업혁명이 확산되면서 기존 전통산업 근로자 및 취약계층의 실업위기 가능성이 사회 전체적으로 부각되어 보편적 복지나 기본소득

등 시장경제를 위기로 이끌 수 있는 복지제도가 도입 혹은 논의되고 있다. 보편적 복지나 기본소득은 서비스의 질적 개선 없이 수혜자가 만족할 수 없다. 따라서 복지제도는 현금이 아니라 질적 기본서비스를 제공하는 것을 원칙으로 해야 한다.

따라서 기존의 복지제도는 근로유인을 높임으로써 성장을 촉진하는 사회정책으로 발전해야 한다고 본다. 복지제도는 실업에 대한 유연한 보완적 수단으로 전환하고 쉽게 노동시장에 진입할 수 있도록 개혁되어야 한다. 사회보험의 개혁을 통하여 근로자들이 안정적인 생활을 유지하도록 하고, 효율적 노후보장 장치를 통하여 퇴직 후에 안정된 생활이 가능하게 해야 한다. 사회보험은 근로자들의 부담으로 운용되는 제도이므로 노사의 협력 하에 투명하고 효율적으로 운용되어야 한다. 정치적 수단이 되어서는 안 된다. 그리고 정부의 복지사각지대에 있는 빈곤층에 대하여는 정부가 적극적으로 다양한 서비스를 제공할 수 있도록 노력해야 한다. 이는 정부와 민간의 역할을 효율적으로 배분하도록 함으로써 복지비의 절감과 다음세대에 부채이전을 억제하게 하면서 사회보장제도의 지속가능성을 유지하게 할 것이다.

제7장

실업을 부추기는 한국 교육의 패러독스

"2030을 위한 NEW LABOR 일자리 개혁"

1. 교육에 대한 한국인의 기대
2. 산업 및 노동과 교육의 변화
3. 고비용-저성과 한국 교육의 실상
4. 교육 개혁을 못하는 이유
5. 무엇을 어떻게 개혁할 것인가

1
교육에 대한 한국인의 기대

교육은 행복 추구 본능이다

사람은 누구나 행복을 추구하는 본능을 가지고 있다. 행복 추구 본능은 소득을 많이 벌거나 또는 출세를 함으로써 다른 사람에게 인정받도록 노력하게 만든다. 교육은 행복 본능을 실현하는 길로써 각광받아 왔다. 교육은 그 자체로서 무지함을 벗어나게 하는 희열을 느끼게 해주는 가치재일 뿐 아니라 일하는 데 필요한 스킬을 키워주는 인적자본이기 때문에 사람은 보다 수준 높은 교육을 받고 싶어 한다. 또 교육 수준에 따라 소득과 직업이 다르고 수명과 사람들과의 관계 즉 사회적 자본도 달라진다. 교육 수준이 높은 사람일수록 소득이 많고 전문직에 종사하며 뿐만 아니라 오래 살고, 친구도 많고, 행복하다.

어떤 나라든 국민의 교육 수준이 높은 나라가 행복지수도 높다. 교육은 가치와 문화를 형성하고 교양을 키우는 역할을 할 뿐 아니라 국민의 소득수준도 높인다. 이래서 국민의 교육 수준이 높은 나라는 문명 선진국이자 경제적 부국이 된다. 또 국민들의 교육 수준이 비슷한지 여부에 따라 불평등도 차이가 난다. 국민의 평균 교육 수준이 올라간다고 하더라도 국민들 사이의 교육 수준 차이가 작은 나라는 소득불평등이 작고 국민의 행복지수는 높다. 반면, 평균 교육 수준이 높아도 그 차이가 많이 나면 불평등이 크고 행복지수는 상대적으로 낮다. 선진국 중에서도 전자는 스웨덴 등 북부 유럽이 반면, 후자에는 미국이 해당된다.

한국은 교육열은 매우 높다. 믿기 어렵다고 말할지 모르지만 6.25전쟁 와중에도 학교는 수업을 했고, 1학급에 100명 가까운 아이들이 오전과 오후 2부제 수업을 했다. "아는 것이 힘이다, 배워야 산다!"는 소설가 심훈의 상록수(1935)에서 말한 대로, 한국은 양반제도가 폐지된 다음 교육은 수많은 사람들이 문맹에서 벗어나고 행복해지는 길이자 암울한 일제 통치를 이겨내는 길로써 인식되었다. 대한민국이 건국이 되면서 의무교육제를 실시한 덕분에 세계에서 가장 가난한 나라가 가장 빠르게 경제가 성장하는 나라로 되었다. 이뿐만 아니라 의무교육은 경제성장만 가장 빨랐던 나라가 아니라 불평등이 가장 작은 나라 중의 하나가 될 수 있게 했다.

교육은 기적을 만들었다

세계은행이나 외국의 저명한 학자들은 한국의 발전을 기적이라 불렀다. 이들은 그 비결이 교육에 있다고 지적하는데 이는 한국만의 이야기는 아니다. 영국의 식민지였던 미국이 20세기에 들어와 영국보다 잘 살게 된 비결은 교육에 있었다. 영국에서 시작된 산업혁명의 꽃이 교육에 대한 투자 덕분에 미국에서 활짝 핀 것이었다. 제2차 세계대전의 패배로 폐허의 나라가 되었던 독일과 일본이 빠르게 복구했고, 민주주의도 뿌리내려 세계를 놀라게 했던 비결도 전쟁 이전에 이미 교육에 대한 투자가 많았기 때문이다.

하지만 기적은 모든 나라에서 일어나지 않았다. 북한이 그렇다. 한국보다 교육과 소득수준이 높았던 북한은 여전히 가장 가난한 나라다. 교육은 개인의 행복 실현이 아니라 김일성 주체사상의 주입 도구였다. 사회주의의 길을 걸었던 중국이나 동부 유럽도 비슷했는데, 자본주의체제로 전환하면서 교육개혁을 우선적으로 추진해 빈곤에서 탈출하려고 했다. 산업혁명 이후 왕조나 봉건체제가 무너지고 근대 시민국가로 되면서 교육은 네이션 빌딩(nation-building)에 핵심인 가치관의 확립과 공유를 위한 수단이었지만, 자본주의는 교육을 개인의 행복을 위한 수단으로 반면, 사회주의는 체제의 안정을 위한 수단으로 보았다.

한국은 자본주의와 자유민주주의를 선택했고, 교육을 통해 국민 각자를 인재로 양성하고 사회를 통합하며, 중산층을 강화하고자 했다. 이는 1948년 제정된 헌법 정신에 담겼고, 1949년 제정된 교육법에는 세상을 널리 이롭게 한다는 홍익인간을 교육이념으로 삼았다. 교육은 인재를 만들어 농업에서 제조업으로 그리고 농촌에서 도시로의 노동력 이동은 물론 생산성과 소득 증가를 뒷받침했다. 1980년대는 제조업의 고도화는 물론 디지털 경제로의 진입을 위한 기초가 되었고, 뿐만 아니라 교육수준이 올라간 신중산층은 민주화를 이끄는 역할을 했다. 그러나 1987년 민주화운동으로 등장한 교사노동운동이 자본주의를 비판하고 나서면서 충돌이 생겼다.

교육과 노동시장은 불가분이다

자본주의 국가는 인재가 필요한 곳에 교육이 뒤따라야 하기에 교육과 노동시장의 관계는 밀접하지 않을 수 없다. 하지만 자본주의 국가라고 해도 모두 그런 것은 아니고, 나라에 따라 교육제도가 다르다. 미국은 학교의 설립과 운영에 대한 정부의 규제가 작아 노동시장과의 연계가 가장 원활하다. 인재 양성으로써의 교육의 책무성은 노동시장에서 평가받는 구조다. 반면, 독일은 교육선택권이 제한되지만 기업과 학교가 밀접한 관계를 맺어 교육의 성과를 높인다. 일반교육과 직업교육이 분리되는 듀얼시스템(dual system)으로 중학교 단계에서 진로를 결정한다. 직업교육은 기업이 주도하고 노동조합이 협력하는 구조다.

교육과 노동시장의 관계는 기술혁신이 경제성장과 고용을 좌우하면서 더 밀접해졌다. 경제성장의 지속은 기술혁신에 좌우되고, 기술혁신은 노동력의 수준에 좌우된다. 정보통신기술 등 신기술은 사람의 아이디어에서 나오고, 신기술을 개발·이용할 수 있는 능력은 물론 신기술에 따른 일자리 충격을 극복할 수 있는 능력도 교육을 통해 키워진다. 디지털시대에도 미국이 앞서는 이유는 고등교육과 산학협력에 있다. 이러한 이점 때문에 유럽에서 미국으로 고급 두뇌가 이동해 경제력의 격차가 벌어졌다. 미국은 인재양성의 핵심 축을 대학에 두고 대학의 산학협력을 활성화시켜 고숙련 인력 확보 경쟁력을 키웠다.

한국은 미국과 독일의 장점을 취해 교육과 노동시장과의 연계를 강화했다. 실업계 고등학교가 중요한 역할을 했다. 하지만 민주화 이후 교육과 노동시장의 관계는 멀어졌다. 교육에 대한 정부의 과도한 통제는 학교의 자율성과 혁신 의지를 떨어뜨려, 교육 기회의 확대에도 불구하고 교육의 질은 저하되어 '코리아 패러독스'가 발생했다. 즉 사교육비를 포함하면 대학 교육의 수익률이 고등학교보다 낮아졌다. 독일의 노동경제학연구소(IZA)의 지적대로, 한국은 다른 나라와 달리 고학력 청년층의 실업률이 높고, 세계경제포럼의 평가대로 한국은 고학력 국가이지만 숙련 인력 부족 국가가 되었다. 정부의 과도한 통제가 교육을 오히려 짐으로 만든 것이다.

2
산업 및 노동과 교육의 변화

코로나19가 바꾼 변화

코로나19로 재택근무 할 수 있는 사람과 그렇지 못한 사람, 원격교육 받을 수 있는 사람과 그렇지 못한 사람의 소득은 달랐다. 한국델테크놀로지스(2020년 6월) 조사를 보면 기업의 74%가 재택근무를 하고 있거나 실행한 적이 있고, 규모가 클수록 높아 고임금을 주는 1000인 이상 대기업은 84%였다. 맞비교하기는 어려우나 미국의 재택근무 기업 비율 66%(유네스코 조사)보다 높다. 교육부와 한국교육개발원의 통계를 보면 2020년 평생교육 학습자는 49%, 온라인 학습자는 65.7% 증가했다. 평생학습 참여율은 소득이 많을수록 높아 500만 원 이상은 45.4%, 반면 150만 원 이하는 29.7%, 중위소득 50% 이하는 27.4%에 그친다.

얼마 있지 않아 코로나19가 끝나겠지만 그렇다고 옛날로 돌아가진 못한다. 서비스업을 비롯해 산업 자체가 바뀌고 원격교육, 원격회의, 재택근무 등으로 노동과 온라인 등으로 소비도 바뀐다. 하지만 이러한 변화의 대한 대응능력은 기업과 사람에 따라 다르다. 연봉이 평균 1억을 넘는 기업이 속출했고, 바이오와 헬스케어, 친환경 에너지, IT 엔터테인먼트 등 고숙련 인력 수요가 많은 신산업에 집중되었다. 이미 한국은 신산업의 성장 속도가 빨라 그 비중이 2019~2016년 31%에서 2017~2020년 47%로 급증했다. 주식시장에서 신산업의 비중을 보면 64%로 유럽(26%)과 선진국 평균(44%)은 물론 미국(54%)보다 훨씬 높다.

그러나 나라 전체로 보면 코로나19의 피해가 크다. 경제성장률은 2017년 3.2%에서 2020년 -2%로 추락했고, 소득 불평등은 악화했다. 소득 하위 20%(1분위)의 가계소득은 -1.1%, 근로소득 -10.7%, 사업소득 -8.1%로 줄었다(통계청 2020년 3분기 자료). 소득 상위 20%(5분위)의 가계소득은 2.9% 증가해 1분위와 격차가 4.88배로 커졌다. 재난지원금 등 복지지출을 늘렸으나 가구원 수가 많은 5분위가 1분위보다 3배 정도 더 받아 격차는 오히려 벌어졌다. 금융 자산소득 격차를 줄인다고 과세를 강화했으나 효과가 별로 없었다. 국세청의 2019년 주식 배당소득자료를 보면 상위 1%가 전체의 69%를 차지했고, 하위 50%는 0.2%에 지나지 않았다.

디지털화와 산업 4.0 및 노동 4.0

코로나19는 이전부터 진행되어왔던 디지털 전환에 가속도를 붙였다. 제조업에 디지털 기술을 접목하는 산업 4.0을 넘어 메타버스(초월이라는 메타와 세계라는 유니버스의 합성어)로 불리는 가상세계로 발전하고 있다. 산업 4.0은 일하는 방식도 상사의 지시나 매뉴얼에 따라 움직이는 노동 3.0을 자신이 알아서 챙기고 문제를 해결하는 노동 4.0으로 바꾸었다. 산업 4.0과 노동 4.0이 되면서 요구되는 스킬이 달라진다. 변화를 인식하는 것은 물론 지속적으로 따라잡고 나아가 새로운 아이디어를 개발할 수 있는 스킬, 기술의 융합과 복합화에 따라 그 원리를 이해할 수 있는 스킬, 조직이 수평화되고 네트워크화 됨에 따라 공감하고 소통할 수 있는 스킬이 중요해진다.

산업 4.0과 노동 4.0은 적게 일하고 돈은 많이 벌 수 있는 기회이지만 사람에 따라 차이가 크다. 인적자본이 풍부한 사람은 회사를 만들거나 새로운 일자리로 이동함으로써 부자가 된다. 또 사장보다 소득을 더 많이 버는 근로자들이 많아진다. 소득이 올라가지 않는다고 해도 적어도 인터넷이나 로봇 등을 활용하는 덕분에 일하는 시간을 줄이고 여가 시간을 자기 개발에 투입한다. 또 네트워크가 좋은 사람은 정보의 이점까지 살려 보다 더 좋은 일자리로 옮겨 급여를 더 받을 수 있다. 하지만 그렇지 못한 사람은 일자리가 없어지고 소득이 줄고, 기술 변화의 속도가 빨라져 한번 뒤처진 사람은 만회하기가 더 어려워지게 된다.

이러한 이유 때문에 각국은 교육제도를 개혁하고 있다. 영국 등 유럽은 고등교육의 강화를 통해 고숙련 인력을 확보하는데, 미국은 수준 높은 직업교육의 기회를 확대해 저숙련 인력을 줄이는 데 주안점을 둔다. 조기교육을 강화해 인지능력을 키우고, 평생교육을 강화해 스킬 향상을 뒷받침한다. 하지만 한국은 디지털 기술전환이 빠른 편인데도 불구하고 이에 대한 교육의 대응은 개인에게 맡겨져 있다. 공교육의 혁신은 찾기 힘들고, 오히려 학교에 대한 정부의 통제는 강화되어 사교육을 통해 각자 변화를 따라잡고 있다. 결국 신기술이 요구하는 숙련 인력의 공급은 부족하고 저숙련 인력은 늘어 경제성장은 둔화되고 불평등은 커지고 있다.

무형자산시대와 교육 4.0

경제발전은 일정한 패턴을 보인다. 경제발전의 초기 단계에서는 기계나 설비와 같은 자본이 성장을 이끌지만, 선진국이 되면 기술이 이끈다. 성장을 이끄는데 자본은 한계가 있고 기술혁신이 성장을 지속가능하게 한다. 또 자본이 많이 드는 제조업의 고용 비중은 감소하고, 기술혁신이 만든 신 산업의 고용 비중이 증가한다. 디지털 기술은 플랫폼 산업의 일자리를 많이 만든다. 선진국을 추격하는 단계에서는 자본이 중요하지만 그 이후에는 기술혁신이 성장의 필수조건이다. 하지만 우리나라는 여전히 자본에 의존한 성장을 한다. 경제성장의 기여도를 보면 미국은 기술혁신이 1/2을 훌쩍 넘는데 우리나라는 1/4로 절반에 지나지 않는다.

기술혁신은 아이디어와 숙련 등 무형자산에 의해 이루어진다. 아이디어는 단순한 모방을 넘어 창조하는 능력을, 숙련은 생산성 향상을 의미한다. 디지털 시대를 이끄는 획기적인 서비스로 유명한 구글은 아이디어가, 디지털 기술의 활용에 필수적인 반도체의 강자인 삼성은 숙련이 경쟁력이다. 개인도 마찬가지다. 좋은 아이디어를 가진 사람은 창업으로 엄청난 부자가 되고, 고숙련을 가진 사람은 고액 연봉을 받는다. 기술과 자본시장이 글로벌화되면서 첨단 기술기업에 투자가 몰리고, 고액 연봉을 받는 사람이 급증한다. 우리나라는 종업원의 연간 급여가 1억 원 넘는 회사가 2020년 68개로 2019년(16개)보다 30% 늘었다.

코로나19가 앞당긴 디지털 시대와 무형자산 시대는 교육 4.0을 요구한다. 사람들이 기술과 노동시장의 변화를 따라잡도록 교육의 거브넌스를 바꾸고 기술혁신을 교육에 접목해야 한다. 학교가 혁신의 주체가 되어 교육수요를 적극적으로 개발해, 한편으로는 고등교육의 질을 높여 새로운 아이디어의 등장을 촉진하고 다른 한편으로는 직업교육과 평생교육의 강화로 숙련 인력을 늘리는 것이다. 정보통신기술과 가상현실기술을 활용해 시간과 장소 그리고 공간의 장벽을 넘어 교육을 쉽게 받을 수 있도록 해야 한다. 이를 통해 교육의 기회를 확대하고, 질적 수준을 높이며, 선택을 용이하게 함으로써 교육에 대한 투자 대비 성과를 제고해야 한다.

3
고비용-저성과 한국 교육의 실상

의문의 한국 교육

우리나라 교육은 투자에 비해 성과는 낮고 반면, 노동시장과의 괴리는 크다. 그 정도는 다른 나라보다 훨씬 심각하다. 경제개발협력기구가(OECD) 최근에 발표한 '한 눈에 보는 교육(Education at a Glance, 2020)'이란 국제 통계는 의문의 한국 교육을 통계로 보여준다. 이에 따르면 다른 나라에 비해 한국 사람의 교육수준은 높으나, 임금 프리미엄 등 교육의 투자 수익률은 낮다. 한국의 교육 경쟁력은 고등교육으로 갈수록 떨어져 초중등학교보다 대학교가 낮고, 초중등 교육으로 갈수록 재정의 낭비가 많다. 교육을 담당하는 학교에 대한 지출은 많으나 수업에 대한 지출은 작고, 교사의 수업시간은 짧으나 보수는 많다.

우리나라는 학생 1인당 교육비 평균 지출이 대학생은 OECD에서 가장 낮고 반면, 초중고등학생은 가장 높다. 유아원과 유치원 교육이 보편화되어 3~5세의 조기 교육 비율은 94%로 OECD 평균 88%를 상회한다. 우리나라는 직업교육을 받는 고등학생의 비율이 18%인데 비해 OECD 평균은 42%로 2.3배 차이가 난다. 우리나라의 초중고등학교 교사의 급여는 OECD에서 가장 높지만, 교사의 수업시간은 가장 짧다. 우리나라 초중등학교의 시설은 최신식으로 바뀌어 오바마 미국 대통령이 '미국은 30% 학생만이 교실에서 고속인터넷을 이용할 수 있지만 한국은 100%다'라고 부러워할 정도로 좋아졌다.

25~34세의 대학졸업자 비율이 우리나라는 70%인데 비해 OECD 평균은 45%다. 또 여성의 대학졸업자의 비율도 OECD 국가 중에서 가장 높다. 대학의 인문계 학생의 비율은 가장 높지만 실업률도 가장 높다. 대학 졸업자의 고용률은 OECD 평균보다 낮고 반면, 고등학교 졸업자의 고용률은 높다. 25~64세 기준 대학교 졸업자의 소득은 고등학교 졸업자보다 36% 높은데, OECD 평균은 그 차이가 54%로 훨씬 크다. 학교를 졸업한 이후 성인이 평생교육을 받는 비율은 가장 낮다. 일터에서 비공식적으로 교육훈련을 받는 비율은 대기업과 공공부문의 경우 최상위권으로 OECD 평균보다 훨씬 높지만, 중소기업은 최하위권에 속한다.

3무(無) 학교, 3불(不) 교육

학생의 학업이든 인성이든 또는 숙련이든 이를 키우는 교육의 성공과 실패에는 조건이 있다. 학교 교육의 성과는 교장의 리더십, 학생과 교사의 열의, 학생의 발전에 대한 지속적 평가, 학교의 목표와 방향에 대한 관계자들의 대화, 학교의 안전과 질서에 좌우된다. 그리고 학생들의 학업평가, 교사들의 수업평가, 학교에 대한 평가가 교육의 성과를 높이는 데 필수적으로 요구된다. 하지만 우리나라는 교장이 리더십을 발휘하기 어려운 데다, 시험 없고, 평가 없고, 감독 없는 3무(無) 학교로 변하고 있다. 민주화 이후 초중등 학교 현장은 물론 교육행정까지 장악한 진보 성향 전교조가 평가는 서열화를 일으킨다고 반대하기 때문이다.

3무(無) 학교에 더해 학생·학부모의 학교선택권, 대학의 학생선발권, 기업의 인재선발권을 제대로 허용하지 않는 3불(不) 교육으로 가고 있다. 조기 영어 교육 금지, 자사고와 특목고 폐지, 수능시험의 절대평가 등이 그렇다. 여기에는 진보진영이 주장하는 교육의 국가 책임과 교육 평준화의 전면 확대 논리가 깔려 있다. 서울대 폐쇄 선거 공약 등 교육 평준화의 고등 교육으로의 확대도 그 일환이다. 3무(無) 학교로 교실이 붕괴되고 학교선택권까지 박탈되자 교육성과는 떨어지고 반면, 학생 폭력은 늘었고, 학교보다 학원을 더 신뢰하게 된다. 형편이 어려운 학부모일수록 학생 뒷바라지가 힘들어 오히려 교육 불평등이 커졌다.

학위와 학점은 학생이 가진 인적자본의 가치를 평가할 수 있는 신호다. 기업은 지원자에 대한 정보가 없기 때문에 평가가 그만큼 더 중요하다. 대학은 신뢰를 잃은 학교생활기록부를 보고 학생을 선발할 수밖에 없어 입시의 공정성에 대한 불신이 크다. 또 학벌 타파를 내세우며 학력과 학점 등에 대한 정보를 보지 말고 기업이 블라인드 채용하라고 요구한다. 인재 확보가 기업의 경쟁력인데 가로막히다보니 기업은 경력직을 더 선호하게 되고 결국 노동시장에 새로 진입하는 사람의 취업은 더 어려워진다. 대학생들은 좁아진 취업문을 통과하려고 가치를 알 수 없는 자격증 취득을 위해 사교육비까지 들이는 2중 부담을 지게 된다.

고학력 실업과 관치 대학

우리나라 대학은 정부의 지원은 작고 규제는 많다. 대학의 재정이 열악하다 보니 정부의 지원금이 작아도 규제가 대학에 미치는 영향은 그만큼 크다. 대학의 입학 정원부터 등록금에 이르기까지 정부가 사사건건 개입하고, 정권은 물론 장관이 바뀌면 정책을 바꾸어 자생력을 떨어뜨렸다. 산학협력이 그렇다. 기술과 노동시장의 변화에 따라 정원을 조정하는 것이 어렵고, 장비의 도입은 물론 실력 있는 교수에게 걸맞게 보수를 지급하기 어렵다. 세계 대학을 평가하는 TIME의 경쟁력 순위를 보면(2020년) 한국에서 가장 높은 서울대학교가 60위에 지나지 않는다. 미국에 특허를 가진 세계 대학을 보면(2019년) 한국에서 순위가 가장 높은 카이스트는 25위에 그친다.

더 심각한 문제는 대학이 기술이나 노동시장의 변화와 단절되어 고학력 청년 실업이 많다는 점이다. 대체로 실업의 원인으로 구직자(근로자)와 구인자(기업)의 불일치가 50% 정도 되는데, 우리나라는 대졸 실업자의 불일치는 이보다 훨씬 심각하다. 대학이 전공별 정원을 조정하기 어려워 전공 불일치에 의한 실업이 그만큼 많아지고, 일의 성격에 비해 하향 취업을 하는 학력 불일치 때문에 직장 생활의 만족도가 낮고 중소기업의 이직이 높다. 일자리를 찾지 못하고 교육이나 훈련도 받지 않는 니트(NEET : Not in Edcation, Employment or Traing) 통계를 보면 우리나라는 대학졸업 고학력층에서의 그 비율이 OECD에서 제일 높다.

우리나라는 대학 입학을 위한 사교육뿐 아니라 취업을 위한 대학생의 사교육마저 많다. 대학 교육이 이론에 치우쳐 스킬을 키우는 데 필요한 교육은 소홀한 데다, 학위와 학점의 남발로 이에 대한 기업의 신뢰가 낮다. 게다가 중도에 대학이나 대학 내에서 전공을 바꾸기가 어렵다. 이러다보니 가치를 알 수 없는 자격증을 받고 스펙을 쌓는 대학생의 사교육에 대한 수요가 커질 수밖에 없다. 우리나라는 대학 이상 고등 교육의 중도 탈락률이 미국의 1/10에 지나지 않는다. 또 국내에서 박사 학위를 취득한 사람 4명 중 1명이 실업 상태이고(2019년), 취업을 했더라도 연봉이 2천만 원 이하인 사람의 비율이 15%에 가깝다.

4

교육 개혁을 못하는 이유

교육에 대한 이념의 충돌

우리나라는 교육 개혁이 시급하지만 인재 양성이라는 교육 본연의 역할에 역행하는 정책이 난무한다. 반면, 교육 개혁은 미국과 영국 그리고 스웨덴 등 북부 유럽과 같은 초 선진국은 물론이고 중국 등 사회주의에서 자본주의 체제로 전환한 신흥 국가에서는 활발하다. 미국은 역대 대통령마다 교육의 질 개선과 교육 기회의 확대를 위해 개혁을 꾸준히 해왔다. 자본주의이지만 사회주의 성향이 강한 스웨덴은 1990년대 미국보다 더 시장친화적이라는 평가를 들을 정도로 교육 개혁을 했다. 핵심은 기업의 교육 참여를 통한 산학협력과 직업교육의 강화에다 능력 및 성과에 입각한 학교 및 교원 인사 제도의 개혁이었다.

나라마다 교육제도가 다르지만 미국 등 자본주의 국가는 개인의 교육 선택권을 중시한다. 의무교육과 무상교육 등 교육 평준화도 사회 통합과 인재 육성을 위하는데 있다. 반면, 북한 등 사회주의 국가는 교육을 공동체 이념의 주입 도구로 보고 종합기술교육에 치우쳐, 국민의 교육 수준이 낮지는 않지만 교육의 질은 낮을 수밖에 없다. 국부론의 저자로 유명한 아담 스미스는 교육은 개인과 사회의 행복을 위한 수단이고, 능력을 키우기 위한 학교와 교사의 자연적인 경쟁이 필요하다고 했다. 반면, 칼 마르크스는 자본주의 교육은 소수의 자본가의 이익을 위한 도구라며 교육을 사회주의 혁명의 수단으로 만들어야 한다고 했다.

자본주의와 사회주의가 혼합된 세계에서 교육에 대한 이념의 충돌은 발생할 수밖에 없다. 교육이 서로 다른 방향을 향하기 때문이다. 하지만 기술과 노동시장의 변화로 교육은 소수 자본가의 이익이 아니라 인적 자본을 가진 근로자의 이익으로 더 크게 작용한다. 또 자본과 노동의 관계가 대립이 아니라 협력이고, 노동은 기계에 투입된 노동력이 아니라 이를 만들고 활용하는 숙련의 성격이 강해진다. 사회주의에 치우친 교육제도는 이러한 변화를 가로막는다. 자본주의이지만 여전히 사회주의 색채가 강한 이태리 등 남부 유럽 국가들은 고등 교육과 직업교육에 대한 관심이 적고, 노동시장은 이중구조화되고 실업률이 높다.

기울어진 교육정책 무대

지금 우리나라는 자본주의 교육제도가 밀리고 사회주의 교육제도가 득세하고 있다. 교육정책과 제도를 만드는 정치권의 주류 세력이 사회주의 성향이 강하기 때문이다. 이들은 개인의 행복보다 민족이나 통일 등 공동체적 가치를 앞세우고 교육을 그 도구로 접근한다. 또 개인의 교육 선택권과 학교의 학업 성과에 대한 평가를 부정적으로 보고, 자연스러운 경쟁도 서열화라면서 비판한다. 최근에는 사립학교의 교직원 채용 권한을 박탈해 교육감에게 넘겼고, 1949년 교육법 제정 이후 지금까지 지켜왔던 교육이념인 홍익인간(弘益人間, 널리 인간 세계를 이롭게 한다)을 삭제하려는 움직임도 있었다.

이념에 따른 교육제도의 혼란은 1987년 민주화운동이후 들어났다. 우리나라는 학교장은 물론 교사도 존경받는 분위기라 교육이 성공하는데 큰 장점을 가지고 있었다. 하지만 학교와 교육행정이 권위주의적이라는 약점은 있었고, 민주화의 바람이 산업현장은 물론 학교에도 불어와 교육 민주화 요구가 거세어졌다. 교육 민주화는 학교 현장에서 교사의 권익 강화와 교육 행정에서 교원 노조의 힘 강화를 의미했다. 반면, 이들의 힘이 강화되면서 학생과 학부모의 교육 받을 권리는 침해되었다. 그 결과 학령 인구가 주는데도 불구하고 교육 예산은 계속 늘고, 교사들의 급여가 올라가지만 공교육의 질은 떨어져 사교육에 더 매달리는 모순이 생겼다.

교육의 모순을 키우고 인재 육성을 외면하게 하는 나쁜 교육제도가 방치되어 있다. 우리나라는 교육의 힘으로 경제가 성장하면서 교육이 경제와는 가까운 반면, 정치와 거리를 두는 전통이 있었다. 하지만 교육 민주화가 정치로 기울고 사회주의를 지향하면서 무너졌다. 하지만 일반 국민은 이러한 문제를 아는데 필요한 정보가 부족하고, 교육 제도를 바로잡자는 목소리는 거의 내지 못하고 있다. 교육민주화를 내걸며 1989년에 설립된 전국교직원노동조합(전교조)이 학교 현장은 물론 지금은 교육 행정까지 장악하면서 교육 정책의 무대는 완전히 기울어졌다. 전교조의 조직적인 힘은 교육은 물론 노동 정치까지 흔들고 있다.

전교조의 특권화

각국의 교육 개혁의 경험을 보면 교원 노조의 철학에 따라 교육개혁에 협력하는지 여부가 달라진다. 미국의 경우 교육 선택권의 확대를 위한 개혁에 교원 노조가 중요한 걸림돌이었는데 국민의 이러한 사실을 알면서 개혁이 성공했다. '공교육 부검(Public Education An Autopsy)'이라는 책은 중요한 계기를 만들었다. 이 책의 저자이자 교원 노조운동을 지원했다가 입장을 선회한 마이런 리버만 교수는 미국의 교원노조는 권력을 유지하기 위해 교사들의 불만을 억누르고 학생과 학부모를 인질삼아 교육 개혁을 방해하는 실상을 공개했다. 그는 미국 공교육의 문제는 교사의 저임금이나 낡은 시설이 아니라 교원 노조에 있다고 진단했다.

전교조는 민족 · 민주 · 인간화 교육에 앞장서고 더불어 사는 삶을 소중이 여기는 인간상을 추구한다. 전국 조직으로 17개 시도지부와 시군구지회 그리고 학교 단위 분회로 구성하고, 일사불란하게 움직이도록 내부의 집행 체계를 구축하고, 그 힘을 토대로 정책 협의와 단체교섭 등을 통해 교육 정책을 변화시키고 있다. 전교조는 교사의 정치 참여 금지 등 법을 위반해 정부와 갈등을 빚어왔다. 하지만 2010년 교육감 직선제 이후 양상이 달라졌다. 전교조는 선거에서 단일 후보를 내세워 승리함으로써 지방 교육 행정을 장악했고, 이른바 2017년 '촛불혁명'의 주축 세력이 되면서 중앙 정부의 교육 행정도 장악했다.

촌지 거부 등 참교육을 내세운 전교조는 초기에 학부모의 호응을 받았으나 지금은 노골적인 교육의 정치화로 외면을 받고 있다. 최근에 서울 인헌고등학교 학생의 전교조 교사에 대한 정치 교육 반대 시위가 그랬다. 혁신 학교와 학생 인권 교육은 전교조의 브랜드 정책이지만 실패하고 있다. 기초 학력 미달 비율이 일반 학교보다 혁신 학교가 높아 학부모의 반대가 커지고, 학생 인권의 강조로 학교장의 권한이 박탈되었다는 비판이 제기된다. 반면, 교육감의 권한은 강화되어 교육부와 맞서고 광역지방자치단체와 갈등하지만, 학부모와 유권자의 교육 평가에 대한 정보는 거의 없어 교육감 선출은 '깜깜이 선거'가 되었다.

5
무엇을 어떻게 개혁할 것인가

학교의 미래

교육 개혁의 핵심은 교육이 이루어지는 학교의 시스템을 현대화하는 데 두어야 한다. 우리나라에서 학교의 현대화는 최신 시설을 말하는 것이 아니라 학교의 역할을 시대 변화에 맞게 조정하는 것이다. 학교는 학생이 궁극적으로는 사회에 진출해 인재가 되고, 자기주도적 평생 학습을 하도록 가르치는 일뿐 아니라 진로를 잡고 취업할 수 있도록 도와주는 노동시장의 매개자 역할까지 해야 한다. 구직자와 구인자에 대한 정보가 부족하기 때문에 구직 학생과 구인 기업 사이의 가교 역할을 학교가 할 수 있도록 해야 한다. 직업교육이 강화된 독일이나 고등교육에서 산학협력이 발전된 미국의 청년 실업률이 낮은 이유도 여기에 있다.

학교가 인재육성과 구직과 구인의 매칭 지원 등을 하려면 조직의 경영 효율성을 높여야 한다. 당연한 것이지만 학교와 교육 행정부터 바꾸어야 한다. 교육 민주화라는 정치 논리에 빠지면 교육 행정은 규제가 많아질 수밖에 없다. 학교장의 권한은 축소되고, 교사의 책임이 모호해지며, 교육의 성과는 그만큼 떨어진다. 학교장 책임 경영제를 확립해 학생의 수업 진행과 평가는 물론 교사의 채용과 급여를 결정할 수 있도록 학교장에게 권한을 부여해야 한다. 학부모와 기업 등과 협력하여 교육에 관련된 정보를 관계자들에게 제공하고, 그 정보를 이해·활용하도록 도와주며, 학교장의 임기와 보상은 그 성과에 따라 결정되도록 만들어야 한다.

교육의 질이 학교가 학원을 능가해 사교육을 공교육으로 흡수하려면 복잡한 교육 행정체계를 단순화해야 한다. 학교에 대한 과도한 규제와 교육부와 교육청의 관료주의는 학교의 혁신을 저해한다. 교육부와 교육청의 권한은 축소하고 학교장의 권한은 강화해야 한다. 또 학교가 지역 혁신을 뒷받침하도록 교육 행정과 일반 행정의 단절을 지양하고 지방자치단체의 역할을 강화해야 한다. 교육감 선거를 광역단체장과의 러닝메이트제도 바꾸는 것도 검토할 필요가 있다. 학교장 책임경영제를 확립하고 깜깜이 교육감 선거가 되지 않도록 하려면 학부모는 물론 유권자에 대한 교육정보 공개를 의무화해야 한다.

교육정책의 대전환

디지털시대로 전환하면서 방치되어왔던 고등교육, 직업교육, 평생교육을 강화하는 일이 시급하다. 기술혁신이 경제성장을 이끌어가고 숙련에 따라 임금과 고용이 결정됨에 따라 교육정책은 경제정책과 복지정책 차원에서 재인식되어야 한다. 대학교육의 경우 정부의 지원은 강화하되 교육행정의 편의에 따라 대상과 금액을 정하는 관행은 타파해야 한다. 입학과 졸업의 기준은 물론 학과의 정원과 등록금의 결정을 지원금으로 대학을 통제해 자율성을 침해하는 한 고등교육의 질은 높일 수 없다. 대학 경영의 자율성 제고와 함께 학생이 대학 및 전공 선택을 변경할 수 있도록 권한을 강화해 대학경영의 책무성이 올라가도록 해야 한다.

직업교육훈련에 대한 정부의 투자를 늘리는 것은 물론이고 민간 자본의 참여도 촉진해야 한다. 기술변화는 빨라지고 요구되는 숙련의 수준이 올라감에 따라 직업교육훈련의 중요성이 커진다. 인재 육성뿐 아니라 취약 계층의 취업능력과 소득능력을 제고해야 하기 때문이다. 직업교육의 수준을 전문대학으로 끌어올리고, 직업교육훈련을 받을 권리를 국민의 사회적 권리로 실현되도록 만들 필요가 있다. 민간 직업교육훈련기관을 육성해 산학협력을 더욱 유기적으로 만들고, 정부의 지원금은 바우처형태로 학생에게 지급해 직업교육훈련기관이 교육의 질을 높이기 위한 경쟁을 하도록 지원 방식도 바꾸어야 한다.

기술혁신과 고령화가 빨라짐에 따라 직업교육훈련을 지속적으로 받을 수 있도록 만들어야 한다. 생산가능인구의 부족으로 고령 노동력의 생산성을 높이고 경력단절 여성의 노동시장 복귀를 촉진하는 일이 더욱 더 중요해졌다. 직업교육훈련의 강화와 함께 구직자와 구인자를 효과적으로 연결하도록 교육훈련기관이 적극적인 역할을 하고 고용안정기관의 전문성도 높여야 한다. AI와 Big Data 등을 이용해 고용안정서비스의 질을 높이도록 민간 고용 지원 기업을 육성해 교육과 노동시장의 연계에 활용할 필요가 있다. 이를 통해 교육이 고용형태의 다양화에 부응하고, 마찰적 실업은 줄이고, 취업의 성과는 높이도록 만들어야 한다.

교육 이념의 확립

교육 개혁을 성공적으로 추진하려면 학교의 미래와 교육정책의 방향에 대한 국민의 공감대가 중요하다. 여기에는 교육에 대한 가치관, 교육 이념의 확립이 핵심이다. 사람마다 소질과 적성이 다르다. 같은 것은 같게 다른 것은 다르게 하는 것이 교육에서의 정의이고 평등이다. 국가는 국민 개인이 소질과 적성을 살려 다양한 길을 선택할 수 있도록 도와주어야 한다. 그 대신 돈이나 정보 등의 부족으로 어쩔 수 없이 선택을 제한받는 사람에게는 지원을 해야 한다. 또 의무 교육 등 교육 평준화는 사회 구성원들의 통합에 필요한 수준으로 그치고 교육 선택권을 확대함으로써 개인과 사회의 행복을 키워야 한다.

공공서비스의 국가 독점은 개인과 사회의 행복을 저하한다. 오히려 관료화의 문제뿐 아니라 재정을 많이 투입하고도 서비스의 질은 낮아 자원의 낭비도 초래한다. 이것은 일자리는 물론 교육 서비스도 마찬가지다. 국가 독점은 혁신을 가로막아 교육 서비스의 질을 떨어뜨린다. 정부의 지원으로 공공 교육서비스가 제공된다고 공짜가 아니다. 여기에는 국민의 세금이 들어가기 때문이다. 민간 기업이 제공하면 보다 좋은 서비스를 보다 싸게 받을 수 있는데 그 기회를 막는다. 민간 자본이 참여하면 교육의 공공성을 해친다는 것은 오해다. 민간 자본을 잘 활용하면 취약 계층의 교육 기회의 확대와 교육의 질도 보다 효과적으로 제고할 수 있다.

교원 노조는 일반 노동자가 아니라 전문직 단체다. 교사는 상당한 자질이 요구되는 직업이다. 기술과 노동시장의 변화가 빨라지는 만큼 전문성을 유지하는데 노력이 더 필요하다. 게다가 나이가 어린 학생을 상대로 가르치는 만큼 봉사와 윤리가 요구된다. 이러한 교직자의 특수성을 이용해 자신의 권익을 키우는 데 매달리면 학생은 피해자가 되고 결국 공교육은 붕괴한다. 더군다나 교원 노조가 자의적으로 설정한 공동체의 가치를 주입하는 데 매달리면 학생은 창의성과 문제해결능력을 잃고 교육의 피해자가 된다. 교원 노조는 교육의 질을 높이고 교사가 뒤처진 학생이 따라오도록 지도하는 역할에 충실하도록 돕는 역할을 해야 한다.

제8장

여성이 마음 편히 일하며 아이 키울 수 있는 나라

"2030을 위한 NEW LABOR 일자리 개혁"

1. 일과 가정의 양립, 과연 현실적으로 가능한 것인가
2. 육아휴직제도, 이 수준에서 만족할 수 있을 것인가
3. 영유아부터 아동까지 돌봄,
   무조건 늘리는 것이 능사는 아니다
4. 경력단절 여성을 위한 일자리 정책, 허구를 넘어 현실로
5. 여성할당제, 폐지할 것인가 유지할 것인가
6. 돌봄이 존중받는 사회, 내가 원하는 일자리로
   차별받지 않는 사회를 위하여

1
일과 가정의 양립, 과연 현실적으로 가능한 것인가

최근 발표된 우리나라 합계출산율은 0.84, OECD 국가 중 또 한번 '꼴찌'를 차지했다. 이러한 저출산의 원인은 매우 다양하여 일관되게 어느 하나를 중요 요인으로 지목할 수 있는 것은 아니다. 하지만 무엇보다도 '여성의 입장에서 아이를 낳지 않는 이유'를 현실에 기반하여 찾는다고 한다면 '아이를 낳아도 내 생활이 변화되지 않고 그대로 유지가 가능한가?'에 대한 의구심이 자리 잡고 있기 때문이라고 할 것이다. 내가 아이를 낳기 전에 활발히 활동하던 일을 육아를 하면서도 그대로 유지할 수 있을까? 육아를 이유로 경력단절이 생기게 되면 그 후에도 일하고 싶을 때 다시 시작 할 수 있을까? 내가 일하러 갈 때 안전하게 내 아이를 돌봐줄 곳이 있는가? 이런 생각들 말이다.

이 모든 의구심들이 늘상 존재하기에 2021년 현재 결혼을 기피하고, 출산을 기피하는 현상의 주원인으로 작용하고 있음이 자명하다. 통계를 보아도 알 수 있다. 아래의 그림에서 알 수 있듯이 여성의 경력단절 사유 중 임신과 출산, 그리고 육아는 그 어느 사유보다 큰 비중을 차지하며, 육아로 인한 경력단절은 해를 거듭할수록 점차 증가하고 있는 상황이다. 자발적이건 비자발적이건 '육아'가 여성 경력단절의 주원인이라는 것이다.

[그림 4] 여성 경력단절 사유

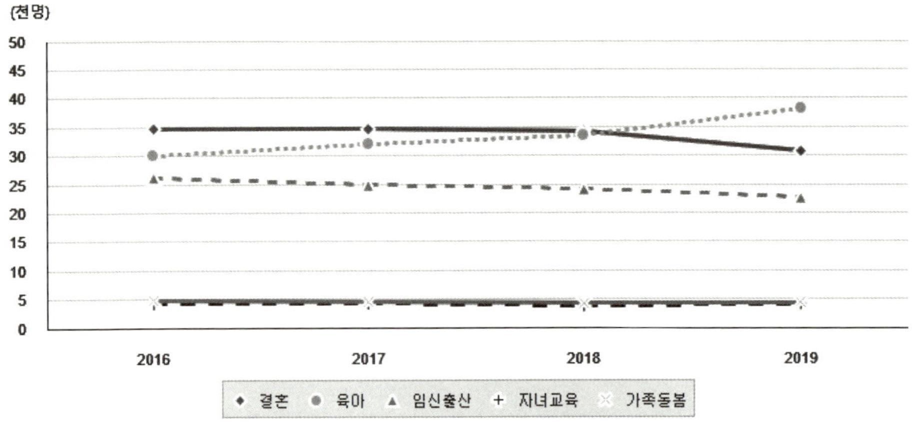

※ 주 : 여성 경력단절 사유는 해당 그림에서 볼 수 있듯이 결혼으로 인한 경력단절보다 육아로 인한 경력단절이 점점 늘어나고 있는 현실을 볼 수 있다.

한편 우리 사회는 저출산 대책과 더불어 이러한 현상을 일찍이 사회문제로 인지하고 여느 국가가 그래왔듯이 주로 육아와 여성의 일 양자를 모두 유지하기 위한 여러 정책적 방안 모색에 공을 들였다. 2인 생계부양자 모델이 보편화될 정도로 여성의 사회진출이 활발해지면서 이러한 정책은 여성에게 이중적 부담을 안기는 것이 아니냐는 비판도 불러일으켰지만 여성들의 노동시장 참여와 가정의 유지를 위한 노력 들은 사회 변화에 있어 필수불가결한 요소로 작용하였다.

그 중 대표적인 정책인 '일가정양립정책'이라고 함은 저출산 정책에 속하기도, 여성 정책에 속하기도, 노동정책에 속하기도 한다. 즉, 일가정 양립이라는 말 속에 사회 전반의 문제를 모두 담고 있다고 해도 과언이 아닐 것이다. 이러한 특성만 볼 때에도 자유와 평등이라는 상충된 가치를 모두 챙기는 것이 현실적으로 힘든 것과 마찬가지로 일과 가정의 유지라는 두 가지 과업을 모두 달성하는 것은 실질적으로 불가능하다고도 할 수 있다. 특히 일하는 여성의 입장에서 보면 '과연 이러한 정책만으로 내가 원하는 일가정 양립이 가능하긴 하다는 말이야?' 라는 탄식이 몇 번씩 나올 법하다. 하지만 최대한 둘 사이의 균형을 유지하면서 생활의 질을 향상시킬 수 있는 방안에 대해 고민하고 부딪혀보면서 사람들의 생활은 발전하게 마련이다. 또한 이러한 믿음 하에 정책의 지속적 발전이 가능한 것이 사실이다. 그래서 우리는 또 고민하고, 정책은 진화한다.

소위 일가정 양립 정책이라고 하면 '여성만을 위한 정책이 아닐까?'하는 의구심이 들기도 한다. 남성 생계부양자 모델을 토대로 짜인 노동시장 제도의 전통, 법제도상으로 남녀 공히 사용할 수 있는 육아휴직제도가 규정되어 있지만 아직까지 남성 참여율이 저조한 상황, 일하는 여성을 전제한 아동돌봄제도들, 주로 가사노동은 여성이 담당해 왔던 역사적 사실들이 이에 대한 편견을 충분히 가능케 한다. 실증 통계로도 이러한 편견은 충분히 뒷받침된다. 2019년 생활시간조사에 나타난 바에 의하면 유배우자 가구에서 여성의 가정관리 비율이 남편의 약 4.4배 수준으로 나타난 바 있다. 남녀가 가정을 이루며 사는 가구의 경우 여전히 남성에 비하여 여성이 가사 노동에 상대적으로 많이 투입된다는 것을 보여주며, 남성과 여성이 모두 일을 하는 경우에도 가사 노동에 시간을 투여하는 비중이 여성이 남성에 비하여 많았다. 이는 현실에서 일가정양립제도가 불균형하게 정책 목표를 달성하고 있다는 것을 의미한다.

2
육아휴직제도, 이 수준에서 만족할 수 있을 것인가

얼마 전까지만 해도 육아휴직은 여성 근로자들의 전유물로 대표되었다. 통계적으로도 남성과 여성의 육아휴직 비율은 어떠한 나라든 여성이 상대적으로 높은 것이 이를 방증한다. 우리나라의 경우도 자녀를 출산한 여성이 육아휴직제도를 출산후휴가에 연이어 사용한다든지, 초등학교 입학 즈음에 육아휴직제도를 활용하여 여성의 경력 단절을 사전에 예방하는 기능을 한 것이 일반적이다. 이러한 문제점을 인식하고 박근혜정부는 '아빠의 달'을 도입하여 같은 자녀에 대하여 순차적으로 모두 육아휴직을 사용하는 경우 두 번째 사용자가 아버지라면 육아휴직 급여를 상향 조정하여 지급받을 수 있도록 하였다. 아빠의 달은 엄마가 육아휴직을 사용하였다 하더라도 육아휴직을 30일 이상 부여받은 아빠에게 첫 3개월 육아휴직 급여의 상한을 250만 원까지 지급함으로써 남성의 육아휴직을 장려하기 위한 정책이다. 낮은 육아휴직 급여 때문에 상대적으로 임금이 높은 남성보다는 여성이 육아휴직을 선택하는 현실을 보완하고자 한 제도라 할 수 있다. 또한 공공기관 및 대기업을 중심으로 남성 육아휴직을 권유하는 문화가 확산되면서 육아휴직은 부모 모두 함께 사용하는 제도로 인식이 바뀌어 가고 있다. 긍정적인 현상이라고 할 수 있다.

2020년부터는 부부가 동시에 육아휴직을 신청할 수 있도록 하여 동일한 자녀에 대하여 아빠도 1년, 엄마도 1년 동시에 육아휴직 신청이 가능하도록 변화하였다. 나아가 최근에는 생후 1년 자녀를 대상으로 한 육아휴직을 하게 되는 경우 육아휴직급여의 상한을 최대 200만 원까지 높여줌으로써 육아휴직 시 손실될 수 있는 급여의 부분을 적극 보완하고자 하는 움직임도 일고 있다. 하지만 남성과 여성이 함께 참여하는 선진국의 현실에 비교할 때 여전히 우리나라의 육아휴직 제도는 몇 가지 부분에서 개선이 필요하다.

스웨덴과 독일의 육아휴직제도가 우리에게 주는 의미

스웨덴은 '라떼파파'라는 말이 유행할 정도로 아버지 육아가 활성화된 국가 중 하나이다. 여러 일가정양립을 위한 제도 중에 스웨덴의 육아휴직제도는 현실적으로 남성의 육아휴직을 유인할 요인을 많이 갖추고 있다. 기존에 시행하고 있던 여러 가지 수당 제도가 저출산 해소에 주효하지 못하다고 판단하여 남성 육아휴직 할당제 도입을 통해 남성 육아휴직 확대를 통한 저출산 극복에 주력하였다. 현재 스웨덴에서는 총 480일의 부부 육아휴직을 주는데 이 중 90일은 반드시 의무적으로 남성만 쓸 수 있게 한 '남성 육아휴직 의무제'를 시행하고 있다. 다른 여타의 사회적 환경의 영향과 더불어 이러한 제도의 효과로 스웨덴의 남성 육아휴직 참여율은 25%까지 높아진 것으로 판단하고 있다. 더불어 육아휴직 급여가 낮은 경우 제도 이용률이 낮다고 판단하여 소득대체율은 약 80%에 이르는 과감한 정책을 펼치게 되었다. 이렇듯 육아휴직제도급여의 상향화, 남녀 모두 사용하여야 하는 육아휴직제도 등은 육아란 당연히 부모의 권리로 인식하는 사회적 분위기가 형성되는 데 일조하였고 부모권의 확보라는 측면에서도 상당 부분 공헌한 것으로 보인다.

한편 독일 역시 육아휴직제도의 개선으로 저출산을 극복한 국가로 꼽히고 있다. 독일은 출산과 육아와 관련해 출산수당, 부모수당, 자녀수당의 총 세 가지 지원금을 지급한다. 이중 부모수당은 육아휴직급여로 판단할 수 있다. 기본 부모수당으로 불리는 이것은 기본적으로 자녀 출생 이후 14개월까지 받을 수 있지만 원하는 경우 수당의 반액을 28개월 동안 분할해 받을 수도 있다. 즉, 기간의 조정에 따라 급여액이 달라지도록 설계되어 있는 시스템이다. 짧은 육아휴직을 원할 경우 금액을 두텁게, 긴 육아휴직을 원할 경우 금액을 줄여서 지급 받으나 이 경우는 부모수당 플러스라고 하여 일정시간의 경제적 활동을 병행할 수 있도록 설계되어 있다. 구체적으로 2015년 7월부터 도입된 '부모수당 플러스(ElterngeldPlus)' 정책은 시간제 일을 하는 부모가 아이를 돌보면서 주 24~32시간 일할 수 있도록 돕기 위해 만들어졌다. 또한 부부나 파트너 모두 시간제 일을 하면 '파트너십 보너스(Partnerschaftsbonus)' 정책에 따라 '부모수당 플러스'를 4개월 추가로 받을 수 있다. 부모수당의 액수는 월급의 실수령액에 따라 결정된다. 평균적으로 급여의 67%까지 받을 수 있으며 직장인이 아닌 경우에도 최소금액인 월 300유로(약 40만 원)가 지급된다. 고용보험에서 지급되어 수많은 대상이 배제되는 우리나라와는 상이한 시스템이다. 또한 다자녀의 경우 부모수당 액수의 10%를 추가로 받는다.

그 외에 독일에서는 출산과 양육으로 인해 이전보다 벌이가 감소한 부부나 파트너에게 최대 14개월까지 현 월급의 약 65~67% 정도의 '부모휴직 수당'을 지급한다. 출산 전 수입이 없던 부모에게는 월 300유로(한화 약 41만 원)를 지급한다. 아버지 휴직률을 높이기 위해 부모휴직 수당을 신청하는 부부나 파트너 중 한 명이 독점하여 12개월 이상 휴직할 수 없도록 규정하고 있다. 이에 따라 아빠든, 엄마든 2개월 이상을 반드시 휴직해야 한다. 실제로 독일은 이러한 정책을 펼친 이후 남성의 육아휴직비율이 도입 전보다 약 40% 정도 증가한 것으로 알려졌다. 결국 자녀와 함께 있는 시간에 대한 보장을 중심으로 정책을 펼쳤고, 이는 상당한 효과를 거둔 것으로 파악된다.

그 외에도 독일은 시간제 근로를 하는 부모와 파트너 지원을 확대하고 조산아 부모를 위한 대책 마련에 예산을 집중하기 위하여 부모휴직 수당 지원 자격을 수정했다. 이전에는 합계 연간 소득이 50만 유로(약 6억 8,354만 원) 이하인 부모에게 부모휴직 수당을 지급했지만, 이번 법 개정으로 지급 기준이 연간 30만 유로(약 4억 1,012만 원) 이하로 바뀌었다. 독일 정부는 이들은 부모휴직 수당 없이도 육아휴직 기간에 대한 자녀 양육이 가능할 것으로 예상하고 있는데 더욱 필요한 곳에 예산을 집중하고 있는 것으로 파악된다.

부모가 될 권리에 대한 보장

이상의 사례를 통하여 볼 때 우리나라가 지닌 육아휴직제도의 걸림돌을 몇 가지로 정리할 수 있다. 우선 정책을 세팅할 때 있어 기본적 철학적 가치의 부재이다. 모든 정책에서도 기본적 원칙이 되어야 할 것이지만 일가정양립 정책은 특히 '어떠한 가치를 중요시 여겨야 하느냐'에 대한 깊은 고민과 성찰이 필요하다. 좋은 정책의 나열만으로는 정책 수요자의 체감도를 증진시킬 수 없음이 물론이다. 모든 돌봄 정책이 그러하겠지만 우선적으로는 육아휴직 제도 또한 '부모가 자녀를 돌볼 수 있는 권리'를 염두에 두어야 한다. 즉, 부모권을 보장하기 위한 방안을 중심으로 제도가 설계되어야 한다. 이때 왜 남성은 육아휴직을 여전히 사용하고 있지 않은가? 왜 육아휴직이 모든 엄마 아빠가 누려야 하는 권리가 되어야 하는가에 대한 고민이 녹아들어야 한다. 다음은, 고질적인 것으로 여전히 낮은 급여액이다. 육아휴직급여는 남녀고용평등에 관한 법률 제19조에 근거하여 육아휴직을 30일 이상 부여 받고 수급요건을 충족할 때 고용보험법에 의하여 육아휴직 시작일로부터 3개월까지는 통상임금의 80%, 그 이후 종료일까지는 통상임금의 50%를 급여로 지급하고 첫 3개월은 최대 월 150만 원, 최소 월 70만 원, 4개월부터는 최대 월 120만 원, 월 70만 원을 급여로 지급하는 것으로 상당 기간 운영되어 왔다. 하지만 최근에는 법 개정으로 최대 월 200만 원의 상한으로 개정된 바 있다. 하지만 '고용보험법'에 의한 육아휴직급여 지급이라는 근본적인 문제를 해결하지 않는다면 육아휴직급여수준의 상한도, 육아휴직의 활용을 토대로 한 부모권의 보장도 모두 요원해질 것으로 보인다. 이제는 우리의 아이는 모두의 아이라는 사회적 인식을 공유할 시점이다. 고용보험기금을 축내는 아픈 손가락으로 남기보다는 부모보험제도를 도입하여 사회적 연대의 가치로서 육아휴직을 논의할 시점이 되었다고 생각한다.

이는 곧 육아휴직은 모든 부모의 권리가 되어야 한다는 당위를 상기시키며 다음의 문제에 도달하게 된다. 고용보험에 기반한 육아휴직 급여의 제공은 자영업자와 고용보험 미가입자에게 육아휴직의 걸림돌로 작용하기 때문이다. 결국

임금근로자 중심으로 설계되어 있는 사회보험제도에서 육아휴직급여권이 나온다는 것은 부모권의 확실한 보장이라는 가치를 실현시킬 수 없으며 육아휴직을 모든 부모의 권리로 확장하여야 하는 시대적 과제를 반영할 수 없음을 여실히 보여준다.

마지막으로는 여전히 여성이 육아휴직을 선택할 확률이 큰 사회적 구조의 문제다. 회사의 분위기, 사회의 분위기가 상당부분 달라졌다고는 하지만 아직도 남성이 사용하는 육아휴직은 '아빠가 사용한 신기한 가정'으로 비춰지는 사례가 많다. 미디어의 활용, 사회적 분위기의 적극적인 개선 노력으로 '당연한 것'으로써 논란의 여지가 없는 부분으로 만드는 사회적 노력이 필요하다.

3
영유아부터 아동까지 돌봄, 무조건 늘리는 것이 능사는 아니다

일가정양립 정책 중에서 앞서 언급한 육아휴직보다도 우리나라가 일찌감치 주력한 정책은 그 무엇보다 보육정책이다. 이명박정부 때부터 도입되기 시작한 무상보육의 단계별 시작은 박근혜정부에 이르러 전면 무상보육으로 전환되기에 이르는데 이는 여성의 자녀 돌봄으로부터의 해방을 선언함과 동시에 수많은 형평성 논란을 낳았다. 보육시설에 입소하는 순위에서 맞벌이, 다자녀, 한부모 등을 우선순위로 선정하면서 가정주부와 워킹맘과의 갈등, 민간 어린이집과 국공립 어린이집에의 지원책이 상이한 데에서 오는 미묘한 갈등, 가정양육수당과 보육료 지원의 지급 방식의 차이에서 오는 갈등 등 수 많은 갈등은 형평성 논란으로 이어지곤 했다.

이때 중요한 것은 결국 '원칙의 부재'에서 온 참혹한 결과라는 것이다. 보편적 복지와 선별적 복지간의 무제한적 논쟁 속에서 보편적 복지는 좋은 것, 선별적 복지는 나쁜 것이라는 정치적 프레임에 복지 정책이 스스로 갇히게 되면서 원칙도 없이 무분별하게 공보육을 무조건 늘리는 것이 능사라는 것에 집착하였기 때문이다. 특히 최근 발생하고 있는 어린이집 아동학대 사건들은 공보육 40% 달성이라는 정부의 정책적 목표가 과연 무엇을 지향하고 있는 것인지 다시 되돌아 볼 계기를 가져다 준다.

물론 모든 아이가 동일한 지원 하에 비슷한 정도 수준의 보육을 받아야 하는 것은 당연하다. 하지만 이는 무조건 공보육이라는 체계로, 무상보육이라는 시스템하에서 달성할 수 있는 목표는 아니다. 아래 [그림 5]에서도 볼 수 있듯 아직까지도 국공립 어린이집의 개소 수는 다른 어린이집에 비하여 현저히 낮은 비율을 차지한다.

[그림 5] 어린이집 수

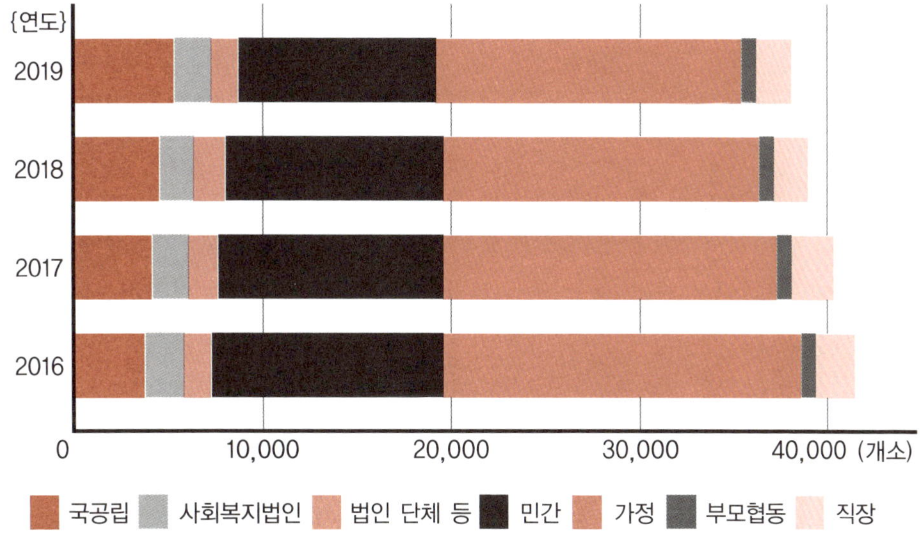

※ 주 : 2019년 기준 국공립 어린이집은 여전히 낮은 비율을 차지한다.

하지만 이제는 국공립 어린이집 수를 늘리는 것에서 나아가 어떤 지역에 무엇이 적합한지, 어린이집과 유치원의 유보통합이 어떠한 문제점으로 지연되고 있는지, 어떠한 방향이 부모의 돌봄권을 보장하는 것인지에 대한 근본적 고찰이 필요한 시점이다. 첫째, 국공립 어린이집의 무제한적 확대보다 중요한 것은 '질적 투자와 모니터링'이다. 국공립 어린이집은 다른 여타의 어린이집과 달리 국민의 세금으로 어린이집 운영 비용에 투자하는 비중이 높다. 이는 곧 책임감으로 연결된다는 사실을 잊으면 안 된다는 것으로 귀결된다. 부모는 국공립이라는 것에 대한 믿음으로 되기도 힘든 어린이집에 내 자녀가 다닌다는 것 자체만으로 안심한다. 모든 어린이집의 문제는 아니지만 이제는 이러한 수적인 투자에 상응하게 질적 투자에 집중하여야 할 것으로 보인다. 부모가 일을 하러 나갔을 때 부모를 대신하여 자녀를 누군가 돌봐주는 것, 그 자체로도 매우 고귀한 일이다. 그리고 그 아이에게는 돌봐주는 선생님이 부모이자 의지처이다. 따라서 부모와 선생님과의 신뢰는 그 무엇보다 중요하고 이것은 돈으로만 형성되지 않는다. 결과물이 만족스러울 때, 아이가 올바르게 잘 자라고 있다는 믿음이 부모에게 들 때 비로소 형성된다.

그간 국공립 어린이집의 확대에 주력하여 예산을 집중하였다면, 이제는 '보육교사'와 '어린이집 관리'에 투자하여야 할 시점이다. 이는 곧 어린이집에 대한 질적 투자라 할 수 있다. 국공립 어린이집 건립 비용에 예산을 집중할 것이 아니라 다양한 어린이집이 공존할 수 있도록, 어떤 어린이집을 부모가 선택하던 안심하고 내 아이를 맡길 수 있도록, 어떠한 어린이집에서 근무하여도 보육교사가 행복할 수 있도록 그 환경을 조성하는 데 예산을 집중하여야 한다는 것이다. 이는 보육교사의 질적 향상과 더불어 아동의 보육 환경 개선을 당연히 수반한다. 그리고 이러한 정책의 결과물은 결국 부모가 안심하고 아이를 맡기고 일하는 데 집중할 수 있는 환경을 만드는 데 일조하게 될 것이다.

최근 보육시간체계의 개편으로 보육교사의 부담을 완화하여 질적인 향상을 도모하는 움직임이 시행 중이다. 하지만 무엇보다도 중요한 것은 가정어린이집과 민간어린이집, 국공립어린이집이 현재의 상태에서 조화롭게 공존하며 부모의 수요를 반영하는 방법으로 운영되어야 한다는 것이다. 영유아의 연령대별 특성을 반영한 예산 지원은 결국 보육의 질 향상과 연결되므로 보육교사의 적재적소 배치, 교육의 강화, 부모와의 상호 협력 강화 등이 필요하며 무엇보다 '국공립어린이집이라서' 다 좋은 것이 아닌, '매일 장시간 머물 수 있는 곳'이 능사가 아닌 '있는 시간 동안 최대한 행복하게' 보육을 하는 것에 목표를 두고 예산을 편성하여야 한다. 이는 결국 엄마와 아빠가 마음 편히 일할 수 있게 하는 최대한의 배려가 될 것이다. 구체적으로는 보육교사의 자격 기준 강화 및 세부적 등급화, 어린이집 지원 강화, 누리과정 공통화에서 나아가 유치원과 어린이집이 통합관리 될 수 있는 전달체계로 궁극적 개편 등이 현실적으로 이루어질 때 달성이 가능할 것으로 보인다.

'온종일 돌봄'이라는 허상

자녀가 영유아시기를 지나고 나면 초등학교에 입학하면서 맞벌이 부부는 다시 한번 곤란에 처한다. 저녁 7시 넘어서까지 운영되던 어린이집이 초등학교 1학년이 되는 순간 12시 반에 끝나는 학교로 대체되기 때문이다. 문재인 정부 역시 이러한 문제점을 진즉 파악하고 '온종일 돌봄'을 달성하기 위하여 초등돌봄체계의 대대적 개편을 시도하고 있다. 바로 초등돌봄의 공백을 해소하기 위한 정책으로 학교돌봄과 마을돌봄을 연계하여 사각지대가 없도록 하는 정책을 펼치고 있는 것이 그것이다.

[그림 6] 온종일 돌봄

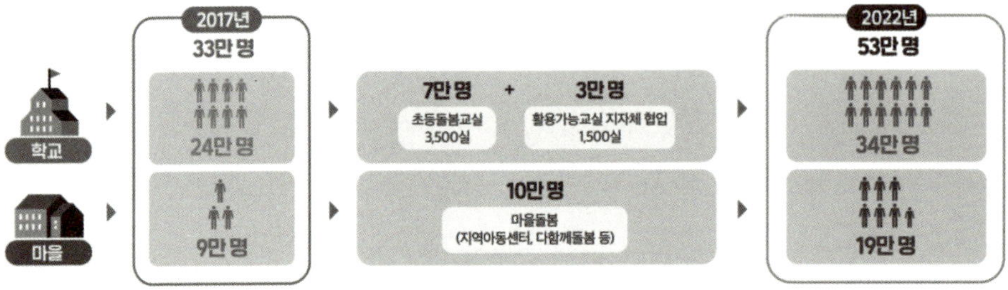

※ 활용가능교실(1,500실, 3만명) : 선도사업 결과를 반영하여 운영 주체 및 모델 확정(2020년 상반기)

자녀가 초등학교에 입학함에 따라서 여성고용률은 뚝 떨어진다고 보고되고 있다. 이는 영유아시기 무상보육의 도입으로 어린이집과 유치원에서 저녁 늦게까지 돌봄을 담당한 것과 달리 초등학교에 들어오면서 공적 돌봄체계가 제대로 구축되어 있지 않다는 것에 근거한다. 이는 곧 영유아 돌봄과 초등돌봄의 상대적 불균형을 의미한다. 따라서 공보육의 시기를 지난 초등학생의 경우 학교 수업이 끝난 이후 '온종일 돌봄'이라는 캐치프레이즈 하에 여러 공적 돌봄체계가 움직이고 있지만 이러한 공적 돌봄을 이용하는 비율은 전체의 12.5%에 불과하다(한국개발연구원, 2019). 어린이집과 마찬가지로 초등학교 돌봄체계를 구축하려다 보니 영유아와 초등학생의 발달 특성의 차이를 간과하였다는 비판과 더불어 초등학생이 되면서 학습 위주의 활동을 조장하는 분위기와 부족하거나 부실한 서비스 운영에 대한 불만족 등이 그 원인으로 지목되고 있다. 결국 자녀가 초등학교에 입학한 이후에도 적정한 돌봄서비스가 마련될 때 여성이 마음 놓고 노동시장에 참여할 수 있는 기본적인 배경이 마련되는 것인데 아직까지는 난제에 머무르고 있음을 여실히 보여준다. 이에 문재인 정부 역시 이러한 문제점을 바탕으로 국정 과제의 우선 순위에 마을돌봄 강화를 배치하였다. 2022년까지 학교 돌봄과 마을돌봄을 바탕으로 기존보다 공적 돌봄을 받는 규모를 늘리겠다는 취지이다. 당연한 정책 방향이다. 하지만 실상을 좀 더 면밀히 들여다 볼 필요가 있다.

우선, 현재 시행 중인 온종일돌봄은 영유아와 초등학생이 특성이 다른 것을 간과하였다. 정부는 다함께돌봄센터 설치를 바탕으로 이곳이 마을 돌봄의 핵심적 역할을 하도록 지자체마다 할당량을 부과하고 있다. 하지만 이보다 먼저 선행되어야 할 것이 있다. '다함께돌봄센터'를 이용하는 초등학생의 수요를 먼저 파악하여야 할 것이고, 누가 어떻게 운영하는지에 대한 모니터링, 이 센터에서 초등학생들이 만족할 수 있는가라는 것을 '수요자 중심'으로 먼저 고려하여야 한다. 영유아의 경우 부모의 편의에 따라 하루 종일 보육시설에 맡기는 것이 상대적으로 가능한 나이이지만, 초등학생의 경우 저학년과 고학년의 특성이 다르고 연령별로 혼합되어 있을 때의 차이, 지역별, 수준별 차이가 꽤 드러난다는 사실을 간과하였다. 이는 학교가 아닌 어떠한 공간에 아이들이 있게 하고 부모가 일 끝나면 찾을 수 있는 시스템이 과연 맞는가부터 논의를 시작하여야 한다는 것이다. 심지어 이미 우리는 지역아동센터라고 하는 공간을 통해 현실적으로 집에 오면 돌봐줄 수 없는 가정 상황에 처한 아동들을 대상으로 공적 돌봄 서비스를 제공하고 있었다. 양자는 그 취지가 매우 유사하고, 다함께돌봄센터의 경우 소득 계층별 차이가 없이 이용할 수 없다는 차이점을 제외하고는 기존의 지역아동센터와의 관계 정립이 필요하다.

물론 부모가 모두 일을 하러 나간 사이 아이를 돌봐줄 공간은 필요하다. 학교

수업이 12시, 1시에 끝나는 저학년의 경우도 해당 아동 부모의 퇴근 시간은 여전히 18시이다. 그 공백을 매워줄 누군가가, 공간이 절실히 필요하다. 하지만 공적 돌봄체계에서 당연히 모든 것을 해결할 수는 없다. 모두가 안심할 수 있는 안전한 공간에서 친구들과 마음껏 놀며 영양 담긴 간식을 먹으며, 학습도 해결하고, 특기 적성도 발휘할 수 있는 프로그램과 공간이 필요한 것은 초등학생 자녀를 둔 워킹맘이라면 누구나 공감할 것이다. 하지만 그 공간이 '학교'와 '학교'와 연계한 지역사회라면 수요자인 아동과 학부모 입장에서 더욱 안심할 수 있을 것 같다.

학교 내에서 많은 것을 해결하려면

독일의 경우 '전일제 학교'라는 시스템을 통하여 초등학생을 대상으로 돌봄과 교육이 연계된 시스템을 운영 중이다. 독일에서는 해당 프로그램에 참여하는 학교가 증가하면서 출산율이 증가하였다는 보고도 존재한다. 독일의 전일제 학교란 학교와 지자체가 협력하여 정규 수업 시간 이후 오후 5시나 6시까지 초등학생을 돌봐주는 돌봄과 교육이 혼합된 형태의 제도이다. 우리나라에서도 현재 시행중인 '방과후교실'의 확장판이라고도 할 수 있을 것이다. 전일제교육시설은 학교에 위치하기도 하고, 학교와 가까운 거리에 위치하기도 한다. 지자체와 학교가 협력한 결과이다. 하지만 초등학교에서 정규 교육 시간 이외에 별도로 교사들이 업무 부담이 늘어나는 것은 아니다. 전일제학교 프로그램을 담당하는 별도의 교사가 존재하기 때문이고, 이는 학교 내 책임이 아닌 정부와 지자체의 책임으로 운영된다. 재원은 정부의 지원 및 각 가구별 소득별 서비스 이용료이다. 전일제 학교 프로그램에서는 원하는 경우 특별활동을 하거나 본인의 학교 과제를 학교라는 안전한 공간, 선생님과 함께 이동하는 지역사회 공간에서 해결할 수 있다. 부모의 노동시장 참여도 배려하면서 소득 계층별로 누구나 원하는 돌봄을 제공받을 수 있다는 점에서 매우 장점이 많은 것으로 보인다.

물론 현재 초등학교 교육체계 개편을 통하여 수업 시간을 늘리는 것도 중요하고, 방과후 프로그램을 강화하는 것도 중요하다. 하지만 이러한 것이 모든 사람에게 강제로 다가가서도, 일방적인 교사의 부담으로 다가가서도 해당 정책을 현실화시킬 수는 없다는 것을 늘 숙지하여야 한다.

4
경력단절 여성을 위한 일자리 정책, 허구를 넘어 현실로

현재 시행되고 있는 여성 일자리 정책은 고용노동부와 여성가족부, 보건복지부가 전달체계로 기능하고 있다. 그 중에서도 고용노동부가 주로 담당하고 있는 여성을 대상으로 하는 일자리정책은 경력단절 예방 및 재취업을 지원하기 위한 목적을 지니며, 출산과 육아지원정책, 여성고용촉진 정책으로 크게 구분할 수 있다. 앞 절에서 살펴본 육아휴직과 보육정책을 포함한 정책들은 흔히 육아지원정책으로 일컬어지며 각종 시간 지원정책과 현금 지원정책, 서비스 정책이 함께 어우러져 출산 및 육아기에 해당한 여성근로자의 경제활동 참가를 지원한다. 각종 보육정책은 보건복지부가 주가 되어 시행하고 있지만 고용노동부도 직장어린이집 및 공공어린이집 지원 사업에 참여함으로써 워킹맘을 지원하고 있기에 여성 일자리 지원 정책의 일환으로 예산이 배정된다. 고용노동부가 시행하는 직장보육시설 지원 사업은 기업의 부담을 함께 부담하려는 것으로 육아로 인하여 노동시장에서 이탈하는 것을 방지하는 역할을 한다.

특히 본 절에서 살펴보고자 하는 일자리정책은 여성고용촉진을 위한 정책인 경력단절 여성을 대상으로 한다. 경력단절여성의 사전적 정의는 '혼인, 임신, 출산, 가족돌봄 등의 사유로 경력이 단절되었거나 경력을 가져본 적이 없는 여성 구직자'라고 할 수 있다. 해당 여성들은 가사 및 육아와 노동을 병행하여야 한다는 점에서, 일정기간 노동시간에 참여하지 않아 교육 및 훈련이 필요하다는 점에서 공통점을 가진다. 따라서 구직을 위한 지원뿐 아니라 육아 및 노동을 병행할 수 있는 정책을 만들어 현실에서 시행하는 것은 모두 경력단절 여성 지원의 범위가 된다.

정부는 경력단절 여성의 취업을 지원하기 위하여 '여성새로일하기센터(새일센터)'를 통해 경력단절여성에게 직업상담과 직업훈련, 인턴연계, 취업알선 및 취업후 사후관리 등 종합적인 취업지원서비스를 제공하고 있다. 주무부처는 고용노동부와 여성가족부로 각 지역 센터를 통하여 구직자는 서비스를 제공받게 된다. 2021년 현재 158개 새일센터가 운영되고 있다. 직접적으로 노동시장에 진입하는 것을 지원함과 동시에 새일센터는 경력단절예방사업 역시 진행하고 있는데 여성고용유지 지원을 비롯하여 직장 문화 및 인식 사업 개선을 위해서도 노력하고 있다.

이러한 새일센터는 긍정적인 취지에도 불가하고 취업한 인원 10명 중에 4명은 1년 이내에 퇴사한다는 보고가 있고, 프로그램에 참여한 2015년~2018년 대상자들 중 39.3%만 취업에 성공한 것으로 나타났다. 즉, 고용유지율이 상당히 낮은 것이 특징이다. 또한 시간제 일자리 혹은 계약직 일자리에 취직한 비율 역시 30% 정도 되는 것으로 나타났다. 이때 주목할 것은 이러한 시간제 일자리와 계약직 일자리의 질이 양질이냐의 문제라고 할 수 있다. 그 외에도 기존의 경력을 살리지 못하는 한정된 직업의 종류가 문제점으로 지적되고 있다. 질 좋은 일자리라는 것은 본인의 경험과 경력을 살릴 수 있되, 본인의 형편과 상황에 맞는 근로 여건 등이 보장되는 일자리임이 명백하다. 하지만 단순히 고용률을 증진시키기 위한 방안으로 새일센터의 역할을 간주한다면 일자리의 질 및 고용의 지속성 측면에서 당연히 부정적인 결과를 가져올 수밖에 없을 것으로 보인다. 새일센터가 저임금, 단기간 임시방편 및 육체노동 위주의 직군으로 주로 직업정보를 제공하고 직업훈련과 구직의 연결이 원활하지 못하거나 인턴 채용 이후 본인의 적성과 경력을 살려서 직종을 선택하기에 어려움이 따른다는 데 문제점이 있다는 것이다. 또한 '시간제 일자리는 질 낮은 일자리'라는 인식을 강화하는 것에도 새일센터의 이러한 직업 매칭 시스템이 어느 정도 기여한 측면이 있다고 할 수 있다.

결국 일자리 진입 직종의 한정성, 불안정한 일자리로 만드는 사회적인 분위기, 여전히 남성생계부양자 모델을 중심으로 돌아가고 있는 사회구조 등으로 인해 '의도치 않게' 시간제근로로 진입하거나 불안정한 노동을 경험하게 되는 여성들이 존재한다는 것에 먼저 주목하여야 한다. 왜 여성들은 이러한 불안정한 일자리에서 맴돌게 되었는가, 그리고 시간제근로라는 것이 왜 '의도치 않게 진입하게 되는 질 낮은 일자리'로서의 지위를 점하게 되었는가. 우리는 이제 근로 형태에 따른 사회적 차별 자체가 가진 문제는 무엇인지, 우리 사회가 정규직과 비정규직을 양분화하여 시간제근로 내지 비전형 근로를 불안정한 일자리 정도로 치부하는 제도적 모순을 낳고 있는 것은 아닌지 냉철하게 판단해보아야 한다. 좀 더 구체적으로 다음 절에서 이에 대하여 살펴보자.

⁙ 유연안정성의 지향, 시간제 일자리의 대대적 변신이 필요한 시점

박근혜정부는 2013년 '시간선택제 일자리 활성화 추진 계획'을 확정 및 발표하여 2014년부터 2017년까지 시간선택제 공무원 및 공공기관 직원을 채용하고자 한 바 있다. 국공립학교 시간제교사 역시 채용을 늘렸고, 민간 영역의 시간선택제 채용을 늘리기 위해서 다양한 지원을 한 바 있다. 이는 여성 경력단절 문제의 해결과 여성 노동시장 참가율을 높이는 효과를 동시에 가져오기 위한 방책으로 보인다. 하지만 해당 정책은 여성 저임금 근로자의 양산이라는 문제점과 비판을 낳기도 하였다. 이러한 정책적 방향은 큰 호응을 받았으나 제대로 된 시간제 일자리의 정착을 위하여 '근로조건과 복지 조건'에 대한 지원과 관심이 기대에 미치지 못하였다. 그 결과 시간제 일자리는 여성의 경력단절을 해소하는 일가정 양립 정책의 일환으로 긍정적인 효과를 달성하기보다는 오히려 제대로된 안착이 어려워지게 되었다. 2020년 8월 기준 비정규직 근로자는 전체 임금근로자의 36.3%를 차지하며 이 중 시간제 근로자는 17.2%를 차지하는 것으로 나타났다. 그 중에서도 여성 시간제근로자는 전체 시간제 근로자 중 3,252천 명 중 2,227천 명으로 2/3 정도를 차지하고 있다.

아직도 시간제 근로자라고 하면 비정규직 근로자의 대표적인 모습으로 부정적으로 비춰지는 사회적 분위기가 일반적이다. 앞서 언급한 바와 같이 여성 경력단절의 해소 방안으로 시간선택제 일자리 정책을 활성화하는 방안을 마련하였지만 불완전한 고용과 저임금 일자리 위주의 일자리 형성으로 노동시장 성별 격차가 더욱 증대되었다는 비판이 상당수 존재하였다. 시간제 일자리 자체의 부정적인 기능보다는 이에 향후에 어떻게 긍정적으로 시간제 일자리를 안착시키면서 어떻게 성별 격차를 해소할 수 있는 방안을 마련하여야 할지 집중적으로 고민해야 할 시기임이 분명하다.

다른 나라 사례 중 네덜란드의 경우 시간제 일자리가 매우 안정적으로 운영되고 있는 국가로 손꼽힌다. 네덜란드는 여성의 노동시장 참여를 늘리고 일가정양립을 위한 방안으로 시간제 일자리를 발전시킨 대표적인 나라이다. 1960년대부터 이미 발달하기 시작한 네덜란드의 시간제근로 정책은 유연안정성 노동정책의 한 축으로 사회보장제도와 노동법제의 보완이 함께 이루어지는 종합적인 대책 중 하나이다. 시간제 일자리 창출을 통하여 전반적인 고용률을 향상시킴과 동시에 일가정양립을 현실적으로 달성하기 위한 조치로 시행되었기 때문이다. 네덜란드의 경우 우리나라와 달리 무상보육이 도입되지 않은 상황인데 일과 육아를 병행하기 위한 방안으로 시간제 일자리를 선호한 것도 현실적 이유였다. 이때 시간제근로자는 임금, 사회보장, 교육 등에서 전일제 근로자와 동일한 처우를 받도록 법으로 보장되어 있다. 네덜란드의 시간제 일자리는 무엇보다 '개인의 선호'에 의하여 본인이 전일제 대신 시간제를 선택하게 되는 것이므로 노동 시간 선택 권리가 근로자에게 주어진다는 점에서 특장점을 가진다. 2001년에는 '일과 돌봄 관련 법률(Work and care act)'에서 시간제 일자리가 육아와 일을 병행할 수 있는 대안으로 명시하였다.

이러한 네덜란드의 시간제 일자리는 특히 여성에게 노동시장 참여의 기회를 적극적으로 보장하기에 이르렀는데 '여성에 특정하여' 그 권리를 보장하지 않고 남성과 여성에게 동등하게 시간제 근로를 할 수 있는 권리를 제공한다는 점에서 양성평등적인 의미를 지닌다. 관련 제도는 '차별금지법', '근로시간조정에 대한 법률', '일과 돌봄 관련 법률' 등에 법적 근거를 두는데 노동법과 양성평등한 사회를 위한 기타 법제도들이 어우러져 시간제 근로를 보장하고 있다고 보인다.

또한 생애주기가 육아기에 있는 근로자뿐 아니라 모든 근로자들이 신청할 수 있는 권리이며 나머지 사회보장급여 및 기타 노동복지제도들이 시간에 비례하여 주어지므로 전일제 근로 대신에 시간제 근로를 선택하였을 때 본인이 감수한 만큼의 복지 혜택을 누릴 수 있는 것이 기대가능하다는 것도 특징 중 하나이다. 더욱이 남성에 비하여 여성이 시간제근로를 상대적으로 선호하고 있는 상황인데 이는 시간제 근로로의 전환에 있어 자발성이 전제되기 때문에 여성차별적 요소라고 치부되기보다는 오히려 만족도가 높고 일가정양립에 있어 필수적인 노동시장 참여 형태로 자리잡고 있는 것을 눈여겨 볼만하다. 하지만 우리나라와 마찬가지로 저임금일자리에서 시간제근로의 경향이 큰 것과 여성이 가사와 육아를 모두 담당하기 위한 방편으로 시간제근로가 이루어지기도 하여 성역할의 고착화에 오히려 기여한다는 비판도 여전하다.

물론 네덜란드의 사례가 시간제근로를 합리화시키거나 정당화시키는 논리의 전부로 사용될 수는 없다. 더욱이 '디지털 자본주의'로의 이행이 하루 빠르게 진행되고 있는 작금의 현실에서 시간제 근로라는 근로 형태가 오히려 퇴행적인 것이 아니냐는 반론을 감수하여야 할 수도 있을 것이다. 근로시간이 점점 줄어들고 있는 현 상황에서 시간제근로라는 이유로 전일제근로와 차별받아야 하는 지점이 무엇이냐는 것에 대한 답변이 반드시 요구되는 지점이다.

시간제 일자리는 나쁜 일자리?

그럼에도 불구하고 현재의 정책 상황에서 시간제근로의 안착이 중요한 이유를 몇 가지로 간추릴 수 있다. 그동안 주로 시간제근로는 저임금 일자리의 전형적인 것으로 비정규직 중에서도 근로 여건이 열악한 근로자들이 주로 행하는 것으로 치부되어 온 바 있다. 실제 통계로도 이는 드러난다. 여성의 경우 남성에 비하여 시간제근로 비율이 더 높은 것에서 나아가 시간제근로에 해당하는 업종이 단순노무업무와 서비스 업무 등에 주로 집중되어 있는 것을 볼 때 일반적으로 사회적으로 열악한 일자리라고 치부되어 온 직종에 집중되어 있기 때문이다. 학력이 대졸 이상인 경우 시간제 일자리에 종사하는 비중이 전체 시간제근로자의 30%에 못 미친다는 것을 볼 때에도 상대적으로 고학력인 임금근로자들은 전일제일자리에 머무는 경우가 많은 것으로 보인다.

시간제 일자리가 나쁜 일자리라는 오명을 벗어나는 방법

이렇듯 열악한 일자리로 치부되고 있는 시간제 일자리의 안착을 위해서는 몇 가지 전제 조건이 필요할 것으로 보인다. 첫째, 자율성에 기반하여야 한다. 이는 곧 시간제 일자리가 저임금 일자리라는 질 낮은 일자리만 양산하는 방향으로 흘러가면 안 된다는 것을 포함한다. 물론, 결혼과 출산, 그리고 육아로 이어지는 여성의 생애주기에서 노동시장으로부터의 이탈과 진입이 시간제 일자리로 반복되면서 불안정한 일자리, 질 낮은 일자리라는 인식과 더불어 단시간에 기술을 습득하거나 기존의 기술을 쉽게 활용할 수 있는 직업을 선택할 수 있도록 시간제 일자리가 현재까지는 자리잡아 온 것이 사실이다. 하지만 고용 단절이 발생하지 않는 방안으로서 시간제 일자리를 생각해본다면 전일제와 시간제로의 이동이 활발하여야 하고, 시간제근로의 경우 전일제 근로에 비하여 근로 조건과 보상 등이 오로지 근로 시간에만 비례하여 차등을 두어야 할 것이다. 이러한 것들은 결국

'근로자의 자율적 의사'을 전제로 한다. 더욱이 장시간 근로를 지양하는 현 근로 환경에서 시간제근로는 그야말로 제대로 된 제도적 기반이 마련된다면 일가정양립을 선도할 수 있는 현실적인 대안이 될 것이다. 이는 결국 근로자의 근로시간의 선택에 있어 온전한 자율성에 기반하되 '시간비례원칙의 철저한 준수', '차별에 있어서 올바른 시정' 등의 법제도적 장치가 절실하다고 보인다. 한편으로 이때 무엇보다 고려하여야 할 것은 모든 여성근로자가 시간제근로를 원하는 것은 아니고, 장시간 근로를 원하는 근로자 역시 존재한다는 것을 간과하여서는 안 된다는 것이다. 이는 궁극적으로 여성만의 일자리로 시간제 일자리를 발굴해서는 안 되며 모든 근로자가 본인의 상황과 편의에 따라 전일제 혹은 시간제를 선택할 수 있는 사회가 되어야 한다는 것을 의미한다.

다음으로, 남성과 여성 모두 이용할 수 있는 제도로 거듭나야 한다는 것을 잊지 말아야 한다. 시간제 일자리가 여성이 주로 이용하는 것으로 치부된다면 궁극적인 양성평등 사회를 달성하는 데 어려움을 겪을 수밖에 없을뿐더러, 시간제근로와 육아로 점철된 하루 일과를 보내게 됨으로써 여성이 이중으로 일과 가정 양자를 모두 책임져야 하는 상황으로 치닫을 수 있음을 유념하여야 한다. 이는 기존에 여성계가 시간제근로를 반대해 온 이유와도 맞닿는다. 물론 시간제 일자리가 이러한 모순을 극복하고 안정된 일자리로 거듭나기 위해서는 돌봄 노동으로 경력 단절이 되지 않는 사회 분위기 조성이 우선되어야 할 것이고 남성과 여성이 공동으로 육아를 책임지는 인식이 확대되어야 함은 물론이다.

마지막으로 기업에 대한 유인책이 현실적으로 마련되어야 한다. 박근혜정부에서 시간제 일자리 확대 정책을 펼치면서 공공부문을 중심으로 확대하되 민간기업에 대한 지원책 등을 마련하였다. 하지만 시간제근로 자체를 육아나 출산 등으로 인한 사유에 한정하였고, 여성이 쓸 수 있는 일자리에 한정하였으며 사회보험료 등의 지원을 해주긴 했지만 기업과 업무의 특성을 고려하지 않은 일괄적 확대를 먼저 선언함에 따라 뒤따르는 후속 대책을 면밀하게 세우지 못하였다는 비판을 피할 수 없었다. 시간제근로는 기업이 무엇을 원하는지, 근로시간 감소와 더불어서 시간제 일자리와 유연근무제 등이 어떻게 조화를 이루며 업무의 능률성을 해하지 않는 방향으로 나갈 수 있을지 노사의 의견을 모두 현실적으로 반영하여 제도를 설계하여야 할 것이다. 기업의 입장에서는 근로자에게 소요되는 교육 및 훈련비용, 기타 복지제도 비용 등의 일종의 투자 개념으로 시간제근로에 접근할 수밖에 없다. 무작정 시간제근로를 강요하면서 기업의 부담을 강요한다면 장기적으로 제도가 안착할 수 있는 환경 조성은 요원할 것이다.

또한, 유연근무제, 시차출퇴근제, 재택근무 등 근로시간 유연화 정책 및 사회보장제도와의 조화를 생각하여야 한다. 우리는 코로나 사태를 겪으면서 '늘상 이용하는 작업장'이라는 공통된 공간에서 근로를 하는 것만이 일의 진행 및 효율성 확보에 있어 능사가 아니라는 것을 이미 경험한 바 있다. 즉, 팬데믹이라는 상황에서의 시간제근로는 기존의 전일제근로와 반대되는 의미로서 해석하는 것에서 나아가 우리가 하는 노동(labor)과 일(work)이 어떠한 지향점을 가지고 미래를 향해 나가야 하는지, 제도는 어떤 모습이어야 하는지 종합적으로 살펴봐야 할 것이다. 이러한 근로 형태로 말미암아 사회보장제도가 전체적으로 어떻게 발전해야 하는지에 대한 고민 역시 필요하다. 현재의 사회보장제도 중 대표적인 축인 사회보험은 임금근로자를 중심으로, 전일제 근로를 중심으로 설계되어 운영 중이다. 앞으로 노동시간의 감소, 비전형적인 노동의 증가 등이 오히려 일반적인 미래가 다가오고 있음은 주지의 사실이다. 이제는 비정규직, 정규직이라는 이분화된 틀 안에서 사회보장제도를 운영하는 것은 시대착오적일 수 있다.

소득을 중심으로 설계하되 국가는 일을 하더라도 기본적인 삶을 누릴 수 없는 사람들을 중심으로 집중적인 지원을 하여야 할 것이다. 재원은 한정되어 있다. 한정된 재원을 필요한 곳에 충분히 사용할 수 있는 사회보험제도를 비롯한 사회보장제도의 대대적인 개편 작업이 필요한 시점이라고 할 수 있다. 무엇보다도 '시간제 일자리=질 낮은 일자리=없어져야 할 비정규직 일자리'라는 등식이 성립하고 있는 사회적 인식을 변화시키려는 기업과 근로자들 양자의 인식 변화가 무엇보다도 요구된다. 유럽과 서구 사회에서 시간제근로가 자리잡을 수 있었던 배경은 무엇보다도 경직되지 않은 사회적 분위기이다. 고용의 안정성만을 주장하기 전에 기업에게도 유연한 고용을 할 수 있는 기회를 제공함과 더불어 사회적으로도 정규직이라는 평생 직장이 철옹성으로 내 인생에 자리잡지 않아도 삶을 영위할 수 있는 인식을 바탕으로 사회보장제도 등이 함께 발전하여야 한다. 이는 내가 비록 정규직이 아니어도 받을 수 있는 사회보험 혜택, 사회서비스 등이 궤를 같이하며 움직여야 한다는 것이다. 궁극적으로는 비정규직과 정규직이라는 이분화된 체계가 아닌 유연안정성이 보장되는 사회 분위기가 조성되어야 한다는 것이다. 사회보장제도의 성숙은 당연한 전제가 된다.

5
여성할당제, 폐지할 것인가 유지할 것인가

여성할당제란 가부장적 국가, 남성중심적 국가를 전제로 여성에 대한 차별을 완화하기 위하여 특정 분야에서 일정 비율을 여성에게 확보해 주는 제도이다. 남성이 수적으로 우위인 분야에서 여성할당제는 그동안의 차별적인 환경을 개선해주는 순기능을 함과 동시에 능력이 아닌 여성이라는 이유로 일정 영역에 진입하게 되는 것 아니냐는 우려를 동시에 낳기도 하였다. 본 절에서는 각종 일가정양립 정책을 살펴본 것에서 나아가 여성할당제의 의미를 다시 한 번 살펴봄으로써 일가정양립 정책의 필요성과 당위성을 여성할당제와 연계시켜보고자 한다. 과연 어떠한 연관성이 있단 말인가.

현재 우리나라에서는 채용에 있어서 사기업과 공무원, 정치 영역 등에 여성할당제를 일괄적으로 채택하고 있지는 않다. 사기업의 경우 여성을 일정비율 이상 강제하도록 하고 있지 않고 공무원 채용시험 역시 여성할당제가 아닌 2003년부터 시행하고 있는 '양성채용목표제'를 통해 특정 성별의 선발예정인원이 30%

이상 될 수 있도록 정원외 선발을 하도록 되어 있기 때문이다. 양성채용목표제가 여성할당제를 기반으로 하는 역사를 가지고 있는 것과는 별개이다. 인사혁신처의 '2020 공공부문 균형인사 연차보고서'를 보면, 2003년부터 2019년까지 양성평등 채용목표제를 적용해 추가 합격한 인원은 지방직 공무원의 경우 남성이 1898명, 여성이 1317명으로 남성이 581명 많았고 국가직의 경우 여성이 348명, 남성이 211명으로 여성 추가합격자가 137명 더 많았다. 하지만 비교적 최근인 2015~2019년 통계를 보면, 국가직 공무원 역시 2015년을 기점으로 남성 추가합격자가 여성합격자보다 많아진 것을 확인할 수 있었는데 지난 5년 간 국가직 공무원 남성 추가합격자는 여성보다 36명이 많은 것으로 나타났다. 이 제도는 과연 무엇을 위해 존재하는가에 대한 의문이 생기는 지점이다.

하지만 여성할당제가 아직까지 필요한 분야가 있는 것도 사실이다. 최근 들어 불거진 여가부 폐지 논란과는 별개로 사회경제적인 지위가 높은 직군에서 특히 여성의 비율이 낮은 것은 모든 영역에 있어 여성을 고려하지 못한 정책적 결정, 향후 여성이 참여할 수 있는 토양 마련의 미비 등 문제점이 생길 수 있기 때문이다. 우선 정치 영역에서 여성할당제는 아직까지 보장하여야 할 부분으로 보인다. 1970년 북유럽 국가에서 도입하기 시작한 정치영역의 여성할당제는 우리나라에 2000년 도입되었다. 국회의원 및 광역의원 비례대표제에 있어 매 홀수는 여성을 의무적으로 지정함에 따라 50대 50으로 성비 균형을 맞추고 있기 때문이다. 하지만 21대 국회 여성의원의 비율은 약 20%에 못미치고 있다. 의회 구성에 있어 여성이 보기 드문 현상이 언제까지 지속될지는 의문이다. 여성 국회의원의 비율이 낮다는 것은 결국 정치성 대표성에 있어서 단순히 여성이 열악하다는 상징적인 의미 외에 여성이 실제적으로 체감하는 정책이 펼쳐질 확률이 낮다는 것을 의미한다. 물론 여성이 여성만을 위한 정책을, 남성이 남성만을 위한 정책을 펼칠 수 있는 것은 아니다. 하지만 남성이 절대 다수인 국회에서 여성 관점을 중심으로 한 법안이 대다수 논의되는 것은 아직까지 요원하다. 따라서 이러한 영역에서는 할당제를 강화하는 방안을 고려해 볼 수 있다.

한편, 경제적 영역에서는 우리나라에서 여성임원할당제가 2020년 8월 5일 자본시장법 개정으로 실질적으로 시행되는 것을 살펴볼 필요가 있다. 동 법에 따르면 '자산총액 2조 원' 이상인 주권상장법인은 이사회의 이사 전원을 '특정 성'으로 구성하지 않아야 한다고 규정하고 있다. 하지만 2022년 8월 5일 전까지 해당 기업은 이사회에 여성 이사를 1명 이상 두어야 한다고 의무적용규정을 둠으로써 '1명의 여성 이사'로 굳힐 가능성이 농후해졌다. 현재 상장사 기업 상위 200개 기업의 등기임원 중 여성 등기 임원은 2.7%에 불과한 상황이다(2019년 9월 기준이다. 성별 균형 개선이 반드시 필요한 부분이라고 할 수 있다.

여성할당제를 아직까지는 현실적 상황을 고려할 때 반드시 '특성 성에 대한 우대 내지 권리 침해'로 보아서는 안 된다. 일가정양립 정책은 여성과 남성 중 어느 일방 성을 배려하는 정책이 아님을 언급한 바 있다. 여성할당제 역시 여성을 어느 특정 분야에서 중점적으로 배려한다고 해서 여성만을 배려한다는 정책으로 치부할 수는 없다. 실력이 되지 않는 사람을 여성이라는 이유로, 또는 남성이라는 이유로 일정 비율에 짜 맞추어 공직에 등용하거나 기업에서 채용하는 것은 반드시 지양하여야 하지만, 일정한 자격 요건을 갖추었을 때 특성 성을 이유로 그 사람이 배제되는 상황이 펼쳐지면 안 된다는 것을 일정 영역에서는 고려하여야 한다는 것이다. 여성이 원활하게 노동시장에 진입하기 위해서는 '돌보는 것에 인색하지 않은 사회, 그리고 잘 돌봐야 하는 사회'가 전제되어야 한다. 이는 곧 일가정양립의 정책적 목표이자 여성이 사회의 각 여성에서 일정 부분 목소리를 담당하게 되는 결과를 가져올 것이다. 따라서 초등학교 돌봄의 완벽한 확보, 보육제도의 질적 향상, 동일 직무 내 근로의 형태에 의해 차별 없는 일자리 정책, 육아휴직의 현실적 시행 등이 완성될 때야 비로소 여성할당제라는 것이 없어도 될 사회가 올 것으로 확신한다. 일가정양립의 맥락에서 여성할당제를 함께 살펴본 이유이다.

6
돌봄이 존중받는 사회, 내가 원하는 일자리로 차별받지 않는 사회를 위하여

우리는 '코로나19'라는 사상 초유의 팬데믹을 거치면서 여성의 사회에서의 지위, 가정에서의 역할을 다시금 생각해 볼 수 있는 기회이자 위기를 경험하고 있다. 여성의 사회진출이 활발해지면서 남성 중심 노동시장 모델의 수정이 이루어지고 있고, 그 이후 공보육의 확대, 육아휴직제도를 비롯한 모성보호 시간의 다양화와 확대 등 역시 함께 변화의 축으로 작용하고 있으나 여전히 여성의 경제활동참가율은 남성에 비하여 생애주기별로 변동을 겪음과 동시에 낮은 것이 현실이다.

본 장에서는 여성에게 주어진 과업으로서의 육아와 일의 병행이 과연 가능한 것일까, 현실은 과연 어떠한 모습이며 정책수요자의 입장에서 어떠한 정책을 지향하여야 하느냐와 관련한 이야기를 해보았다. 여성이 행복한 사회는 곧 남녀가 모두 행복한 사회, 그리고 나 자신이 무엇보다 행복하게 생활할 수 있는 사회일 것이다. 그리고 이러한 사회는 우리 모두의 아이가 행복한 사회를 궁극적으로 지향하여야 한다. 육아를 하면서도 내가 원하는 일을 계속해서 할 수 있는 일자리, 안전한 환경에서 아이를 마음 놓고 맡길 수 있는 탄탄한 교육과 보육제도, 내가 어떠한 일을 하든지 얽매이지 않고 내 아이를 돌보는 것에 눈치 보지 않는 직장, 남녀가 서로 존중하며 협력하는 사회 분위기. 이러한 충분조건이 만들어진 사회라면 나 자신도, 내 아이도 행복할 것임이 분명하다. 일가정양립이라는 말 역시 허공에 메아리치지 않을 것이다. 일가정 양립을 위한 복지제도가 결코 '여성복지' 제도의 한 축이라고 일컬어지지 않는 사회가 될 때 우리는 진정한 양성평등을 달성한 사회를 맞이하고 있을 것이다.

공보육과 초등돌봄 정책의 질적 향상을 위한 대대적 투자

이제부터는 공보육과 초등돌봄 정책을 단순히 기관의 양적인 확장 측면에서만 접근하여서는 안 된다. 저출산 상황을 맞이하였다고 기존보다 아동에 대한 투자를 줄이는 것으로 접근하여도 역시 안 된다. 공보육 40% 달성이라는 양적 채움 이전에 중요한 것은 현재 운영하고 있는 어린이집의 정상적인 운영을 위한 지원, 보육교사를 대상으로 한 지속적 교육을 통한 질적 투자, 국공립어린이집, 가정어린이집과 민간어린이집과의 상생 방안 마련, 정부 재원을 바탕으로 운영하고 있는 국공립 어린이집 모니터링의 강화가 섬세하고 세심하게 이루어져야 한다. 초등돌봄 정책 역시 마찬가지이다. 지역내 돌봄 공간 확대는 필수 불가결하지만 다함께돌봄센터라는 방식의 무조건적인 확충보다는 학교 교육 시간의 대대적 개혁 검토와 더불어 학교와 지자체의 책임을 바탕으로 한 방과후 교실 강화 및 학교 내 돌봄 강화를 우선적으로 시행하여야 할 것이다. 즉, 아동 돌봄 정책에의 관점 전환과 대대적 투자가 다시 한 번 필요하다.

노동권과 부모권의 조화를 위한 육아시간의 철저한 보장

육아휴직제도 및 작업장에서의 육아시간 보장 등이 사회적 분위기 전환과 함께 긍정적인 성장을 하고 있다. 남성 육아휴직 사용 비율도 제도의 발전을 거듭한 끝에 기존에 비하여 확대되었고 이제는 회사에서 육아휴직을 쓴다고, 가족돌봄휴가를 낸다고 눈치를 주는 곳이 현저히 줄어든 것이 사실이다. 하지만, 현실에서의 사용은 녹록지 않다. 낮은 육아휴직급여, 육아휴직 이후 직장 복귀에의 두려움, 회사 규모별, 직종별로 차별화된 육아시간 이용 문화 등 사회적 관심이 더욱 필요한 부분이 여전히 남아있다. 이러한 것들은 제도적 설계와 더불어 우리 사회에서 저 혼자 큰 성인이 없는 것을 항시 기억하고 사회적 분위기를 대대적으로 바꾸어야 하는 노력이 함께 하여야 한다. 부모의 노동권과 부모권이 대등한 의미에서 조화를 이루는 방안에 머리를 맞대야 할 것이다.

근로시간 대전환을 위한 사회적 노력

이제 우리는 우리나라처럼 공보육이 잘 마련되어 있는 나라가 없다는 것에 자부심을 가져도 될 듯하다. 이는 일가정양립 정책이 보육 및 돌봄 정책에서 나아가 근로 형태의 다변화를 긍정적으로 맞이할 시기가 되었다는 것을 보여준다. 이른바 다양한 근로 형태에 대하여 생각해볼 기본적 인프라가 갖추어졌다는 이야기이다. 현재에도 유연근무제, 시차출퇴근제 등으로 근로시간 유연화가 상당 부분 이루어져 있다. 하지만 이제는 총 근로시간을 줄여야 한다는 사회적 분위기에서 나아가 양질의 자발적인 시간제 일자리 사용이 자유로운 사회로 한 걸음 더 나아가야 할 것이다. 정부는 전일제근로와 시간제근로간의 자유로운 이동, 시행 기업에의 인센티브 등을 제공하여 근로자가 본인의 사정에 맞게 근로 시간과 형태를 선택하여 자유롭게 생애주기에 맞춰 일하는 기쁨을 누릴 수 있도록 지원하여야 한다.

부모와 아이가 모두 행복한 사회를 위하여

경력단절 여성은 나의 적성을 발휘할 수 있는 적정한 일자리를 찾기에 애를 쓰며, 아이를 키우며 일을 하고 있는 여성들은 그들대로 육아와 일, 가사를 병행하며 힘든 날들을 여전히 보내고 있는 것이 2021년 대한민국의 현실이다. 본 장에서는 여성을 둘러싼 모든 차별이 없는 세상, 원하면 누구든지 마음껏 일할 수 있는 세상, 나와 너의 아이가 아닌 우리 모두의 아이를 키우는 세상, 돌봄이 사회적 책무로 자리 잡는 세상으로 나아갈 수 있는 방안을 생각해보았다.

'모두가 행복한 사회가 복지가 완성된 사회'라고 한다면 사회가 무엇을 지향하는지에 대한 기본적 방향성을 설정한 후 여러 제도들을 조율하고 배치하여야 함이 당연하다. 이제는 무상복지 논쟁에서 나아가 다음 세대를 잘

양육하기 위해 사회가 책임져야 하는 내용과 방식에 대한 진지한 성찰이 필요한 시점이다. 기본을 상실한 '방만한 지출'이 보육의 목표로 둔갑하지 않도록, 돌봄의 양적 확대에 질적인 측면이 가려지지 않도록, 노동의 유연안정성 강화가 비정규직과 정규직이라는 이분화된 차별 속에서 길을 잃지 않도록 공적지출의 책무성을 강화하여야 하는 과제가 바야흐로 우리의 눈앞에 놓여 있다.

프로필

김 태 기

단국대학교 경제학과 교수

이론과 실제의 통합적 연구를 추구하는, 일자리와 노사관계의 '현장학파' 전문가. 단국대 경제학과 교수와 한국노동경제학회 회장을 역임했다. 한국노동연구원 설립 당시(1988) 연구위원으로 학계에 첫발을 내디딘 이후 정부-기업-노동조합-대학 등에 자문해왔다. 서울대학교 경제학과 졸업, 미국 아이와대학교에서 경제학박사를 취득했다. 존스홉킨스대학 국제관계대학원(SAIS)와 게이오대학 방문교수 등 역임했다.

김 원 식

건국대학교 경제통상학과 교수

서강대학교와 동 대학원에서 경제학사와 경제학석사를 받고 미국 Texas A&M대학교에서 경제학박사(재정학 전공)를 취득하였다. 1988년 건국대학교 경제학과에 부임했다. 주된 연구 분야는 정부재정, 사회보장제도, 보험 등이다. 고용보험위원회, 국민연금정책위원회, 국민건강보험정책위원회, 대통령직속 노사정위원회, 대통령직속 사회통합위원회 등에 위원으로 참여했다. 한국사회보장학회, 한국재정학회장, 한국연금학회 회장을 역임했다.

이 정

한국외국어대학교 법학전문대학원 교수

동경대학 법학부 석사・박사, 큐우슈우(九州)국립대학 법학부 교수, 한국고용노사관계학회 회장, 한국노동법이론실무학회 회장, 중앙노동위원회 공익심판위원 등을 역임했다. 주된 관심분야는 노동법・노사관계・일본법이다. 대표 저서로는 「解雇紛争解決の法理」 信山社(2001), 「整理解雇と雇用保障の韓日比較」 日本評論社(2002), 「노동법의 세계」 지식출판원(2015), 「일본노동법」 법문사(2015, 편역) 등이 있다.

이 승 길

아주대학교 법학전문대학원 교수

성균관대학교와 동 대학원에서 학사와 법학석사, 법학박사, 숭실대학교 노사관계대학원 법학석사를 취득했다. 한국경영자총협회(노동경제연구원), 산업연구원의 연구위원, 동경대학 사회과학연구소의 객원연구원을 지냈다. 주된 관심 분야는 노동법 및 사회보장법 분야 등이다. 경기지방노동위원회, 고용보험심사위원회, 산재보험심사위원회, 중앙행정심판위원회 등의 위원으로 참여했다. 한국노동법학회 회장, 한국비교노동법학회 회장, 한국사회법학회 회장을 역임했다. 한국고용복지학회 회장, 소셜아시아포럼 한국대표를 맡고 있다.

이 지 만

연세대학교 경영학과 교수

연세대학교 경영학과에서 학부와 석사학위를 마친 후, 영국 런던정치경제대학에서 인사관리와 노사관계 전공으로 석사 및 박사학위를 받았다. 프랑스 INSEAD 경영대학원 연구원, 미국 하바드 대학과 일본 도시샤(同志社) 대학 방문학자로서 다양한 국가에서 교육과 연구활동을 하였다. 연세대학교 대학언론사 편집인 및 연세춘추 주간, 한국중소기업학회 회장을 맡은 적이 있으며, 고용정책심의위원회, 최저임금위원회, 경제사회발전 노사정위원회, 저출산·고령사회위원회, 그리고 동반성장위원회 등에 참여하였다. 연세대학교 경영대학 학장 및 경영전문대학원 원장으로 재직 중이다.

이 윤 진

서원대학교 사회복지학부 조교수

이화여자대학교 법과대학을 졸업하고 연세대학교에서 사회복지정책으로 박사학위를 받은 후 정부출연연구기관인 육아정책연구소에서 보육정책을 비롯한 돌봄 정책, 저출산 정책 등의 연구 주제를 바탕으로 육아지원정책 관련 연구를 주로 수행하였다. 관련 논문을 다수 발표한 바 있으며 현실에서 실질적으로 정책수요자가 만족하고 체감할 수 있는 '수요자가 행복한 정책'을 만드는 데 주된 관심을 가지고 있다.